发展战略和区域经济研究
2015

侯永志　等著

经济科学出版社

图书在版编目（CIP）数据

发展战略和区域经济研究 2015 ∕ 侯永志等著 . —北京：
经济科学出版社，2016. 3
ISBN 978 - 7 - 5141 - 6734 - 4

Ⅰ. ①发… Ⅱ. ①侯… Ⅲ. ①区域经济发展 – 研究 –
中国 – 2015 Ⅳ. ①F127

中国版本图书馆 CIP 数据核字（2016）第 057729 号

责任编辑：王东萍
责任校对：刘　昕
责任印制：李　鹏

发展战略和区域经济研究 2015

侯永志　等著

经济科学出版社出版、发行　新华书店经销

社址：北京市海淀区阜成路甲 28 号　邮编：100142

教材分社电话：010 - 88191344　发行部电话：010 - 88191522

网址：www. esp. com. cn

电子邮件：espbj3@ esp. com. cn

天猫网店：经济科学出版社旗舰店

网址：http：∕∕jjkxcbs. tmall. com

北京密兴印刷有限公司印装

710 ×1000　16 开　14. 25 印张　260000 字

2016 年 4 月第 1 版　2016 年 4 月第 1 次印刷

ISBN 978 - 7 - 5141 - 6734 - 4　定价：40. 00 元

（图书出现印装问题，本社负责调换。电话：010 - 88191502）

（版权所有　侵权必究　举报电话：010 - 88191586

电子邮箱：dbts@ esp. com. cn）

前　言

中国的经济增长正在经历关键的转型，处于从高速增长向高效增长的转换期，经济结构和发展模式发生深刻的调整。与此同时，区域经济发展既是中国经济增长在空间上的表现，也是推动中国经济增长和发展模式转换的一种动力。在当前变化的经济增长格局中，我们面临着一系列重大问题：经济增速的变化和经济结构的调整将有怎样的趋势？如何界定政府在推动发展过程中的地位、作用和手段？未来有潜力保持中高速增长的重点区域如何分布？怎样破除新型城镇化进程中的体制机制障碍……本书分别从发展战略和区域经济两个视角，讨论我国经济社会发展过程中若干重要问题。

本书的作者以国务院发展研究中心发展战略和区域经济部的研究人员为主。发展战略和区域经济研究部的主要研究领域包括国家中长期发展战略研究、区域经济发展研究、应对气候变化和绿色发展研究、政策分析模型的开发和应用等；同时还承担了两项中心重点政策基础领域的研究，分别是"气候变化和绿色发展"、"中长期发展"。本书的内容反映了该部近年来的部分工作成果。

目录

发展战略篇

区域经济篇

发展战略篇

后发经济体的"追赶周期"

刘培林　贾　坤　张　勋

一、后发经济体的追赶周期：有待解释的典型化事实

后发经济体的增长呈现出多种型态（刘世锦等，2011）。其中，以日本、韩国、新加坡、中国香港、中国台湾等为代表的成功追赶型经济体的追赶进程，呈现以下三方面典型化事实。

第一，经济增长速度随时间推移呈倒 U 型轨迹。即经济增速依次经历"低收入水平状态下的低速度——起飞——为期 20～30 年的高速追赶——增速降落——中速/中低速平稳增长"的完整过程。从图 1 可见，五个东亚经济体人均收入增速的长期型态，均表现为倒 U 型轨迹。从增速分布型态看，这一追赶过程构成一个与通常的商业周期类似的完整周期。现有文献尚未对此加以命名和分析。根据其性质，我们将这种周期称为追赶周期（Catching-up Cycle）。

第二，为期 20～30 年的人均 GDP 快速提升和人均物质资本快速积累的"平台期"。从图 1 可见，追赶型经济体在高速增长期的增长率接近 10%。而且，有些经济体的高速增长还相当平稳。如日本 1950～1974 年高速增长时期先后经历了 6 个衰退期和 7 个繁荣期，但每次衰退均不超过 12 个月（查默斯·约翰逊，2010，240～241 页）。从图 2 可见，东亚五个成功追赶型经济体在第二次世界大战后的高速追赶时期内，人均物质资本年均增速均在 10% 左右。而同期美、英、德、法等的水平则介于 2%～6%。

第三，高速增长平台期伴随着快速的产业升级和迅速而剧烈的结构变化。大量文献表明，成功追赶型经济体在高速增长时期都经历了快速的产业升级，基本趋势是资本密集程度和技术密集程度越来越高。同时出口结构、居民消费结构、城乡人口分布结构等，也经历了快速的变化。

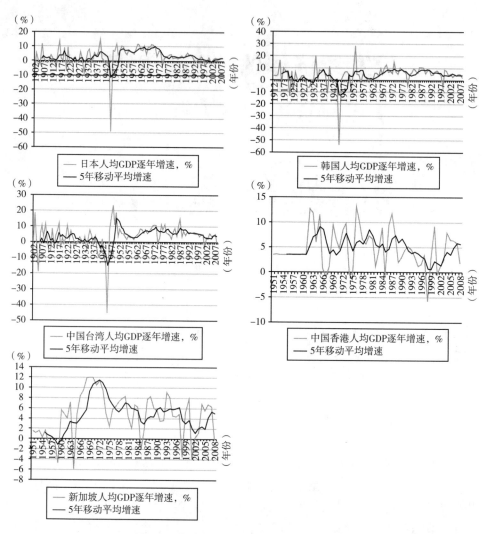

图1 五个东亚经济体人均 GDP 年均增速

资料来源：作者根据 Maddison Project Database 整理。

刘世锦（2012）把追赶型经济体在工业化基本完成后，由高投资、高制造业比重和高速增长平台期向中低速增长期的转换，概括为"增长阶段转换"。本文在此基础上，进一步把上述三方面典型化事实概括为"追赶周期"。识别这样一种周期型态，对于理解发展中国家的中长期经济增长和短期经济波动，都具有重要意义。各种类型的经济周期，是人类经济生活的常态。具体经济运行，实际上主要就是背后发挥作用的多种类型周期的叠加。处在不同发展

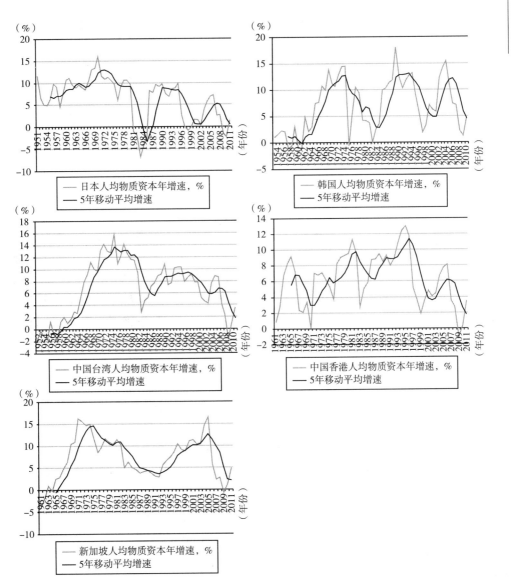

图 2　五个东亚经济体人均物质资本年均增速

资料来源：作者根据 Penn World Table 8.0 整理。

阶段的不同经济体，众多类型周期中起支配作用的，并不相同。所以，只有理解这些实际发挥作用的周期，特别是发挥支配作用的周期，才能更好地理解实际经济运行，各种战略和政策才能有的放矢、切合规律。目前的文献所识别的经济周期类型主要有：康德拉季耶夫周期，即为期 50～60 年的技术进步长周期；库兹涅茨周期，即为期 20～25 年左右的建筑更新中长周期；朱格拉周期，即为期 10 年左右的设备更新周期；基钦周期，即为期 4 年左右的主要由库存波动导致的商业周期。目前识别的这些周期类型都是基于发达国家的经验，特别是第二次世界大战之前的经验总结归来的。而上述追赶周期尚未引起文献关注。我们下面试图对追赶周期这样一个涉及或将要涉及一百多个经济体和 57 亿元中低收入国家人口[①]的重要现象，给出一些初步解释，以更好地理解发展中国家的经济增长和波动。

二、追赶周期的形成机制

首先，多少具有讽刺意味的是，我们不得不指出，如果我们相信一个后发国家能够追赶上前沿国家的话，那么，即使不需要太复杂的理论推导，仅仅从追赶的定义，也能够推导出上述这样一个倒 U 型增长型态。众所周知，技术前沿国家的技术进步速度长期稳定在一个不太高的水平上。[②] 而后发国家之所以是后发国家，按照定义，就是因为收入水平低；而这是由于长期以来经济增长速度低于前沿国家所导致的。后发国家如果要追赶发达国家，那么，至少必须有一段时间的经济增长速度比前沿国家快。这就意味着后发追赶型经济体首先必须摆脱经济增速长期低于前沿国家的状态，实现经济起飞。起飞并成功地维持一段时期的高速增长之后，后发经济体与前沿国家技术差距缩小，前者的经济增长率与高速增长时期相比明显降低，并将逐步降低到接近于前沿国家的水平。这样，从追赶的定义出发，就可以"倒挤"出追赶周期的必然性。当然，这并不是令人信服的解释，也难以从中导出切实的政策含义。因此，必须对追赶周期给出进一步的解释。

追赶周期的核心内涵是，后发经济体通过一段时期持续高速增长，实现对前沿经济体的追赶或经济收敛。目前，增长理论研究提出的收敛机制主要包括两类，其一是依靠资本边际报酬递减规律的作用实现收敛；其二是技术由前沿经济体向后发经济体的扩散（Aghion and Howitt，2009）。

---

① 未来这个人口数字还会增加。

② 如美国在过去 180 年左右的时间里，30 年移动平均的 GDP 年均增长率大约在 4% 左右，40 年和 50 年移动平均的增长率约为 3%～4%。剔除人口增长因素之后，人均 GDP 的长期增长率围绕着大约 2% 波动。这基本可以看作人类技术进步以及由此引致的物质和人力资本升级共同作用之下的潜在增长率。

（一）仅靠资本边际报酬递减机制难以解释追赶周期

目前文献用来解释后发国家追赶机制的主要文献，是上述第一类文献，即巴罗等（Barro，1991；Barro，2012）从新古典理论（Solow，1956）中推导出来的经验研究框架。在该框架中，后发国家经济追赶过程，是朝着既定"稳态"（Steady State）的收敛过程，是一种"转移动态"（Transitional Dynamics），主要机制是资本边际报酬递减。暗含的假定是，后发国家在追赶进程的一开始，就掌握了和前沿国家一样的技术知识，收敛过程就是通过资本深化，沿着该"已知"的生产函数曲线走向稳态。即使是在这类文献的改进版——俱乐部收敛的增长计量框架中，也并未放弃该暗含的假定：那些最终收敛于高收入国家俱乐部的经济体，从它们经济起飞那一刻起，其所掌握的技术就已经和前沿国家非常接近了。

从理论上看，新古典模型中"转移动态"确实就等价于"资本边际报酬递减"。从经验证据上看，无条件收敛或者俱乐部收敛的直观计量结果，也确实和资本边际报酬递减规律相容。但如果把收敛的机制唯一地归结为"转移动态"，则不能和本文一开始归纳的关于追赶周期的三方面典型化事实相容。体现在以下几点。

第一，成功追赶型后发经济体人均收入增速的时间分布型态是倒 U 型的。而现有主流解释的含义，则是人均收入增速随着时间推移而单调递减。两者不一致。

第二，成功追赶型后发经济体在为期 20 ~ 30 年的"平台期"内，人均产出快速提升和人均物质资本快速积累，且资本边际报酬没有明显的下降（后文会给出这方面证据）。而现有主流解释的含义则是，由于资本边际报酬递减规律的作用，人均产出增速和人均物质资本存量增速应该随着时间单调递减。这也与事实不相容。

第三，Barro 回归框架虽未直接提出、但实际上暗含这样的政策含义：既然后发国家在一开始就掌握了和前沿国家相同的技术知识，那么，在追赶一开始就直接投资于前沿技术，便是可行而合理地选择。但正反两方面的经验和教训表明，这种跨越式技术追赶的意图在实践中行不通；高速追赶平台期快速产业升级和迅速而剧烈的结构变化过程中，主导产业更替、新产业成长和新技术的采用，是一个"小步快跑"式的梯次提升过程，而不是由技术密集度很低的产业一步到位地跨越到技术密集度很高的产业（林毅夫，2002）。

第四，巴罗最新的总结提出，经验研究揭示的条件收敛的速度是每年 1.7% - 2.4%，按照有人所谓的每年 2% 的"收敛铁律"计算，后发国家与前沿国家的差距 35 年内缩小一半，115 年内缩小 90%（Barro，2012）。但成功实现追赶的经济体，在 20～30 年高速增长期之后，基本上都跨过了当时的高收入门槛。

面对这些矛盾，应当重新思考追赶的机制。当然，我们并不否认资本边际报酬递减规律的存在，而是说单靠该规律无法解释追赶周期。

（二）追赶周期的形成机制：技术追赶与资本边际报酬递减规律的共同作用

我们认为，解释追赶周期和收敛的核心机制，是前沿国家与后发国家技术进步源泉的差别。具体而言，追赶经济体凭借后发优势实现的快速技术进步，和资本边际报酬递减规律的共同作用，导致了追赶周期。

前沿发达国家技术进步主要来源于自身的试错与创新。试错创新高成本、高风险的特征决定了前沿发达国家的长期增长不可能太快，增长的趋势变化也基本由重大创新的周期阶段主导。

后发经济体与前沿发达国家最大的不同，在于可以通过技术引进和技术模仿实现技术进步。在接近世界技术前沿之前，技术模仿的风险和成本，理论上都有可能低于自主研发创新的成本①。

凭借后发优势，追赶经济体有可能实现快速的技术追赶。这一点，和资本边际报酬递减规律共同作用，导致了追赶周期。具体来说，可以对追赶周期提出以下解释。

（1）"经济追赶"的背后是"技术追赶"。在追赶周期的起飞阶段之前，技术追赶几乎是停滞的；进入起飞阶段，快速的技术追赶进程启动；进入追赶周期的后期，技术追赶步伐放慢。总起来看，后发经济体在高速增长的平台期，技术水平也应有持续的高速增长。

更深入地观察历史经验也有助于理解，后发国家高速追赶的必要条件，是低成本技术模仿的优势。以中国的高增长为例，最流行的解释是，过去有低成本的劳动力、人口红利、低成本的土地、低环境成本，等等。但是，美国等技术前沿

---

① 后发优势可能包括：（1）技术模仿成本比研发成本低。（2）后发国家不用亦步亦趋地"重打锣鼓另开张"（reinvent the wheel），可以越过前沿国家以前几代的技术，直接采用较先进的技术。如可以在未经过蒸汽和内燃机车的前提下，直接采用电力机车。（3）后发国家有可能在一些领域直接切入全球最新技术。如后发国家几乎可以和前沿国家同步使用新的信息技术。（4）后发国家对管理经验、商业模式等软技术模仿，也比前沿国家的探索速度快。Eichengreen（2012）等就把韩国所经历的追赶历程，称为从"奇迹到成熟"。

国家，在发展早期也有类似的要素环境和条件，为什么这些国家历史上创造不出接近10%的高速增长？同样，为什么比中国要素成本更低的非洲国家增长缓慢？

于是，就有了进一步的说法。这个说法是，包括中国在内的这些实现了高速追赶的国家，实施了市场化改革和对外开放，释放了增长潜力。的确，是否实施市场化改革，固然可以解释中国等东亚国家和当今其他仍然处于低收入水平国家之间的追赶绩效差距；但却难以解释这样的问题：前沿国家发展早期也创造了自由市场体系，第一次世界大战前也有一轮全球化的高潮，但这些国家却没有实现年均接近10%的增长速度。

由这些横向和纵向的对比可以看出，后发国家高速增长的必要条件，是低成本技术模仿的优势。前沿国家所掌握的知识，都是一点一滴地通过试错，靠自身力量积累起来的。而后发国家一旦通过制度改革实现经济起飞，所面对的知识存量是巨大的。后发国家可以通过模仿以低成本实现比前沿国家更快的技术进步。这是后发国家能够保持30年左右接近10%增长的关键条件。

（2）在起飞之后的高速追赶的平台期，虽然资本边际报酬递减规律也在发挥作用，但是资本快速积累并未导致资本的产出效率明显下降。这是因为快速的技术追赶带来的效应，抵消了资本边际报酬递减的效应。

（3）高速追赶平台期结束后，由高速向中低速的"增长阶段转换"，实质是"技术进步模式"的转换，而后者只有在后发经济体的技术水平接近前沿国家时才会发生，因此，成功追赶型经济体的增长阶段转换应该也是在这个时期发生。后发经济体与前沿国家技术差距明显缩小之后，后发优势也相应缩小，技术进步速度将不能充分抵消资本边际报酬递减规律的影响。这时将会出现一系列变化：技术进步速度放慢；技术进步模式由技术模仿为主向自我创新为主转换；经济增速放慢；投资增速放慢；投资回报降低。这可以被称为追赶进程中高速追赶向中低速追赶阶段的转换。

随着与前沿国家的技术差距的进一步缩小，这些变化会持续下去，直至完成追赶进程，走向成熟，收敛于发达国家的技术水平。[①]

经验事实对如上理论解释的各个环节提供了支持。图3给出了日本等五个成功追赶型经济体在经济减速阶段前后全要素生产率[②]（TFP）的年增长率[③]（左

---

① Eichengreen（2012）等就把韩国所经历的追赶历程，称为从"奇迹到成熟"。

② 在具体的增长核算分解中，技术进步被纳入全要素生产率（TFP）当中加以处理。根据现有的主流分析框架，TFP大致包括前沿技术进步、技术效率、要素的配置效率、规模效益这几个部分，这些方面都包括在广义的技术进步当中。

③ TFP增长率进行了5年移动平均处理。

侧坐标轴）以及这些国家的 TFP 与美国同期 TFP 的相对比值（右侧坐标轴），由这些图不难看出如下现象：

（1）这些经济体在经济减速前都实现了连续多年的 TFP 高增长率，经济减速"伴随发生"的是 TFP 增长率的减速。

（2）后发经济体在人均资本快速积累的高速增长平台期，以增量资本产出率（ICOR）衡量的资本产出效率能够保持在一个相当好的水平（见表1）。

表1 后发经济体在高速增长平台期的资本产出效率

	时期	人均资本增长率 （各年算术均值）（%）	ICOR （各年算术均值）
日本	1951～1970	9.3	2.07
韩国	1966～1995	11.6	2.64
新加坡	1965～1984	12.0	2.53
香港地区	1963～1996	7.5	2.46
台湾地区	1965～1998	9.7	1.86
美国	1951～2011	2.5	3.55

注：作者根据 Penn World Table 整理，期间剔除了 ICOR 为负的异常值。

即年度投资与当年增量产出之比，是反映投资效率的经济指标，用以衡量一个经济体单位产出增长所需的投资量。一般而言，一个经济体的 ICOR 越高，其投资效率和生产效率越低。

白重恩等（2007）发现，中国高速增长时期投资回报率并未因为高投资而明显下降。

（3）后发经济体的 TFP 增长减速是在 TFP 水平较为接近技术前沿国家（这里的参照对象是美国）的水平时发生的。例如，日本、韩国、中国台湾分别是在 TFP 达到美国的约 70%、70%、100% 时开始步入 TFP 低速增长阶段。

上述这些事实与我们提出的追赶周期的理论解释较为一致。从这一意义上说，后发经济体的追赶周期表象上是人均产出提高和人均资本积累的过程，其实质则是一个技术和生产率的追赶过程。同时，由追赶周期假说可以得出的一个推断是，决定后发经济体人均产出和人均资本提升潜力的最重要变量，是其与世界前沿国家的技术距离。从图 4 也可直观地看出，初期的全要素生产率相对美国（即发达国家）的水平越低，则后期的全要素生产率增速越高。即初期的全要素生产率水平与后期的全要素生产率增速呈显著的负相关关系。当然，在我们的理论解释当中，这两者并非简单的负线性相关关系，下面会进一步讨论。

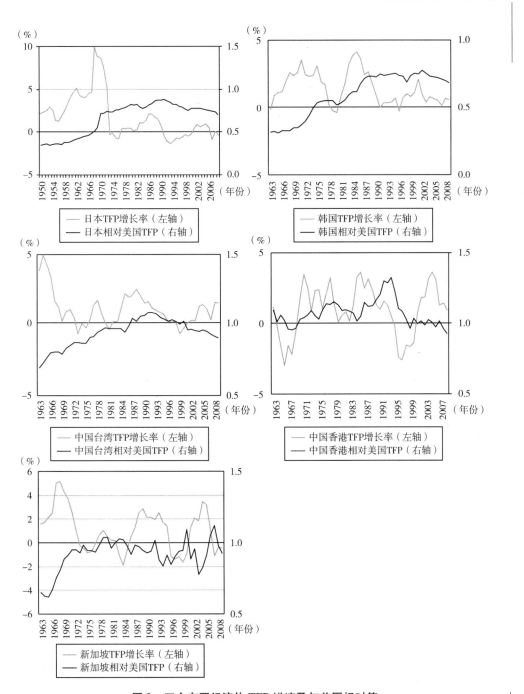

图3　五个东亚经济体 TFP 增速及与美国相对值

资料来源：作者根据 Penn World Table 整理。

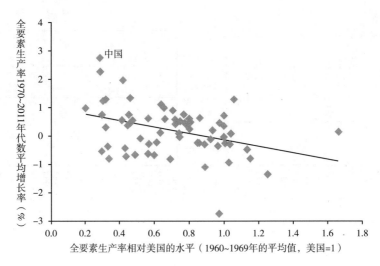

图4 全要素生产率的相对水平与增速的关系

资料来源：作者根据 Penn World Table 整理。

（三）追赶周期的一个理论模型

上面虽然说明了后发国家凭借后发优势可以实现比前沿国家更快的技术进步，但对这种后发优势释放过程的具体特点，并无先验的理论依据能够加以说明。我们的经验观察是，后发优势的释放不是线性的，而是在经济起飞之后，会有一个加速的追赶过程，之后会慢下来。这是解释追赶周期的最重要的机制。

为了刻画这个机制，我们把后发优势决定的后发经济体技术进步速度，分解为两方面因素，一是后发国家相对于前沿国家的技术追赶速度；二是前沿国家的技术水平本身的进步速度。按照这个思路，我们引入了含有技术进步的索罗增长模型。

1. 生产函数。设经济体的生产函数为：

$$Y = F(K, L) = K^{\alpha}(AL)^{1-\alpha} \tag{1}$$

其中，Y 为总产出，K 为总的资本存量，L 为总的劳动力，A 为技术水平。这是一个劳动增强型生产函数。

设定人均产出为 $y\left(=\dfrac{Y}{L}\right)$，人均效率产出为 $\tilde{y}\left(=\dfrac{Y}{AL}\right)$，人均资本存量为 $k\left(=\dfrac{K}{L}\right)$，人均效率资本存量为 $\tilde{k}\left(=\dfrac{K}{AL}\right)$。由此：

$$\tilde{y} = \tilde{k}^{\alpha} \tag{2}$$

2. 资本积累。根据经典索罗模型，人均效率资本积累方程满足：

$$\frac{\dot{\tilde{k}}}{\tilde{k}} = s\tilde{k}^{\alpha-1} - \delta - \frac{\dot{A}}{A} \tag{3}$$

这里，s 为经济中的储蓄率①，δ 为资本折旧率。

3. 技术进步。与传统的索罗模型设定技术水平为一外生参数 A 不同，我们假设技术水平是动态变化的，这分为技术前沿国家和后发国家两种情况：

（1）对于技术前沿国家（F），技术进步率为一常数：

$$\frac{\dot{A}_F}{A_F} = \lambda \tag{4}$$

（2）对于后发国家（C），技术进步率为：

$$\frac{\dot{A}_C}{A_C} = f\left(\frac{A_F - A_C}{A_F}\right) = \gamma\left(1 - \frac{A_C}{A_F}\right) = g \tag{5}$$

也就是说，前沿国家按照不变速率实现技术进步，后发国家则按照 Logistic 轨迹对前沿国家进行技术追赶。当后发经济体追赶上前沿国家之后，前者的技术进步率也为 λ。事实上，假设后发国家技术进步率为 g，则有：

$$\gamma\left(1 - \frac{A_C}{A_F}\right) = g \tag{6}$$

即：

$$\frac{A_C}{A_F} = 1 - \frac{g}{\gamma} \tag{7}$$

即技术前沿国家与后发国家的技术水平比值为常数，换言之，其技术进步率必相等，即 g = λ。

需要对这里的假设给出进一步的说明。假定前沿国家技术进步速率为一个常数，和标准的索罗模型中假定技术进步速度为外生给定，没有本质的差别。不

---

① 在索罗模型中，储蓄率是外生的固定参数；尽管储蓄率内生化的 Ramsey 模型从设定上引入了更多的经济理性，但是对于我们要表明的经济含义而言，并没有额外的贡献。

过，前沿国家技术进步的型态，并非我们关注的重点，我们所关注的仅仅是给定前沿国家技术水平后，由后发经济体与前沿国家技术水平之间的差距大小所决定的后发国家相对于前沿国家的技术进步速度。通过把前沿国家技术进步的型态抽象为一个常数，我们得以分离出导致追赶周期的技术追赶的机制。

但现实当中，前沿国家的技术进步速度并非常数，而是一段时期快，一段时期慢。这对于后发追赶的速度并非没有意义，而是有着直接的关系。前沿国家技术进步快，则会进一步拉开和后发经济体的差距，导致后者的后发优势相对地扩大；否则反之。20 世纪 50~70 年代前沿国家实现了快速的技术进步，这也是日本、韩国等东亚经济体能够在同一时期实现快速追赶的重要原因。而今后中国技术进步速度的快慢，也与未来前沿国家技术进步速度有直接的关系。倘若前沿国家今后技术进步缓慢，则中国的后发优势会快速消失，技术追赶的步伐会相对慢一些；倘若前沿国家今后技术进步很快，则中国的技术追赶步伐也会相对快一些。

4. 稳态水平讨论。

（1）对于技术前沿国家而言，资本积累方程为：

$$\frac{\dot{\widetilde{k_F}}}{\widetilde{k_F}} = s\widetilde{k}_F^{\alpha-1} - \sigma - \lambda \tag{8}$$

因此，技术前沿国家的稳态人均效率资本和人均资本满足：

$$\overline{\widetilde{k_F}} = \left(\frac{s}{\delta+\lambda}\right)^{\frac{1}{1-\alpha}} \tag{9}$$

$$\overline{k_F} = \left(\frac{s}{\delta+\lambda}\right)^{\frac{1}{1-\alpha}} A_F \tag{10}$$

（2）对于后发国家，资本积累方程为：

$$\frac{\dot{\widetilde{k_C}}}{\widetilde{k_C}} = s\widetilde{k}_C^{\alpha-1} - \delta - \gamma\left(1 - \frac{A_C}{A_F}\right) \tag{11}$$

后发国家追赶上前沿国家并达到稳态时，$\gamma\left(1 - \dfrac{A_C}{A_F}\right) = \lambda$，则亦有：

$$\overline{\widetilde{k_C}} = \left(\frac{s}{\delta+\lambda}\right)^{\frac{1}{1-\alpha}} \tag{12}$$

$$\overline{K_C} = \left(\frac{s}{\delta + \sigma}\right)^{\frac{1}{1-\alpha}} A_C \tag{13}$$

5. 后发国家的追赶周期。

对于后发国家而言，随着赶超过程的进行，尽管技术进步率随时间而下降，但人均收入水平的增长速度却可能经历先上升、后下降的追赶周期。为了证明这一点，我们导出后发国家的人均收入增长率方程：

$$\frac{\dot{y}_C}{y_C} = \frac{\dot{\tilde{y}}_C}{\tilde{y}_C} + \frac{\dot{A}_C}{A_C} = \alpha\frac{\dot{\tilde{k}}_C}{\tilde{k}_C} + \frac{\dot{A}_C}{A_C} = \alpha\left(s\tilde{k}_C^{\alpha-1} - \delta - \frac{\dot{A}_C}{A_C}\right) + \frac{\dot{A}_C}{A_C} \tag{14}$$

最终可得到：

$$\frac{\dot{y}_C}{y_C} = (1-\alpha)\gamma - \alpha\delta + \alpha sA_C^{1-\alpha}k_C^{\alpha-1} - (1-\alpha)\gamma\frac{A_C}{A_F} \tag{15}$$

上述（15）式对后发国家的技术水平 A_C 求导，可以得到：

$$\frac{\partial\left(\dfrac{\dot{y}_C}{y_C}\right)}{\partial A_C} = (1-\alpha)\alpha sA_C^{-\alpha}k_C^{\alpha-1} - (1-\alpha)\gamma\frac{1}{A_F} \tag{16}$$

由于后发国家的技术水平单调递增，因此后发国家的人均收入增速的变动完全取决于式（16）的符号。当 $\dfrac{\partial\left(\dfrac{\dot{y}_C}{y_C}\right)}{\partial A_C} > 0$，即：$\dfrac{k_C^{1-\alpha}A_C^{\alpha}}{A_F} < \dfrac{\alpha s}{\gamma}$ 时，人均收入增速趋于上升。因此，在赶超的初期，资本存量足够小，抑或技术水平足够低，我们会观察到人均收入增长率上升。而当资本存量增加到一定程度时，抑或技术水平增长到一定程度时，可能会观察到增长率的下降，即 $\dfrac{\partial\left(\dfrac{\dot{y}_C}{y_C}\right)}{\partial A_C} < 0$，即呈现增长的倒 U 型曲线。

当然，对参数的不同设定，也可以观察到人均收入增长率一直上升的现象。由资本积累方程可知稳态的人均资本存量满足：

$$\overline{k_C} = \left(\frac{s}{\delta + \lambda}\right)^{\frac{1}{1-\alpha}} A_C \tag{17}$$

因此，当稳态资本存量小于倒 U 型曲线的临界值时，也即 $\alpha > \dfrac{\gamma}{\delta + \lambda}$ 时，赶超经济体会一直处于人均收入增长率的上升期。

反过来，如果参数不满足上述条件，且经济体初始的资本存量足够大，抑或技术差距足够小，赶超经济体会经历单调下降的人均收入增长过程。

此外，不同的储蓄率会对赶超过程有显著的影响。储蓄率越高的经济体，可实现人均收入增长的上升期越长，当然，其稳态资本存量也越大。

6. 参数模拟。

我们还可以根据以上模型，假定合理的参数，对关键变量进行模拟。限于篇幅，这里仅给出一种基准模拟，参数满足：储蓄率 $s = 0.3$，资本折旧率 $\delta = 5\%$，资本份额 $\alpha = 0.5$，技术前沿国家技术进步率 $\lambda = 2\%$，后发国家技术追赶参数 $\gamma = 0.1$，窗口期设定为 100 年。

图 5 给出了后发国家技术水平增速、人均资本增速、人均产出增速和资本回报率等 4 个关键变量的基准模拟结果。我们发现，技术水平在经历一个高速增长的"平台期"后单调下降，而人均资本增速、人均产出增速、资本回报率均呈现先上升后下降的倒 U 型曲线。这与经验观察的事实相符。

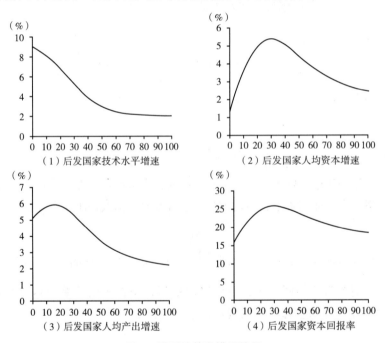

图 5　模型的基准模拟结果

这样，我们就可以把整个经济追赶的历程，做如下描述：后发国家初步的制度变革推动经济起飞，技术进步速度很快。技术追赶的物化形式是人均物质资本的不断积累和人均产出的提高，在追赶周期的特定阶段，技术持续快速进步的效应足以抵消资本边际报酬递减的效应。随着后发优势逐渐释放，技术进步速度将放慢，难以抵消资本边际报酬递减的效应，经济增速相应回落。这样，通过把后发经济体追赶过程中技术追赶的机制具体化，并引入新古典增长模型中，就可以对追赶周期的典型化事实给出逻辑一贯的解释。即经济追赶或者收敛的主要机制，是技术进步导致的"稳态"本身的变化效应，在相当一段时期内超过了趋向于给定"稳态"的"转移动态"过程中的资本边际报酬递减效应。这个解释并不排斥资本边际报酬递减效应，事实上，当追赶国家技术进步速度放慢，以至于难以抵消资本边际报酬递减的效应之后，经济增长速度将相应放慢。

更进一步的分析，有助于阐明上述分析的细致含义。直观地看，由于物质资本快速积累和经济增长同时发生，所以，通常会把高速增长归结为投资驱动。但从经济逻辑看，投资本身也是结果，也是需要加以解释的现象。事实上，投资和增长几乎就是一个硬币的两面。考虑到资本边际报酬递减规律的作用，如果仅仅以投资增长解释经济增长，则必须回答一个问题：高速增长期持续高投资的激励缘何而来？我们上述框架对此给出了很好的回答，即高速增长期的技术进步速度，足以抵消资本边际报酬递减的效应。[①] Kehoe & Prescott（2002）和 Zhu（2012）在增长核算中，就把人均产出增速分解为劳动参与率、资本产出比、人力资本水平和全要素生产率的加权和，并赋予资本产出比小于 1 的权重，赋予全要素生产率大于 1 的权重。[②]

（四）追赶周期的变异与影响因素

除了成功追赶型后发经济体之外，有许多收入水平更低、与前沿国家技术差距更大、潜在后发优势更显著的发展中国家，尚未实现高速增长；还有许多国家，虽有过高速增长的经历，但在未完成追赶之前就提前出现了增长减速。这些事实表明，后发优势只代表增长潜力，要把潜力变为现实，需要一系列条件；追赶周期更准确地说是后发追赶经济体所能够实现的"最佳实践"（best practice），在追赶周期的高速追赶和后面的阶段，体制和政策不当，会导致实际的追赶进程偏离这个最佳实践对应的轨迹。

技术追赶真正落实在经济生产当中，不仅是某个行业或生产部门通过创新或者模仿引进了一项新的技术方法，也包括这项技术实际运用效率的提高，以及整

---

① 白重恩等（2007）在解释中国高投资回报率时，也提出了类似的解释。

② 在一个 Cobb-Douglas 生产函数中，如果资本产出弹性为 0.5，那么在增长分解核算中赋予全要素生产率的权重为 2，而赋予资本产出比的权重则为 1。

个生产体系当中要素投入按照这项新技术的要求重新配置达到最适比例的过程。对后发经济体而言，在接近世界技术前沿之前，实现技术追赶面临的难题不仅仅是新技术的获取，更在于如何为新技术的广泛采用和技术效率提高创造激励。从现有的研究结果来看，对后发经济体技术追赶能力的重要影响因素包括：

（1）企业竞争和灵活的行业进出。技术升级是有成本的，只有竞争才能为企业提供不断投资新技术的微观激励（Aghion and Griffith，2005）。

（2）人力资本的积累。前沿技术进步是高技能劳动力偏向型的，后发国家从前沿国家模仿的技术，虽然可以通过本地化降低高技能劳动力偏向的程度，但总体上技术追赶还是要求劳动者知识技能的提升跟进（Vandenbussche et al.，2006）。

（3）有利于资源再配置的金融体系。技术更新过程是各类资源向高效率的部门和企业再配置的过程，资金是其中最重要的媒介。如果资金不能引导要素的流动，新技术就难以在整个生产部门推广开来（Midrigan and Xu，2014）。

（4）经济体的开放度。一方面，后发国家的大量技术引进是通过外国投资和国际贸易实现的；另一方面，开放度提高使得国内的生产者面临更加激烈的竞争，从而更有可能去学习和引进新技术（Alesina et al.，2005）。

上述因素对于"国富国穷"的重要性在以往的研究中已多有讨论，但经验分析表明，这些因素对后发经济体长期增长的影响是无法独立于其所处的追赶阶段的。因此，在分析某一具体后发经济体长期增长趋势和走向时，这些因素应该作为首先选择的分析切入点。

不过，与其他一些俱乐部收敛的文献或者国别收入水平双峰分布文献的观点不同，我们不认为尚未起飞的国家的宿命是低收入俱乐部；也不认为中等收入陷阱就是那些长期不能跨越中等收入阶段国家的宿命。一旦具备适当的制度条件，我们相信这些国家也将实现起飞，经历完整的追赶周期，最终实现收敛。

（五）主流的增长计量分析的疏漏和可能的改进途径

从上述对追赶周期机制的新解释入手，我们尝试提出改进现有增长计量框架的思路。目前主要的两组增长计量数据，分别是1960年以来80个经济体的面板数据，和1870年以来28个国家的面板数据。Barro认为，综合两组数据的计量结果可以得到理想的证据，支持转移动态和资本边际报酬递减的收敛假说。

对于基于上述第一组数据进行的Barro回归，我们提出下面的质疑。1960年以来各经济体的增长，大致可以分为三种类型，一类是前沿国家，增长率长期稳定在较低水平上；一类是为数寥寥的成功实现了经济追赶的经济体，经历了追赶周期的高速增长和后来的增速回落；还有一类是尚未实现起飞的国家，增长率长期稳定在较低水平上。把三种类型经济体的数据纳入一个面板数据集中进行回归，虽然能够得到收敛假说预期的证据，但正如前面指出的那样，这 80 个经济体的平均信息，并未很好地反映追赶的典型化事实。我们不妨做一个思想实验，倘若能收集到 1820 年以来所有这 80 个经济体的数据，并将之纳入一个面板数据中，那么，初期收入水平与之后时期增速的反向关系是否还能成立？我们知道，这 80 个经济体当中大部分在 1960 年之前维持着较低甚至很低的增速，所以，反向关系很可能不再成立。

对于基于第二组 28 个国家更长期的数据进行的 Barro 回归，[①] 我们也有大致类似的质疑。这些样本经济体绝大部分在分析起始点的 1901 年，与最前沿国家的技术差距已经比较小。从该样本中得到的初始人均收入水平与之后时期增速的反向关系，实际上是追赶周期的高速追赶平台期基本结束之后的追赶进程的反映。在前文的理论模型部分我们曾经指出，如果初始资本存量足够大，抑或技术差距足够小，赶超经济体会经历单调下降的人均收入增长过程。基于第二组 28 个国家更长期的数据进行的 Barro 回归的结果，实际上就是这种情形的反映。

基于我们对增长周期的解释，增长计量可能的改进方向是，构造技术差距的度量指标，并将其动态变化数据纳入增长计量。这样也可以刻画技术追赶速度的变化与资本边际报酬递减效应的相对重要性。事实上，如 Battisti et al.（2013）已经开始了这方面的探索。

三、追赶周期与其他类型周期的比较

上面归纳了追赶周期的典型化事实，并解释了其形成机制。将追赶周期与其他类型的周期，例如商业周期和康德拉季耶夫周期进行比较，有助于认识追赶周期自身的特殊性和政策含义。

第一，追赶周期的性质，是后发优势决定的技术追赶速度变化所导致的。通常的商业周期，则是由"动物精神"导致的。康德拉季耶夫周期则是前沿国家的重大技术创新导致的。

第二，追赶周期中的第一次增速转折（即起飞）和第二次增速转折（即高速增长平台期结束后的速度回落），所伴随的产业结构变化大异其趣。第一次增

---

① 这 28 个经济体包括阿根廷，澳大利亚，奥地利，比利时，巴西，加拿大，智利，中国，丹麦，法国，德国，意大利，日本，墨西哥，荷兰，新西兰，挪威，秘鲁，葡萄牙，俄罗斯，西班牙，瑞典，瑞士，土耳其，英国，美国，乌拉圭和委内瑞拉。

速转折时期，许多新产业成长起来，由于许多投资活动的互补性，这一次转折更多体现出"创造性创造"或者说"创造性建设"的特点；第二次增速转折时期，往往有不少产业退出，呈现出"创造性破坏"的特点。而普通商业周期的复苏和衰退所伴随的产业结构变化的差异，则远没有这么显著，大体上是近似的产业结构下开工率提升和下降所致。康德拉季耶夫周期虽然也是技术变革导致的周期，但其前半段和后半段分别是同一新技术产生和退出市场导致的。

第三，追赶周期不能够被熨平，也不应该被熨平。甚至在一定意义上可以说，这是后发国家所必须追求的周期。但普通商业周期应该被熨平，虽然实际上做不到。从这一点而言，追赶周期与康德拉季耶夫周期类似，后者也不应该被熨平。所以，从政策应对上看，追赶周期的第一次增速转折，不仅不能采取紧缩政策予以压制，相反，还应该通过宏观政策助力；追赶周期的第二次增速转折是技术差距缩小之后的客观规律使然，因而不能用扩张性宏观政策予以刺激（刘世锦等，2011）。

第四，追赶周期的高速增长为期 20～30 年；起飞前的时间长度不确定；高速增长结束后期，仍然能够保持 10～20 年的中速或中低速增长。普通商业周期为期 4～5 年，而康德拉季耶夫周期则长达 60 年左右。

当然，追赶周期与其他类型商业周期并非绝对排斥。例如，技术前沿国家经历新一轮康德拉季耶夫周期而使得技术前沿明显外推，会拉大和后发国家的技术差距，使得后发国家的后发优势扩大，进而会导致后者技术追赶的潜在速度提升，这样，康德拉季耶夫周期就会经由技术外溢叠加于后发国家的追赶周期之上。再如，后发国家追赶周期的整个进程中，其自身的普通的商业周期也一直在发挥影响，前沿国家的商业周期也会经过国际经济联系对后发国家的经济运行产生影响。

四、追赶周期假说对中国长期增长的含义

（一）中国改革开放以来的经济追赶也是由技术追赶推动的

1978～2009 年，中国 TFP 年均增长率达到 3.16%，对人均 GDP 增长的平均贡献率达到 77.89%，TFP 是最重要的增长源（图6）。与日本、中国香港、韩国等成功追赶型经济体在其高速增长追赶时期的 TFP 增长及贡献率相比，中国增长的"技术含量"实际都要更高，这并不支持所谓中国以往增长是"粗放式增长"的说法①。

---

① 当然，个别地区的增长可能是粗放式的。

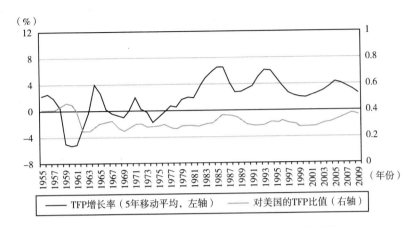

图6 中国长期增长中的 TFP 增速及与美国相对值

资料来源：作者根据 Penn World Table 整理。

（二）中国未来技术追赶的空间仍然可观

中国 2009 年 TFP 水平接近美国的 40%。[①] 而那些有过持续高速增长的追赶经济体在增长减速时的同一指标都远高于此，例如，日本、韩国、中国台湾等基本都在 TFP 达到美国的 70% 甚至更高才进入减速区间。这表明中国技术追赶的空间仍然可观。

（三）改革无论过去还是将来都是释放增长潜力的关键

关于改革与增长潜力的关系，日本的教训尤其值得中国借鉴。经过战后近 50 年的高速增长，日本在 20 世纪 90 年代开始经历严重的衰退，经济一蹶不振，学术界称之为"失去的二十年（Lost Decade）"。对日本经济衰退的解释大多归咎于生产率增速的下降（如 Hayashi and Prescott，2002）。但生产率增速下降的更深层次原因则在于资源配给（尤其是信贷配给）上的扭曲。日本的信贷部门将信贷资源更多地配给到生产率较低、缺乏自生能力、当危机来临时行将破产的企业，使得这些企业能够"安全"地渡过危机，避免不良资产的形成。而这种

---

① 之所以中国 TFP 高速增长了 30 年，到目前阶段相对于美国的水平还是很低，有两个原因，一是中国 TFP 相对水平低，二是这 30 年美国 TFP 也有相当幅度的增长。1978 年中国 TFP 相对于美国的水平约为 0.28 左右，1978～2011 年的 TFP 增长率算数平均是 3.6%，同期美国 TFP 增长率算数平均是 0.9%。两相比较，粗略地说，中国每年 TFP 的绝对量（标准化以后）提高 0.28 × 3.6% = 0.01008，美国每年 TFP 的绝对量提高 1 × 0.9% = 0.009，所以虽然中国的增长速度不算慢，但相对追赶速度还比较慢。

配给扭曲反过来使得高生产率的企业无法得到足够的信贷资源，发展受到限制。这些因素综合起来，造成了日本生产率增速的大幅下降（Caballero et al.，2004；Peek and Rosengren，2005）。

两组简单的数据可以用于说明以上的问题。第一组数据来自日本 NEEDS 企业数据库，该数据库包含了日本所有规模较大的企业，我们试图从中得到新进入和退出的企业数目。

表2　　　　　　　　日本新进入和退出的企业数目（1969～1996）

年份区间	企业总数目	新进入企业数目	退出的企业数目（不包含被并购的企业）
1969～1979	1271	312	14
1979～1988	1337	115	9
1988～1996	1357	57	3

资料来源：日本 NEEDS 企业数据库；Griffin & Odaki（2009）。

表2报告了数据结果。我们将年份区间分为三段，1969～1979 为增长时期，1979～1988 为泡沫时期，1988～1996 为危机时段。可以看出，这三段时期的企业数目没有发生显著变化，但新进入和退出企业的数目却不断减少。由于期间发生过经济危机，因此这两个数目的减少并不代表经济趋向稳态，而正是反映了被信贷配给扭曲了的"优胜劣汰"准则。

第二组数据来自对日本危机时段的 TFP 增长分解，试图寻找配给扭曲的进一步证据。事实上，很多文献进行了这一项工作，Fukao & Kwon（2004）对制造业细分行业进行了详尽分析，结果较为可靠。

一般将 TFP 的增长率分解为组内效应、组间效应、进入效应、退出效应以及剩余项。其中，组内效应指存活企业的 TFP 增长率，组间效应指企业 TFP 的增长与其市场份额变动的联合效应，进入效应指进入企业的高 TFP 所带来的 TFP 增长，退出效应指 TFP 较低的企业退出所带来的 TFP 增长。在一个健康发展的经济体，这 4 类效应的符号应当均为正。表3报告的日本经济危机期间一些代表性行业以及总体制造业的 TFP 增长率分解结果清晰地表明：退出效应一直为负值。这表明，危机时段退出的企业并不是那些生产率低下的企业，反而是一些生产率较高的企业，体现了一种信贷配给扭曲下的"非自然的选择"，这事实上加剧了日本经济的衰退。这些经验表明，让生产率较低的企业退出，是提升整体经济生产率的重要途径。也就是说，活跃的创造与平稳的破坏，共同构成生产率提升的源泉，缺一不可。

表3 日本制造业细分行业（代表性）TFP 增长率（%）分解

行业	TFP 增长率	组内效应	组间效应	进入效应	退出效应
食品	0.5	0.3	-0.1	0.6	-0.5
纸	0.7	0.7	0.0	0.0	-0.2
化工	1.1	0.7	0.1	0.1	-0.1
石油	4.6	2.7	1.5	0.0	-0.1
陶瓷	2.2	1.3	-0.3	0.2	-0.4
有色金属	-0.2	0.8	-0.1	-0.6	-0.5
电子设备	3.1	2.6	0.3	0.8	-0.2
汽车	2.2	1.8	0.0	0.1	-0.1
行业加权	2.1	1.2	-0.1	4.6	-0.5

资料来源：Fukao & Kwon（2004）。

改革开放以来，中国经济高增长主要是在 1981～1987 年、1988～1996 年、1997～2008 年的三波 TFP 增长中实现的。结合这些波段转折变化发生时点，可以大致识别出这期间对中国提升 TFP 最为重要的改革是，分别于 20 世纪 70 年代后期和 80 年代后期开始的两波农业部门改革（分别是家庭联产承包责任制、农产品价格改革和农业投入品市场改革）、20 世纪 80 年代早期进行的非农部门改革（价格双轨制和经济决策权下放）、1997 年实施的市场化改革（国企所有制改革和民营企业合法化）以及 2001 年加入世界贸易组织。过去的增长之所以能够持续，关键在于每一波改革的红利释放殆尽时，新的改革都会及时开启。

尽管以往的改革已在很大程度上改善了微观个体投资新技术的激励，但是最近的一些经验分析表明，中国在技术更新和生产率提升方面依然面临着相当大的制度扭曲，主要包括劳动力的结构性错配、农业部门土地和资金的低效配置、非农部门的资金低效配置（Zhu，2012）。这些扭曲虽然一方面带来了一定程度的虚高竞争力（张军扩和侯永志，2010），另一方面却抑制着更高质量、更可持续的增长潜力。自 2007 年以来发生的增长减速，当然有国际金融危机等短期冲击造成的影响，但根据以往的增长波段经验，也基本可以推断出上一轮改革的增长红利即将释放完毕。因此，要汲取日本的教训，通过及时实施新一轮重大改革释放红利，推动未来增长。党的十八届三中全会对未来全面深化改革提供了一个丰富、详细的计划清单。全面落实这个清单，将为中国后发追赶注入新的动力。

参考文献

［1］白重恩，谢长泰和钱颖一：《中国的资本回报率》，《比较》，（北京）28 辑，1～28 页，2007 年，中信出版社。

［2］林毅夫：《发展战略、自生能力和经济收敛》，《经济学季刊》，（北京）第 1 卷第 2 期，269～300 页，2002 年。

［3］刘世锦等：《陷阱还是高墙：中国经济面临的真实挑战与战略选择》，北京：中信出版社，2011 年。

［4］刘世锦：《我国增长阶段转换与发展方式转型》，《国家行政学院学报》，（北京）2012 第 2 期，10～15 页。

［5］约翰逊：《通产省与日本奇迹——产业政策的成长（1925－1975）》，中译本，金毅等译，长春：吉林出版集团有限责任公司，2010 年。

［6］张军扩，侯永志：《着力解决深层次矛盾，推动发展方式实质性转变》，国务院发展研究中心课题组著《转变经济发展方式的战略重点》，北京：中国发展出版社，2010 年。

［7］Aghion P. , and R. Griffith, *Competition and growth*：*reconciling theory and evidence*, MIT Press. 2005.

［8］Aghion, P. , and P. Howitt, *The Economics of Growth*, MIT Press. 2009.

［9］Alesina, A. , E. Spolaore, and R. Wacziarg, "Trade, Growth and the Size of Countries", *Handbook of Economic Growth*, Vol. 1, 2005, pp. 1499－1542.

［10］Barro, Robert, "Economic Growth in a Cross Section of Countries", *Quarterly Journal of Economics*, Vol. 106, May, 1991, pp. 407－443.

［11］Barro, Robert, "Convergence and Modernization Revisited", Mimeo, Harvard University. 2012.

［12］Battisti, M. , G. Di Vaio, and J. Zeira, "Global Divergence in Growth Regressions", *CEPR Discussion Paper*, No. 9687. 2013.

［13］Caballero, Ricardo J. , Takeo Hoshi and Anil K. Kashyap, "Zombie Lending and Depressed Restructuring in Japan", *American Economic Review*, Vol. 98, No. 5, 2008, pp. 1943－77.

［14］Eichengreen, B. , D. Park, and K. Shin, "When Fast-Growing Economies Slow Down：International Evidence and Implications for China", *Asian Economic Papers*, Vol. 11, No. 1, 2012, pp. 42－87.

［15］Eichengreen, B. , D. Perkins, and K. Shin, *From Miracle to Maturity*：*The Growth of the Korean Economy*, Harvard University Asia Center. 2012.

［16］Fukao, Kyoji, and UG, Kwon, "Why did Japan's TFP Growth Slow Down in the Lost Decade? An Empirical Analysis Based on Firm-Level Data of Manufacturing Firms", *Japanese Eco-*

nomic Review, Vol. 57, No. 2, 2006, pp. 195 – 228.

[17] Griffin, Naomi N. and Kazuhiko Odaki, "Reallocation and Productivity Growth in Japan: Revisiting the Lost Decade of the 1990s", *Journal of Productivity Analysis*, Vol. 31, No. 2, 2009, pp. 125 – 136.

[18] Hayashi, Fumio and Edward C. Prescott, "The 1990s in Japan: A lost decade", Review of Economic Dynamics, Vol. 5, No. 1, 2002, pp. 206 – 235.

[19] Kohe, Timothy, and Edward Prescott, "Great Depressions of the Twentieth Century", *Review of Economic Dynamics*, Vol. 5, No. 1, 2002, pp. 1 – 18.

[20] Midrigan, V., and D. Yi Xu, "Finance and Misallocation: Evidence from Plant-Level Data", *American Economic Review*, Vol. 104, No. 2, 2014, pp. 422 – 58.

[21] Peek, Joe and Eric S. Rosengren, "Unnatural Selection: Perverse Incentives and the Misallocation of Credit in Japan", *American Economic Review*, Vol. 95, No. 3, 2005, pp. 1144 – 1166.

[22] Solow, R., "A Contribution to the Theory of Economic Growth", *The Quarterly Journal of Economics*, Vol. 70, No. 1, 1956, pp. 65 – 94.

[23] Vandenbussche, J., P. Aghion, and C. Meghir, "Growth, Distance to Frontier and Composition of Human Capital", *Journal of Economic Growth*, Vol. 11, No. 2, 2006, pp. 97 – 127.

[24] Zhu, Xiaodong, "Undestanding China's Growth: Past, Present, and Future", *Journal of Economic Perspectives*, Vol. 26, No. 4, 2012, pp. 103 – 124.

我国制造业参与全球价值链分工获取增加值能力分析与相关政策建议

李善同　吴三忙

一、引　言

全球价值链分工已经成为当今社会分工的重要形式（UNCTAD，2013a）。改革开放以来，我国依靠丰富的劳动力资源、较强的产业配套和加工制造能力，积极融入全球价值链分工，逐步成长为全球制造生产基地。2012年我国制造业收入超过90万亿元，制造业实现工业增加值近20万亿元，占全球制造业增加值的1/5，已成为世界制造大国。然而，我国制造业在全球价值链分工体系中获取增加值的能力如何？制造业出口中是否隐含较高的国内增加值？未来我国制造业在全球价值链分工体系如何进一步转型升级？对这些问题需要深入研究。本报告基于世界投入产出数据库（WIOD）数据，利用最新的贸易增加值核算方法（KWW法）对我国制造业出口中隐含的国内增加值进行测度，较为深入的反映我国制造业在全球价值链分工体系中的增加值获取能力，最终提出促进我国制造业进一步发展的政策建议。

二、研究方法与数据

目前，测量全球价值链中增加值分配的方法主要有三种：一是利用企业微观数据开展个案研究（OECD，2011），这种方法主要是利用企业数据和贸易数据，优点是数据翔实，结论直观；缺陷在于缺乏代表性，同时采集数据难度比较大，因为往往涉及商业机密。二是利用单国投入产出表进行分析（Lau et al.，2007）。然而，在本质上单国投入产出模型方法试图用一国的数据来测算全球的情况，先天不足。三是利用国际投入产出表进行测算。Koopman，Wang and Wei

（2012），Koopman，Wang and Wei（2014）利用国际投入产出表，提出了一种新分解出口贸易总值的方法（KWW 法），该方法可以较好测算一国出口中隐含的国内增加值，进而反映一国在全球价值链分工中获取增加值的能力。根据 KWW 法，一国出口总值可以分解为四个部分：

1. 出口中隐含的国内增加值，即出口并最终被国外吸收的国内增加值（简称 DVA），这是一国 GDP 的重要组成部分；

2. 出口又返回国内的增加值：这一部分国内增加值先被出口至国外，但又隐含在本国从其他国家的进口中返回国内并最终在国内被消费（简称 RDV）；

3. 出口中隐含的国外增加值，用于生产本国出口的外国增加值（简称 FVA）；

4. 中间品贸易的纯重复计算部分（简称 PDC），这是由于中间产品贸易多次跨越国界引起的。

本文测算我国制造业出口中隐含国内增加值的情况使用 KWW 方法，数据则来源于欧盟的世界投入产出表（World Input-Output Database，WIOD）。WIOD 数据提供了 1995～2011 年包括 40 个国家及世界其他地区 35 个部门的国家间投入产出表，其中，该数据库包含的制造业及其分类见表 1。

表 1　　　　　　　　　　　　WIOD 中制造业部门及分类

部门代码	制造业部门	分类
c03	食品、饮料制造及烟草业	劳动密集型
c04	纺织业	
c05	皮革、毛皮、羽毛（绒）及鞋类制品业	
c06	木材加工及木、竹、藤、棕、草制造业	
c07	造纸及纸制品业、印刷和记录媒介的复制业	
c08	石油加工、炼焦及核燃料加工业	资本密集型
c09	化学原料及化学制品制造业、化学纤维制造业	
c10	橡胶及塑料制品业	
c11	非金属矿物制品业	
c12	金属制品业	
c13	通用专用设备制造业	
c14	电气和光学设备制造业	技术密集型
c15	交通运输设备制造业	
c16	其他制造业及废弃资源和旧材料回收加工	劳动密集型

三、我国制造业出口中隐含国内增加值的总体特点

第一，从横向比较来看，我国制造业出口中隐含国内增加值比重高于世界平均水平，但是与美国等发达国家还存在一定差距。2011 年，我国制造业出口中隐含国内增加值比重为 76%，世界平均水平为 69%，我国高于世界平均水平 7 个百分点；我国制造业出口隐含国外增加值比重为 18%，世界平均水平为 23%，我国低于世界平均水平 5 个百分点，表明相较世界平均水平，我国制造业经过多年发展已经显现出较强的增加值获取能力（见表 2）。但是，与美国、日本等发达国家相比，我国制造业出口中隐含国内增加值比重略低。2011 年，美国制造业出口中隐含国内增加值比重为 79%，日本为 81%，均高于我国，表明与美、日相比，我国制造业在全球价值链中的增加值获取能力仍有待提高。不过有意思的是，欧盟成员国中的德国、英国、法国等国家制造业出口中隐含的国内增加值比重均较低，导致这一异常显现出现的主要原因是高度一体化的欧盟内部贸易较为发达（UNCTAD，2013b）。此外，相较印度、墨西哥等新兴经济体，我国制造业出口中隐含国内增加值比重明显更高。总之，从横向比较来看，尽管相较美、日等国，我国制造业在全球价值链中获取增加值的能力仍有待提高，但是相较世界平均水平，特别是相较大多数新兴经济体，我国制造业已经显现出在全球价值链分工中较强的增加值获取能力。

表 2　　　　2011 年部分国家制造业出口中隐含的国内外增加值及其比重　单位：亿美元

国家	DVA	FVA	DVA 比例（%）	FVA 比例（%）
澳大利亚	651	131	78	16
中国	13286	3249	**76**	**18**
德国	9411	3007	69	22
西班牙	1845	767	64	27
法国	3719	1347	67	24
英国	2740	922	69	23
印度	1673	567	72	24
意大利	3434	1120	70	23
日本	5679	968	81	14
土耳其	960	245	75	19
美国	8820	1745	79	16
墨西哥	1482	822	61	34
世界	85344	28778	69	23

第二，从纵向比较来看，随着更广泛地融入全球价值链分工，我国制造业出口中隐含的国内增加值比重先降后升。1995 年制造业出口中隐含国内增加值比重为 82%，2006 年下降到 71%，特别是 2002 年后我国制造业出口中隐含的国内增加值比重下降更为明显。这主要是因为随着我国加入 WTO，更为广泛地融入全球价值链分工，更广泛使用全球中间品生产出口产品，由此导致制造业出口中隐含的国外增加值比重提高，国内增加值比重降低。2006 年后我国制造业出口中隐含的国内增加值重明显提高，由 2006 年的 71% 上升至 2011 年的 76%，表明在消耗加入 WTO 带来的不利影响后，我国制造业国际竞争力进一步增强，在全球价值链中获取增加值的能力提高。

四、我国不同类型制造业出口中隐含增加值的特点

第一，我国劳动密集型制造业在全球价值链分工中获取增加值的能力较高，且近年来呈现稳步提高的特点。劳动密集型制造业主要包括：食品、饮料制造及烟草业、纺织品与纺织制品业、皮革、毛皮、羽毛（绒）及鞋类制品业、木材加工及木、竹、藤、棕、草制造业、造纸及纸制品业、印刷和记录媒介的复制业、其他制造业及废弃资源和旧材料回收加工等。从横向比较来看，我国劳动密集制造业出口不仅获取了较高的国内增加值，同时出口中隐含国内增加值的比重也较高。2011 年我国劳动密集型制造业出口中隐含的国内增加值达到 3744 亿美元，位居全球第一；2011 年我国劳动密集型制造业出口中隐含国内增加值的比重为 86%，与美国持平，仅低于日本 1 个百分点，高于世界平均水平 10 个百分点，也显著高于印度、墨西哥等新兴经济体劳动密集型制造业出口中隐含的国内增加值比重（见表 3）。这表明，从横向比较来看我国劳动密集型制造业在全球价值链分工体系中已经具有较高的增加值获取能力。从纵向比较来看，一方面，我国劳动密集型制造业出口中隐含的国内增加值总量快速增长，由 1998 年的 582 亿美元，增长到 2011 年的 3744 亿美元；另一方面，1998 年以来我国劳动密集制造业出口中隐含国内增加值的比重呈现先降后升的特点。1998 年我国制造业出口中国内增加值的比重为 87%，后逐渐下降到 2004 年的 81%，其后呈现逐渐上升的趋势，2011 年达到 86%，表明近年来我国制造业在全球价值链中获取增加值的能力有所提升（见表 4）。导致 20 世纪 90 年代中后期我国劳动密集型制造业出口中隐含的国内增加值比重降低的主要原因是：这一时期我国劳动密集制造业，特别是服装等行业国际代工发展较快，随着国际代工的快速发展，更广泛地使用国外中间产品，导致

出口中隐含的国内增加值比重降低。而近年来我国劳动密集型制造业出口中隐含的国内增加值比重稳步提升的主要原因是：劳动密集型制造业特别是服装等行业等产业逐步由国际代工等转型升级到自主品牌生产（刘志彪，2015），由此在全球价值链分工体系中获取增加值的能力进一步提高。

表3 **2011年部分国家劳动密集型制造业出口中隐含国内外增加值及比重**

单位：亿美元

国家	出口中隐含的国内增加值（DVA）	出口中隐含的国外增加值（FVA）	DVA比例（%）	FVA比例（%）
澳大利亚	216	29	87	12
中国	3744	540	86	12
德国	1438	420	74	22
西班牙	476	126	77	20
法国	840	198	79	19
英国	545	112	81	17
印度	666	355	64	34
意大利	949	233	78	19
日本	210	24	87	10
土耳其	342	89	77	20
美国	1517	201	86	11
墨西哥	216	66	75	23
世界	20010	5406	76	21

表4 **我国劳动密集型制造业出口中隐含的国内外增加值及比重**   单位：亿美元

年份	出口中隐含的国内增加值（DVA）	出口中隐含的国外增加值（FVA）	DVA比例（%）	FVA比例（%）
1995	552	97	84	15
1996	566	84	86	13
1997	603	87	86	12
1998	582	76	87	11
1999	552	97	84	15

年份	出口中隐含的国内增加值 （DVA）	出口中隐含的国外增加值 （FVA）	DVA 比例 （%）	FVA 比例 （%）
2000	692	116	84	14
2001	737	116	85	13
2002	840	138	84	14
2003	1003	180	83	15
2004	1180	238	81	16
2005	1514	286	82	16
2006	1927	344	83	15
2007	2384	402	84	14
2008	2724	418	85	13
2009	2532	315	85	11
2010	3090	438	86	12
2011	3744	540	86	12

第二，我国资本密集型制造业在全球价值链分工中获取增加值的能力总体较低，且近年来有所下降趋势。资本密集型制造业主要包括：石油加工、炼焦及核燃料加工业、化学原料及化学制品制造业、化学纤维制造业、橡胶及塑料制品业、非金属矿物制品业、金属制品业、通用专用设备制造业等。尽管我国资本密集型制造业出口中隐含的国内增加值总量较大，2011 年达到 3757 亿美元，位居德国、美国之后，世界第三位；但是，我国资本密集型制造业出口中隐含的国内增加值比重相对较低，2011 年我国资本密集型制造业 DVA 比例为 75%，不仅低于日本的 87%、美国的 85%、德国的 79%，也略低于印度的 77%，表明我国资本密集制造业在全球价值链分工中增加值获取能力有待进一步提高（见表 5）。从纵向比较来看，尽管我国资本密集型制造业出口中隐含的国内增加值总量呈现较快增长，由 1995 年的 370 亿美元增长到 2011 年的 3757 亿美元；但是，我国资本密集型制造业 DVA 比例呈现降低趋势，1995 年我国资本密集型制造业 DVA 比例为 84%，2011 年下降到 75%（见表 6），这一方面固然与我国资本密集型制造业更加广泛的融入全球价值链分工体系中，大量使用国外中间产品等有关，但是也表明我国资本密集型制造业在全球价值链分工体系中获取增加值的能力没有显著提高相关。

表5 **2011 年部分国家资本密集型制造业出口隐含国内外增加值及其比重**

单位：亿美元

国家	出口中隐含的国内增加值（DVA）	出口中隐含的国外增加值（FVA）	DVA 比例（%）	FVA 比例（%）
澳大利亚	370	89	74	18
中国	3757	911	75	18
德国	4542	1277	79	15
西班牙	862	391	61	27
法国	1632	572	66	23
英国	1306	433	67	22
印度	599	132	77	17
意大利	1813	678	65	24
日本	2572	515	87	11
土耳其	427	86	77	15
美国	3914	930	85	13
墨西哥	469	117	75	19
世界	36903	12359	67	22

表6 **我国资本密集型制造业出口中隐含的国内外增加值及其比重变化**

单位：亿美元

年份	出口中隐含的国内增加值 DVA	出口中隐含的国外增加值 FVA	DVA 比例（%）	FVA 比例（%）
1995	283	44	84	13
1996	332	46	86	12
1997	426	61	85	12
1998	411	50	87	11
1999	552	97	84	15
2000	490	81	82	14
2001	516	79	83	13
2002	593	99	82	14
2003	776	158	79	16
2004	1081	269	75	19
2005	1311	339	74	19

续表

年份	出口中隐含的国内增加值 DVA	出口中隐含的国外增加值 FVA	DVA 比例（%）	FVA 比例（%）
2006	1676	422	74	19
2007	2308	573	74	18
2008	2939	679	75	17
2009	2342	455	80	15
2010	3025	669	77	17
2011	3757	911	75	18

第三，我国技术密集型制造业在全球价值链中获取增加值的能力总体较低，且近年来也有所下降趋势。技术密集制造业主要包括：电气和光学设备制造业、交通运输设备制造业等行业。尽管我国技术密集型制造业出口中隐含的国内增加值总量较大，2011 年达到 5784 亿美元，位居全球第一。但是，我国技术密集型制造业 DVA 比例较低，2011 年为 71%，仅高于世界平均水平 2 个百分点，显著低于日本 84%、美国 82%、德国 76% 的水平，表明我国技术密集制造业在全球价值链分工中获取增加值的能力仍较低（见表 7）。

表 7　主要国家技术密集型制造业出口中隐含的国内外增加值及其比重变化

国家	出口中隐含的国内增加值（DVA）	出口中隐含的国外增加值（FVA）	DVA 比例（%）	FVA 比例（%）
澳大利亚	65	14	0.79	0.17
中国	5784	1799	0.71	0.22
德国	3431	1310	0.76	0.2
西班牙	507	250	0.62	0.3
法国	1247	578	0.63	0.29
英国	890	377	0.65	0.28
印度	409	80	0.78	0.19
意大利	672	209	0.71	0.22
日本	2897	430	0.84	0.12
土耳其	190	71	0.68	0.25

国家	出口中隐含的国内增加值 （DVA）	出口中隐含的国外增加值 （FVA）	DVA 比例 （%）	FVA 比例 （%）
美国	3390	615	0.82	0.15
墨西哥	798	638	0.52	0.42
世界	27953	10682	0.69	0.25

为了进一步反映我国技术密集制造业在全球价值链中增加值获取能力，以中美之间电气和光学设备制造业贸易情况为例进行进一步分析。以贸易总值衡量，中美电气和光学设备制造业的双边贸易是近年来所有部门间双边贸易总值中最大的，2011 年已达 2120 亿美元，其中中国向美国出口了 1769 亿美元，而美国向中国出口 351 亿美元，相差超过 4 倍（见表 8 和表 9）。但是，如果将总出口拆分为最终品出口和中间品出口两类，可以看到中国向美国出口的电气和光学设备制造业产品大部分为最终品，而美国向中国的出口则以中间品为主。2011 年中国向美国出口的电气和光学设备制造业产品中最终品出口总值 1042 亿美元，占出口总值的 58.9%，中间品价值 728 亿美元，占 41.1%；而美国向中国出口的电气和光学设备制造业产品中最终品出口总值 106 亿美元，占出口总值的 30.2%，中间品价值 245 亿美元，占 69.8%。这反映了中美两国在电气和光学设备制造业全球价值链分工中所处的位置不同，中国主要通过组装等方式生产电气和光学设备制造业最终产品，而美国主要供应电气和光学设备制造业中间产品。

表 8 　　　　　**电气和光学设备制造业中国向美国出口及其分解**　　　单位：百万美元

年份	类别	出口总值	最终产品出口总值	中间产品出口总值	DVA	FVA	RDV	PDC
1995	价值	10998	7634	3364	8544	2262	16	176
	占比（%）	100	69.4	30.6	77.7	21	0.1	1.6
2005	价值	87608	53492	34116	53784	29997	341	3485
	占比（%）	100	61.1	38.9	61.4	34	0.4	4
2011	价值	176924	104156	72769	123187	46496	1296	5946
	占比（%）	100	58.9	41.1	69.6	26	0.7	3.4

表9 电气和光学设备制造业美国向中国出口及其分解 单位：百万美元

年份	类别	出口总值	最终产品出口总值	中间产品出口总值	DVA	FVA	RDV	PDC
1995	价值	3400	1284	2116	2691	396	182	130
	占比（%）	100	37.8	62.2	79.2	12	5.4	3.8
2005	价值	16402	3845	12556	11926	1482	1777	1216
	占比（%）	100	23.4	76.6	72.7	9	10.8	7.4
2011	价值	35059	10584	24475	28314	2762	2470	1513
	占比（%）	100	30.2	69.8	80.8	8	7	4.3

进一步将中美电气和光学设备制造业贸易总值分解为：DVA、FVA、RDV和PDC。分解结果显示，在电气和光学设备制造业，美国和中国的出口有着非常不同的增加值结构。首先，2011年美国向中国出口电气和光学设备制造业产品中DVA比例为81%，而中国向美国出口电气和光学设备制造业产品中DVA比例为70%，可见中国向美国出口电气和光学设备制造业产品中隐含的国内增加比重较低；其次，中国向美国出口电气和光学设备制造业产品中FVA比例超过美国，2011年中国为26%，美国为8%，可见中国向美国出口电气和光学设备制造业产品中隐含着大量的国外增加值，而美国向中国出口电气和光学设备制造业产品中隐含的国外增加值比例较低；最后，中国向美国出口电气和光学设备制造业产品中RDV比例微不足道，2011年仅为0.7%，而美国RDV比例较为显著，2011年为7%，这也反映了中美两国在电气和光学设备制造业全球生产链分工中所占位置的不同。由于美国主要从事产品设计和出口零部件生产，因此在全球价值链中处于上游位置，相当部分的美国出口增加值通过从其他国家进口返回国内并被美国消费者使用。相比较而言，中国处于价值链的下游，很少有中国中间品出口的增加值通过进口返回国内。

从纵向比较来看，一方面我国技术密集型制造业出口中隐含的国内增加值总量快速增长，由1995年的287亿美元，增长到2011年的5784亿美元。但是，另一方面我国技术密集型制造业DVA比例没有明显提高，甚至有所下降，1995年我国技术密集型制造业的DVA比例为78%，2011年为71%，下降了7个百分点。

五、结论及其政策建议

综合对我国制造业出口中隐含国内增加值的情况分析，可以得出几点基本结论：

第一，经过多年的发展，我国制造业在全球价值链分工已经具备较高的增加值获取能力，我国制造业出口中不仅隐含大量的国内增加值，同时出口中隐含的国内增加值比重也高于世界平均水平及主要新兴经济体，但是与美国等发达国家还存在一定差距。这一结论与长期以来认为我国制造业在国际分工体系中仍处于低端环节，制造业出口呈现"两大两低"（产量大、出口量大、附加值低、利润低）的观点出存在较大差别。

第二，我国不同类型制造业在全球价值链分工中获取增加值的能力存在较大差别。我国劳动密集型制造业在全球价值链分工中获取增加值的能力较高，且近年来呈现稳步提高的特点；而资本密集型制造业和技术密集型制造业在全球价值链中获取增加值的能力总体较低，且近年来还有所下降，尤其是从中美之间电气和光学设备制造业的双边贸易为例分析来看，我国高技术制造业在全球价值链分工获取增加值的能力仍较低。

根据以上研究结论，提出以下政策建议：

第一，积极参与全球价值链分工，提高制造业出口中国内增加值的比重。为此，要将全球价值链嵌入整体发展战略和发展政策中，通过提供有利的投资环境和基建条件推进全球价值链分工参与，同时通过强化本地企业生产能力，尤其是通过产品升级、过程升级、功能升级、产业链升级实现我国企业升级，增强在全球价值链中的增加值获取能力。

第二，适当调整产业政策，加强对关键环节支持。长期以来，我国实行的是部门优先产业政策，这种产业政策有利于加速追赶的步伐。但是随着发展水平的提升，产业发展、市场需要以及技术创新的方向不确定性不断增强，继续采用部门优先的产业政策容易导致系统性失误。同时，部门优先产业政策往往重视扶持所谓新兴产业，而忽视对传统产业的支持。而从我国产业在全球价值链分工获取增加值的能力来看，劳动密集型等传统产业表现出较强的能力。因此，需要适当调整产业政策，在全球价值链分工背景下产业政策需要从注重部门转向注重支持关键环节。

第三，构筑我国跨国公司主导的全球价值链。全球价值链分工的主要特点是跨国公司处于主导地位，UNCTAD（2013b）数据显示，跨国公司主导的全球价值链占全球贸易的80%，2010年美国商品进出口的大约2/3是在跨国公司国际生产网络内完成的，日本商品和服务出口的93%与跨国公司有关。因此，在促进我国企业参与全球价值链分工同时，更为重要的是要培育重视培育本土跨国公司，增强对全球价值链参与度和控制力。

参考文献

［1］Lau L. J. 陈锡康，杨翠红，等等 . 2007 年非竞争型投入产出模型及其应用——中美贸易顺差透视 . 中国社会科学，5：91 - 103。

［2］刘志彪 . 从全球价值链转向全球创新链：新常态下中国产业发展新动力 . 学术月刊，2：2 - 10。

［3］UNCTAD（2013a）. Global Value Chains and Development：Investment and Value Added Trade in the Global Economy. New York and Geneva：United Nations.

［4］UNCTAD（2013b）. Latest Developments in Investor-state Dispute Settlement. IIA Issues Note，No. 1，New York and Geneva：United Nations.

［5］Koopman，R，Z Wang，and S-J Wei（2014），"Tracing Value-added and Double Counting in Gross Exports"，American Economic Review，104（2）：459 - 494.

［6］Koopman，R，Z Wang，and S-J Wei（2012），"Estimating domestic content in exports when processing trade is pervasive"，Journal of Development Economics，99（1）：178 - 189.

［7］OECD. Global value chains：preliminary evidence and policy. Workpaper ［EB/OL］. （2011 - 12 - 10）［2015 - 03 - 20］. http：//www. oecd. org/dataoecd/18/43/47945400. pdf.

社会分工理论视角下中国国家治理体系和治理能力的现代化

宣晓伟

中共党的十八届三中全会《中共中央关于全面深化改革若干重大问题的决定》（以下简称《决定》）明确提出："全面深化改革的总目标是完善和发展中国特色社会主义制度，推进国家治理体系和治理能力现代化"，其中"国家治理体系和治理能力现代化"是一个全新的说法①，引起了社会各界的关注和热议。本文基于"社会分工理论"的视角对上述概念和相关问题提出一些理解和诠释，以期丰富目前的看法和讨论。文章主要围绕着"什么是国家治理体系和治理能力？"、"如何理解国家治理体系和治理能力的现代化？"、"为什么要将推进国家治理体系和治理能力现代化作为全面深化改革的总目标？"三个问题展开。

一、什么是"国家治理体系和治理能力"

要理解什么是"国家治理体系和治理能力"，首先要明确"治理"一词的含义。目前在中文语境中所使用的"治理"，事实上是对应于英文中"governance"的一个翻译词。而英文中的"governance"一词，来源于古希腊语中的"Kybernan"和古拉丁语中的"gubernare"，它的本意是操舵（steer），后来又引申出引导、控制和操纵（direct、control、pilot）等含义。长期以来，西方语境中的governance一词多与government的含义交叉，用于与"国家公务"相关的宪法或法律的执行问题，或指管理利害关系不同的多种特定机构或行业②。

---

① "治理"一词在党的历次重要文件也出现过，但主要是用在具体领域，例如，环境生态治理、社会治安综合治理、企业法人治理等，"国家治理体系和治理能力"的提出，在党的文件中尚属首次。参见党的十三大报告（1987年）至十八大报告（2013年）等历年重要文件。

② 鲍勃·杰索普（1998）"治理的兴起及其失败的风险：以经济发展为例的论述"，引自俞可平（2000）《治理与善治》，社会科学文献出版社，第61页。

在社会科学领域，直到 20 世纪 80 年代之前，使用治理（Governance）作为主题词来开展的相关研究少之又少，而随着威廉姆森的"交易成本经济学：契约关系的治理"（Transaction Costs Economics：Governance of Contractual Relations，1979）一文的发表，治理一词开始在"公司治理"（Corporate Governance）等经济领域得到越来越多的运用，随后渐渐扩展到政治、社会等其他领域①。八九十年代以来，伴随着"新制度主义（Neo-institutionalism）经济学"和"新制度主义政治学"等相关学派的兴起，"治理"（Governance）一词的运用日渐广泛，逐渐成了一个在许多语境中大行其道以至可以指涉任何事物的"时髦词语"。

除了理论研究领域外，"治理"一词应用的拓展也离不开现实的需要。20 世纪 90 年代以来，世界银行、联合国开发署等国际机构在开展援助项目时，日益认识到援助项目的效果大小和成功与否不仅与项目本身相关，也取决于受援国的具体实施环境，因此也越来越多地使用"治理"（Governance）来描述和评估受援的发展中国家的政治社会发展状况，更多地将其援助目标和手段与受援国家的治理状态改善相联系②。

根据上述的梳理，我们可以对治理进行如下的定义：治理就是共同体为达到某种目标所采取的集体行动。它具有三个重要的特征：一是"共同性"，治理不是单个主体的行为，单个人的决策和行动是无所谓"治理"的，只有群体的行为才谈得上治理；而且这个群体不是人数上的简单叠加，而是要依靠某种规则或目的将人们凝聚起来而形成的共同体（例如依靠血缘亲缘的家族共同体、依靠种族地理文化等因素形成的国家共同体，或者根据某个特定目标而形成的一般共同体等），随着共同体范围、性质和目标的不同，可以区分为"企业治理"、"社区治理"、"国家治理"和"国际治理"等类型。二是"目的性"，治理不是单个人的个人行动而是一种共同体的集体决策和行动（Collective Decisions and Actions），而且这种集体行动通常是有"目标指向性"的，也就是说，共同体开展集体行动（即治理）一般是为了解决某个问题或达到某种目标。当然这些目标有些是明确和直接的、有些是隐含和间接的；有些是单一的、有些是多元的；有些是在共同体间的共识程度很高的、有些则是一致程度较低的。三是"多样性"，既然治理是共同体为达到某种目标所采取的集体行动，那么目标的选择、行动的确定、方式的采取都是多种多样的，即可以采用一元化、强制性的方式，

---

① 参见 Levi-Faur, D.（2012）"From Big Government to Big Governance"，引自《Oxford Handbook of Governance》，第 5 页，Oxford University Press.

② 俞可平（2000）"引论：治理和善治"，第 7 页。

也可以用多元化、协商性的方式。换言之，治理的手段、形式和效果伴随着治理类型的不同呈现出极大的多样性。

在对"治理"进行简要的定义后，我们再来理解什么是"国家治理体系和治理能力"，所谓"国家"，按照韦伯的定义，是指在某个特定的疆域内，肯定自身对武力之正当使用的垄断权利的人类共同体①，这意味着在特定疆域的相应人群中，国家是能够合法使用暴力的唯一来源。而"国家治理体系"，是指这个特定疆域的人群共同体（即国家）为了某种共同目标所采取集体行动而呈现出的安排形式。

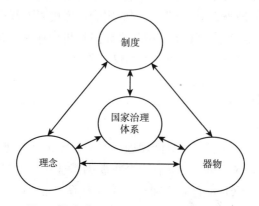

图 1　国家治理体系：制度、理念和器物

从广义来看，国家治理体系包含着三个层面的内容（参见图 1），首先是"理念"层面，如上所述为了实现某种目标常常是国家治理体系据以建立的根据，而这些目标的确定是与特定的理念密不可分的。例如，宪政体制一般被认为是美国国家治理体系中的核心组成部分，而在《美国联邦宪法》中，其序言就开宗明义地提出制定宪法的根本目的，即"为了组织一个更完善的联邦，树立正义，保障国内的安宁，建立共同的国防，增进全民福利和确保我们自己及我们后代能安享自由带来的幸福"。"理念"不仅决定着国家治理体系的目标，它还深刻影响着如何达到这些目标所采取的方式。一个国家治理体系所秉持的理念，深受其特定文化和价值观念的影响。比如在儒家传统看来，"道德实现"是个人、家庭乃至国家能够达到理想状态的最佳方式，孔子认为："德之流行，速于

---

①　韦伯（2010）"政治作为一种志业"，引自《学术与政治》，第 199 页。广西师范大学出版社。韦伯这里对国家的定义更多是针对"现代国家"的，传统的国家观念并没有如此强的地域概念，如传统中国的"天下观"，对国家的定义更多侧重于文化上而非地域上。

置邮传命"①。因此，"德治"、"礼治"就会被认为是国家治理体系中的最重要内容，其至具体法律制度制定和实施也会深深地受到这种理念的影响②。

"制度"是一国在特定理念的指导下，为实现目标而采取一系列政治、经济、社会等领域的形式安排。它既包括国家明文采取的正式规则，如包括法律制度、产权制度等，也包括那些并未见诸文字的非正式规则，如习俗惯例等。制度是国家治理体系中最为核心的部分，它一方面是治理目标和理念的具体化和规则化，另一方面又深深影响着国家治理体现中所采取的具体治理技术和所能获得的治理能力。例如在政治领域，涉及各种权力是如何获得、分配和维持的。在具体政治制度安排下，决定了谁是支配者、谁是被支配者，支配者权力的合法性来源是什么，支配者和被支配者之间又是如何互动的等一系列状态。

"器物"是通常指国家治理体系的物质实现层面，尤其是指所采取的具体治理技术，它通常会对国家治理能力有着重要的影响。例如，土地管理制度是国家治理能力的重要组成部分，而用卫星遥感技术去监测土地利用状态的变化，比起传统利用人工到田间地头监控的技术手段，其能力是有天壤之别的。然而，技术终归是由人来使用的，不同的理念和制度安排，既会影响技术的进步和选择，又可以使得同样的技术发挥出完全不同的效果。

简言之，"国家治理体系"是一国在自身文化传统和价值观念的目标影响下，为其集体行动所采取一系列的政治、经济等制度安排和具体技术手段。"国家治理能力"则是国家治理体系的外在表征，它反映了国家治理体系运行的实际表现，例如经济增长能力、税收能力、公共服务能力、国防能力等。

二、如何理解"国家治理体系和治理能力的现代化"
（社会分工理论的视角）

简要论述了何为"国家治理体系和治理能力"后，我们再来讨论什么是"国家治理体系和治理能力的现代化"。然而，一旦涉及"现代化"这个概念，则马上会陷入理论的汪洋大海之中。因为人类社会从所谓的传统社会迈入到当今的现代社会（即所谓的现代化过程），是划时代、全方位的巨变。有一大批的伟大思想家（从早期的康德、马克思，到近代的韦伯，当代的哈贝马斯等）就这

---

① 此句大意是：道德的流行速度，比用快马传邮颁布命令的方式还要快，它强调道德对人行为的内在约束和教化效果，比简单地应用外在命令更为迅速有效。参见《孟子·公孙丑上》。

② 中国古代法律深受儒家的伦理思想和礼教的影响，且为其所支配。参见 瞿同祖（2003）《中国法律与中国社会》，第 353 页，中华书局。

个宏伟问题展开论述，他们从各自不同的视角出发，对"现代化"问题的方方面面进行了相应的理论建构，从而留下了浩如烟海的理论巨著。所以，想要在一篇文章中全方位地综合种种现代化理论，在此基础上对于"国家治理体系和治理能力的现代化"这个概念展开详细论述，是根本不可能的。但是，所谓"横看成岭侧成峰，远近高低各不同"，基于不同视角出发而建构的各种现代化理论，就像拼图游戏中的图块，将它们放到一起则能更好地看到由传统社会向现代社会变迁的完整画面。因此，我们重点基于社会分工理论对现代化过程做一简要探讨，然后再来看它与国家治理体系和治理能力的关系。

无论出于何种理论视角对现代化过程进行分析，现代社会与传统社会相比，其最为突出的特征可能是经济增长速度的大幅提高（即所谓"现代经济增长的出现"①），由此伴随的现象包括物质的极大丰富、人们生活水平的明显提高、生产消费和居住方式的巨大转变（工业化城市化等）、科学技术的无限应用以及国家实力和能力的显著增强。怎样来解释这种现代经济增长现象的产生和维系，理论家们尤其是经济学家们经历了艰苦的探索，在经济学领域由此诞生了以索洛为代表侧重资本因素的"古典增长理论"、以罗默、卢卡斯为代表侧重技术因素的"内生增长理论"、以诺斯为代表侧重制度因素的"制度主义学派"等各种关于经济增长的理论流派②。而斯密在《国富论》中，用一个脍炙人口的制针例子来说明分工对于劳动生产率提高和经济增长的决定性意义。在社会分工理论看来，资本的运用（专用设备投资）、技术的进步，乃至有效率经济组织③的出现，既是带来分工的原因，更是分工导致的结果。现代经济增长伴随的一个鲜明特征是分工的无限深化，而正是这种分工的深化，带来了对资本投入、技术进步、相应组织形式乃至制度环境改变的需要，推动着资本积累、技术创新、社会组织和整体制度的变迁。

---

① 从人类的史前时代到 18 世纪工业革命以前，全球国民生产总值的增长都异常缓慢，从人均水平来看，则长时期增长率实际上近似等于零，只有在 1780 年代的某一个时候，人类社会的生产力摆脱了束缚它的桎梏，在人类历史上这还是第一次。从此以后，生产力得以持久迅速地发展，并臻于人员、商品和服务皆可无限增长的境地。参见罗荣渠（2004）《现代化新论—世界与中国的现代化进程》，第 130 页，商务印书馆 和 艾 瑞克·霍布斯邦 （1997）《革命的年代》，第 43 页，麦田出版社。

② 上述对于各种经济增长理论的概括是高度简单化的，具体参见 琼斯（2002）《经济增长导论》，北京大学出版社，赫尔普曼（2007）《经济增长的秘密》，中国人民大学出版社。

③ 诺斯等制度主义学派认为创新、规模经济、教育、资本积累等并不是经济增长的原因，有效率的经济组织经济增长的关键，而这个组织的出现有赖于能否形成一个"私人收益率"接近于"社会收益率"的制度环境，重点是相关产权制度的确立（财产权、知识产权等）。参见诺斯 等（2009）《西方世界的兴起》，第 4~6 页。华夏出版社。

　　既然分工的无限深化是现代经济增长出现的重要原因，那么为什么传统社会无法推动分工的不断深化呢？这根本上是因为传统社会结构和国家治理模式是无法容许分工深化的无限展开。参见表1，传统社会具有层级式分化①的金字塔结构，是一个在统一价值观念支撑下等级分明的有机体。正如韦伯所言："各式各样的行业和社会等级是按天命注定的，其中每一种都被分派了神所期望的，或为客观世界的规范所确定某种特定和必不可少的职责，因此，不同的伦理义务都与人们各自的地位连在一起。在这种理论形式中，各式各样的职业各等级被比做一个有机体的组成部分"。与此同时，传统社会虽然也分成为政治、经济、法律、文化、宗教等不同领域，但是各个领域没有明确的边界。整个社会是一个功能泛化（functionally diffused）的社会，即不同领域的不同功能常常是整合在一起的，一个团体、组织或个人往往身兼社会的多种功能，处于社会等级上层的小部分统治群体，能够凭借政治权力在社会的各个领域畅行无阻。因此，传统社会虽然也有一定规模的市场和相当程度的分工深化，但这种社会分工的程度是与社会层级式结构相匹配的，受到已有价值观念、社会关系和治理模式的制约，社会分工深化的程度一旦达到传统层级式社会所规定的极限，就不得不停止下来。

表1　　　　　　　　"层级式分化的传统社会"和"功能式分化的现代社会"

	层级式分化传统社会	功能式分化现代社会
社会结构	金字塔型	网络型
社会功能	泛化	分化
社会关系	"血缘、亲缘、身份"	"契约、规则"
社会分工	一定程度	无限深化
社会单元	家族、庄园、行会等	个人
社会治理	传统型、魅力型	法理型

　　而现代社会的诞生真正为分工的无限深化创造了可能，一方面，原有统一的价值观念被打破，个人从传统社会有机体中脱离出来，"个人权利为正当"成了推动整个社会运行的基础，由此产生现代意义上的财产权利、政治权利等，直接奠定了市场经济和民主政治等制度的基石②；另一方面，现代社会是功能式分化

---

①　社会体系中"层级式分化（stratification differentiation）"和"功能式分化（functional differentiation）"等概念，是由德国社会学家卢曼（Niklas Luhmann）在其社会系统理论中所提出。参见 G. Kneer, A. Nassehi（1998），《卢曼社会系统理论导引》，第181页，巨流图书公司。

②　金观涛（2010）《探索现代社会的起源》，第10～11页，社会科学文献出版社。

的社会，明确分化为不同的子系统，如经济、政治、法律、科学、宗教、教育等，每个子系统都有自己清晰边界和功能，以及独立自治的运行机制和规则。各个领域之间不能随意混淆，不同社会群体进入到不同领域则必须遵循其特有的规则。功能式分化社会的出现，使得社会结构从一元化的金字塔型逐渐转变为多元化的网络型，不同领域获得了相对自治和独立的发展空间，从而真正破除了阻碍社会分工不断深化的樊篱，开启了爆炸式无限分工的局面。

从社会分工理论的视角出发，为了实现社会分工的无限深化，现代社会所需的国家治理体系和治理能力，必须在"分化"和"整合"两个方面做出实质性的巨大转变。首先，为了推动社会分工和分化的展开，适应于个人从传统有机体中的脱离以及各子领域从"功能泛化"向"功能分化"演变的需要，原先那种层级式的、不同领域间界限模糊、专制的国家治理模式被摒弃，而基于血缘身份的传统型和魅力型的治理方式，逐渐被基于个人平等权利的民主法理型治理所取代。国家权力的来源、维持和行使的方式发生了巨大的转变，社会不同子领域和各群体形成了相对独立自治的发展，政治权力不能在不同子领域之间随意僭越，整个社会日益形成多元化的治理格局。其次，为了实现分工的无限深化，国家治理体系和治理能力不仅要有适应和促进社会分化的一面，还要有推动社会整合的一面。社会的分化不是分裂，传统社会有机体解体后，反而会形成一个人与人之间联系更为频繁、相互更为依赖的现代社会[1]，因此必须要有强大的现代国家再将个人重新整合起来，分工的深化需要国家提供安全的国防保障、完备的基础设施、统一的市场、强有力的法治保证、全面的公共服务等一系列条件。

如前所述，国家治理体系是一国为其集体行动所采取一系列的政治、经济等制度安排和具体技术手段。福山将成功的政治秩序归结为"强有力国家（State）、法治（Rule of law）和负责任的政府（Accountable government）"三种制度[2]。与此类似，从社会分工理论的视角来看，现代化的国家治理体系和治理能力就是能够适应和促进社会分工不断深化的一整套制度安排和技术手段；它既包括推动社会分化的相关制度和举措，如确保个人的各种权利、维护和引导不同社会领域的功能分化等；也包括促进社会整合的一系列制度举措，如重大基础设施的修建、统一法律制度的实施、公共秩序的维护和公共服务的提供等。

---

① 涂尔干（2000）《社会分工论》，生活·读书·新知三联书店。

② 福山（Francis Fukuyama）（2012）《政治秩序的起源：从前人类时代到法国大革命》，第 16 页，广西师范大学出版社。

三、为什么要将"推进国家治理体系和治理能力现代化"作为全面深化改革的总目标

基于社会分工理论视角，在对什么是"现代化的国家治理体系和治理能力"进行了一般性的论述后，我们再把目光转向国内，来重点讨论为什么要将"推进国家治理体系和治理体系能力的现代化"作为当前全面深化改革的总目标。

要较好地回答这个问题，应该把它放到中国社会的长程历史演变中去理解，我们要对传统时期、建国时期和改革开放时期三个主要阶段的国家治理体系和治理能力做一番简要的探讨，以弄清在"国家治理体系和治理能力的现代化"方面中国已经做了什么、什么还没有做以及为什么要将其作为改革的总目标。之所以要用历史的眼光来审视上述问题，主要是因为：（1）中国的现代化进程是从遭遇西方冲击以后才真正展开的①，自 1840 年鸦片战争以来，中国被迫从几千年朝代循环的旧轨道中跃出，以逐步实现从一个传统农业帝国向现代工业强国的转型（即实现所谓中华民族的伟大复兴），目前这个过程尚未完成。因此要理解为什么中国需致力于国家治理体系和治理能力的现代化，必须放到中国现代化历程的大框架下来看待；（2）如前所述，国家治理体系包括理念、制度和器物三个层面，这三个层面发生变化的速度有很大的差异，器物层面的因素变化最快，治理技术的发展可以是日新月异；制度的变化则较为缓慢，重大的制度变迁可达数十年之久，例如，市场经济制度的建立和完善；而制度背后的治理理念的变化常常更慢，一些根本性的治理理念甚至可以持续几百数千年，在深层次影响着一个国家的治理体系和治理行为。比如在传统中国，地方官员作为地方百姓的父母官，应秉持"爱民如子、为民造福"的治理理念；而在当今中国，则同样要求地方官员要"为官一任、造福一方"，两者之间有很强的继承性。所以，只有在长程的历史演进中，我们才能看清楚：目前中国的国家治理体系相比于传统时期继承了什么、又改变了什么；面对西方的冲击，自身的国家治理体系中哪些是需要维护的、哪些是需要向别人学习的，哪些国家治理能力又是亟待提高的。

---

① 对于中国"现代化进程的划分"有众多的研究和说法，例如，日本京都学派认为中国自唐宋以来就已经开启了由传统社会向现代社会的转型，即已经进入到所谓"中国的近世"，但一般看法认为，以现代经济增长、工业化、城市化和科技无限应用为主要特征的中国现代化进程，是遭受到西方冲击以后才逐步开启的。

（一）传统中国时期

在各个传统国家中，中国的国家治理体系和治理能力是独具特色的，其中最明显特征的是它能长期保持"大一统"国家的局面。传统社会由于小农生产的分散性、加之交通通讯落后等原因，很容易导致地方势力割据而无法形成大一统的国家，中国是历史上唯一一个能够持续保持数千年大一统传统的农业帝国，其他传统国家即使出现过辉煌的大一统帝国，但一旦解体就会陷入四分五裂的局面而迟迟难以再统一。而传统中国尽管历经朝代更替，却大多能够在较短的时间内又重新建立大一统的局面。传统中国之所以能做到这一点，是与以下的治理理念和治理制度密不可分的。第一是遵循"外儒内法"的治理方式。儒家思想为国家治理体系提供了正当性与合法性的论述，它采用"家国同构、忠孝同构"的方式将基于血缘和家族的伦理规范从个人、家庭放大至国家，并且通过"礼治"对从官方的朝廷政到民间的婚丧嫁娶进行规范，遍及社会生活和国家治理的各方各面。与此同时，法家思想则为国家的实际制度建构提供基础，建立了一整套行政、法律和社会等相关制度，真正实现对广土众民进行较为有效的管理，即所谓"百代都行秦法制"。儒法两家，一个侧重价值文化、一个侧重制度体制，奠定了传统中国国家治理体系和治理能力的基石。第二是采取皇权专制与士人政治相结合的治理体制。即韦伯所说的"家产官僚制"，然而，需要指出的是中国的皇权专制统治并非完全是西方意义上的专制，因为在西方语境中，专制意味着"统治者与被统治者是主奴关系，统治者在执掌权力时，基本上是出于自身利益考虑的"。而中国的专制统治被儒家思想赋予了强烈的伦理价值判断，所谓"君君臣臣、父父子子"，统治者实际对被统治者负有伦理上的相应责任，其统治权力的行使并非仅出于自身的利益[①]。更为重要的是，中国国家治理采取了士人政治的独特模式，即通过考试和选举制度，形成"读书人做官"和"学而优则仕"的局面，由此造就了士人政府和官本位的社会。士人政治制度一方面保证了社会上的精英阶层有较好的上升空间，整个社会也有相当的流动性，而皇帝在士人官僚阶层的帮助下，能够有效抑制地方和家族分裂的趋势，更好地治理国家。第三是采取"中央集权"和"皇权不下县"相结合的治理方式。一方面，在理论上中央政府对于各个地方有着绝对的权威，可以任意干涉地方上的任何事务，地方并无名义上或法律地位上的自主权和自治权。另一方面，中国的官僚体制实际只

---

① 阎步克（2012）"以制度史观认识中国历史"，载于王绍光主编（2012）《理想政治秩序：中西古今的探求》，第152页，生活·读书·新知三联书店。

到县一层，而且一个县的官员数目极其有限，通常情况下只有几个编制。县以下广大的乡村事实上是处于自治状态，其本质上是一种基于血缘关系的家族治理的放大。

与传统社会的其他国家相比，中国的国家治理体系和治理能力当时在多个方面都是遥遥领先的，有着自身独特性和优越性。然而以现代眼光来看，无论是经济增长、军事实力、财政汲取、公共服务等方面，传统中国的国家治理体系所表现出来的治理能力是十分低下的，总体呈现出"大而不强"的状态。例如以道德教化为主的治理模式，根本无法做到现代意义上的"数目字管理"[①]，相应的财政汲取能力极弱，传统中国的政府财政收入还不到其农业总产出的5%[②]。与此同时，"官员腐败"、"贫富差距扩大"也经常像癌症一样附着在其治理体系之上，由此导致传统中国长期被锁定于"合久必分、分久必合"的周期性朝代循环之中。

从社会分工的理论视角来看，在传统中国的治理模式下，尽管大一统国家为统一市场、统一法律、交通道路等基础设施建设等各方面提供了保障，使得市场范围大大扩展，从而有利于分工的展开，也造就了传统中国在农业社会条件下较高的经济和技术水平。但传统中国的治理体系使得整个国家凝结成了一个"一元化"金字塔式的组织架构，在这种架构下，既没有具有独立利益的技术团体的充分生长空间，也没有具有独立利益的企业（行会）的充分生长空间。中国传统社会的技术进步和企业发展都要最终依附在官僚体系之上，尽管传统中国商品经济很发达、技术水平也在不断进步，但难以形成现代市场经济，更无法展开现代意义上的创新活动，传统中国的治理体系和治理能力从本质上看是无法适应和促进分工的无限深化和现代经济增长的。

（二）新中国成立时期

当猛烈的外来冲击与旧有的皇朝衰败因素叠加在一起时，中国遭受了三千年未有之大变局，由于传统中国是文化结构、政治结构和经济结构高度融合成的一体化社会，其社会精英担负着既是读书人传承道统、又是官员治理国家、还是乡绅地主组织生产的多重身份和功能，因此传统中国在面临西方巨大冲击时，从器物到制度再到文化，节节退败，传统国家治理体系趋于瓦解，整体社会处于全面崩溃的危机之中。正是在这样的危难中，凭借着强有力的新意识形态、全能主义

---

① 黄仁宇（2006）《万历十五年》，第223～235页，中华书局。
② 金观涛等（2011）《开放中的变迁》，第13、38页，法律出版社。

政治和超级官僚体系三大重要因素，新中国得以建立，并凭借新的国家治理体系完成了现代化的初步建设。新中国成立时期的国家治理体系有以下的特征：一是"革命理想"成为新意识形态，为国家治理提供理论指导。新意识形态的兴起一方面是国内反传统文化所致，由于儒家传统强调社会伦常等级，因此在打倒孔家店的同时，一种打破一切纲常、冲破一切罗网、强调绝对平等的思潮（即革命观念）逐渐兴起①；另一方面是外来马克思主义观念的引入和传播，"革命"诉求与"共产主义"的理想相结合，逐渐使得通过"革命"的方式去实现"共产主义"理想成了中国社会的新信仰。二是借助于全能主义政治和超级官僚体系的形式，对社会进行全面的整合和组织。所谓全能主义政治，是指政治权力可以凭借意识形态，随时进入并控制社会中每一个阶层和每一个领域②。中国借鉴并学习了苏联的经验，借助于政党政治的力量，在新意识形态的支持下，对社会进行了全面的整合。与此同时，与传统社会的官僚体系相比，国家形成了五级政府，管辖一直延伸至乡村，牢牢控制着每个社会成员，构成了所谓的超级官僚体系。

新中国成立时期国家治理体系的产生并非偶然，它是传统中国陷入全面社会危机后的一种自然反应，在生死存亡的压力下，中国必须要有一种强有力的新意识形态、采取全能主义政治和超级官僚体系的形式来把一盘散沙的民众组织动员起来。只有在新意识形态的巨大感召下，再加上全能主义政治和超级官僚体系强有力的执行力和组织力，才能实现社会全面重构整合的目标，完成民族救亡图存、维护国家统一和领土完整、展开现代化初步建设等一系列艰巨任务。

从社会分工理论的视角看来，新中国成立后的国家治理体系在社会整合方面将其能力发挥到了极致，国家对于整个社会中每个成员的组织动员和控制能力可以说达到了一个传统中国治理体系下根本无法企及的高度，由此整个社会一体化和组织程度大大提高，各种基础设施建设迅速推进，经济社会在短期内获得了较快的发展。然而，这种国家治理体系在促进社会分化的方面也可说是遏制到了极致，个人自由和个人欲望受到全面的抑制，每个人都牢牢地被国家力量监督和控制，各个社会子领域被全能主义和超级官僚体系的政治力量严密掌控，这样的社会必然导致封闭、固化和僵化，整个国家逐渐失去动力和活力。总体来看，新中国成立时期的国家治理体系在形式上与传统中国同构，只不过整合和组织等各种

---

① 代表人物是谭嗣同和康有为等人，以及他们所著的《仁学》和《大同书》等著作。
② 邹谠（1994）《二十世纪中国政治》，第3页，牛津大学出版社。

治理能力大大增强，是一个的强化版金字塔结构体系。

（三）改革开放时期

从国家治理体系的角度来看，改革开放时期最为突出的变化是原有一元化金字塔型治理结构的松动和日益碎片化，在各个制度领域重新开启了社会的分化和整合，推动着分工深化的开展和经济社会的高速发展。由计划经济体制向市场经济体制的转轨，是改革开放时期国家治理体系转变最为重要的内容之一，而从社会分工理论的视角来看，它其实就是顺应社会分化演进趋势的必然要求和结果。市场经济体制的建立一方面基于个人权利的赋予，它事实上确立了人们追求个人财富和保护财产权利的正当性；另一方面源自经济领域从社会其他领域中的日益分离。在传统体制下，政企不分，政府直接支配生产资源而承担起企业的功能；同时企业为职工提供各种公共服务和福利保障，又承担着政府的功能。市场经济体制的建立意味着这种政府和企业功能泛化状况的改变，使得经济领域和政治领域日渐分化成功能和界限明确的不同子系统。

改革开放时期一元化国家治理体系的碎片化，使得社会各参与主体（包括地方、企业和个人等）的权利和利益诉求得到了不同程度的承认，从而调动了各利益主体的发展积极性，整个社会的活力和创造力也被有效地激发起来。与此同时，原有一元化治理体系仍然保持着整体架构，它还起到维护和引导社会运行、不断整合社会的作用，在"以经济建设为中心"、"发展是硬道理"等治理理念的指引下，加之打开国门引进资金技术，借鉴东亚发展道路等一系列措施，所谓政府主导经济发展的威力便被充分发挥了出来，由此带来了经济社会的巨大变迁。

然而日益碎片化的一元化国家治理体系，在爆发社会活力、带来前所未有的经济增长的同时，也暴露出越来越多的问题。首先是价值信仰的缺失和社会失范状况的日益严重。如前所述国家治理体系的有效运行需要有相应的价值观念作为支撑，伴随着原有意识形态的退潮，中国社会目前在总体上处于价值信仰的真空期，这本质上是中国文明传统遭受西方文明传统冲击后，还难以真正应对、吸收和融合西方文明的结果。在社会分化不断加剧的状况下，社会主流价值信仰的缺失给新的社会共识和信任关系的形成造成严重障碍，必然带来社会的失范和混乱。其次是个人关系重新成为支配社会资源和权力分配的主要力量，功能泛化和腐败状况难以得到有效遏制。原有意识形态退潮后，几千年传统支撑下基于血缘和拟血缘的私人关系又顺理成章地重新回到了中国社会运行舞台的中央，在社会中资源和权力的分配中发挥着过多过大的影响力。与过去不同的是，传统社会的私人关系附有儒家文化赋予的伦理责任，而在中国当代社会私人关系的运用更多是基于赤裸裸的利益计算。与此同时，各个社会领域功能泛化的情景仍很普遍，政治权力很难得到有效约束，政企不分、政事不分、政资不分的情况仍然严重，法治的建立进程缓慢，难以有效遏制腐败的蔓延。

简而言之，改革开放所带来的国家治理体系的变化，有效促进了社会分工，带来了三十多年中国经济社会的发展奇迹。但在社会分化方面，个人观念和权利仍未得到真正确立和保障，功能分化的各社会子领域也难以形成。在社会整合方面，一元化治理体系的碎片化带来许多严重的问题，社会主流价值信仰的缺失、社会失范、个人关系过多地占据支配地位、腐败加剧等。可以说在原有治理体制松动和碎片化后，当前各种社会主体之间关系的重构和调整都远未到位。从社会分工的理论视角来看，中国要实现国家治理体系和治理能力的现代化，仍有漫长的道路要走。

（四）"国家治理体系和治理能力的现代化" 和当前改革

综合以上讨论，当前所谓"中国国家治理体系和治理能力的现代化"，实质上是要顺应社会分工不断深化的需要，从目前碎片化的一元治理模式进一步转变为网络型多元治理模式，重塑价值观念和治理理念，实现国家治理由"关系型支配"和"威权型支配"更多向"契约型支配"和"法理型支配"的转换，推动社会结构和功能的调整、社会主体间关系的重塑和规范，真正建立一个不同领域界限清晰、规则明确、功能分化、权责对等的多元化治理体系。

事实上，上述目标也正是当前中国全面深化改革的总方向，让我们结合《决定》中的部分具体内容来对此加以阐述。例如"使市场在资源配置中起决定性作用"被认为是《决定》中的重大突破和最大亮点之一，从国家治理体系和治理能力现代化的视角来看，这是由"一元化功能泛化的国家治理模式"向"多元化功能分化的国家治理模式"转型的必然要求。如前所述，现代社会的治理模式是要形成界限清晰、规则明确的不同子领域，不同领域之间不能随意混淆，否则极易带来治理的失效和腐败的产生。让"市场发挥决定性作用和更好发挥政府作用"，实质上就是要厘清政治领域和经济领域间的关系，切断权力和金钱的直接联系，明确两者之间的界限。

例如在国有企业改革领域，《决定》提出要"准确界定不同国有企业功能"。根据不同国有企业所具有不同功能实施分类监管也被看作是国企未来改革的重要方向。而从国家治理体系现代化的视角来看，这也是由"功能泛化治理模式"向"功能分化治理模式"转变的必然结果。国有企业是功能泛化的一个典型，它既拥有企业职能、又承担部分政府职能；既有盈利要求、又有公益要求；因此推进国企改革，首先要实现国有企业与政府部门的有效分离，即所谓政企分开，其次承担不同功能的国有企业应明确区分对待，采取不同的管理和考核方式，做到"一种功能、一个目标、一种身份，一种管理和考核方式"①。

再比如"建立事权和支出责任相适应的制度，适度加强中央事权和支出责任"被认为是中央地方关系调整尤其是财政关系改革的重要方向。如前所述，在传统中国治理模式下对于中央和地方关系的处理是采取中央集权的方式，中央拥有名义上的绝对权威，牢牢掌握各种事项的决策权，地方并没有法律上的自治权；与此同时地方拥有现实中的自由裁量权，中央对于各项事务的执行采取的是层层委托代理给各级地方的方式，地方牢牢地掌握着执行权。两者相辅相成、缺一不可，共同构成了传统中国国家治理体系下中央与地方的独特关系。新中国成立以来一直到改革开放时期，对于中央地方关系的安排基本维持了传统中国的治理模式，由此可以看到传统时期的"分久必合、合久必分"的循环与改革开放时期"一放就乱、一收就死"的现象之间有着逻辑上的一致性，它们都是中央地方关系处理失当的结果。在现代化的国家治理体系中，既要保持强大统一的中央、又要维护充满活力的地方，要实现这一目标长远来看必然要从一元治理转向多元治理，需要在法律层面对于中央地方权责做出明确界定，并更多地通过司法体系对两者关系加以调节。就目前的现实而言，改革的方向是要打破任何事项都需要中央决策、然后再层层委托给地方的做法；中央一方面需要加强自身事项的执行能力，要在人财物上给予相应的保障，使中央政府能够做到更多地直接面对所服务的人民；另一方面要将更多地方性事务的决策权下放到地方，同时加强地方民主和司法体系而加以制约。

总之，推进国家治理体系和治理能力的现代化，就是要使当前碎片化的一元治理模式逐渐转向多元化治理模式，在不断推动社会分化和社会整合的条件下促进社会分工的深化和经济的持续增长，这也是当前各项改革不断深化的大方向和总目标。

参考文献

[1] 俞可平，2000：《治理与善治》，社会科学文献出版社。

[2] 韦伯，2010："政治作为一种志业"，见《学术与政治》，广西师范大学出版社，第199页。

---

① 宣晓伟（2013）"按现代化转型的要求推进国有企业改革"，《比较》，第6期。

［3］瞿同祖，2003：《中国法律与中国社会》，中华书局，第 353 页。

［4］罗荣渠，2004：《现代化新论—世界与中国的现代化进程》，商务印书馆，第 130 页。

［5］艾瑞克·霍布斯邦，1997：《革命的年代》，麦田出版社，第 43 页。

［6］琼斯，2002：《经济增长导论》，北京大学出版社。

［7］赫尔普曼，2007：《经济增长的秘密》，中国人民大学出版社。

［8］诺斯 等，2009：《西方世界的兴起》，华夏出版社，第 4～6 页。

［9］G. Kneer, A. Nassehi, 1998：《卢曼社会系统理论导引》，巨流图书公司，第 181 页。

［10］金观涛，2010：《探索现代社会的起源》，社会科学文献出版社，第 10～11 页。

［11］涂尔干，2000：《社会分工论》，生活·读书·新知三联书店。

［12］福山，2012：《政治秩序的起源：从前人类时代到法国大革命》，广西师范大学出版社，第 16 页。

［13］王绍光 主编（2012）：《理想政治秩序：中西古今的探求》，生活·读书·新知三联书店，第 152 页。

［14］金观涛等（2011）：《开放中的变迁》，法律出版社，第 13、第 38 页。

［15］邹谠（1994）：《二十世纪中国政治》，第 3 页，牛津大学出版社。

［16］宣晓伟（2013）："按现代化转型的要求推进国有企业改革"，《比较》，第 6 期。

［17］Levi-Faur, D. 2012, "From Big Government to Big Governance"，《Oxford Handbook of Governance》, Oxford University Press，第 5 页。

从互保联保贷款到互联网金融

卓 贤

作为担保方式的一种创新，互保联保在经济上行周期增加了银行对小微企业的信贷支持，但在近年下行周期中却变为区域信贷危机"导火索"，有人视其为当代的连坐和保甲制度，认为是一种"恶制度"。鉴于互保联保贷款的风险，银行已进一步收窄小微企业融资渠道，有可能将其推向风险更大的非正规金融市场。本文探究互保联保产生的制度土壤，分析其演化过程中的风险根源，提出短期应建立"有限责任"的互保联保制度，中期应形成风险合理分担的"政府主导型担保体系"，长期应发展"去担保化"的新型金融业态。

一、互保联保产生和演化的背景

互保联保拓宽了小微企业的融资渠道。担保分为有形的物质担保（抵质押）和无形的信用担保。对于财务信息不健全、抵质押物匮乏的小微企业，信用担保能有效缓解信息不对称，提高小微企业融资的可得性，降低融资成本。"互保联保"是信用担保的一种方式。"互保"指企业间为对方相互提供担保，"联保"指多家企业之间形成连环担保关系，担保企业对被担保企业的贷款承担连带责任。根据企业间相互关系，可分为同行业担保链、同乡担保链、关联企业担保链、上下游担保链（见图1）。理论上，互保联保最大的优势在于，处在同一社会关系网络的担保企业能相互甄别、监督、追偿债务，以横向监督机制缓解银企间信息不对称。互保联保的理念古已有之，王安石变法中"青苗法"即专门描述了农户联保制度。在国际上，诺贝尔和平奖得主尤努斯发展的小额联保贷款（Joint Liability），大量应用于农村扶贫项目。国内在20世纪90年代之前，由于没有第三方担保机构，已经出现了企业间的互保贷款。担保关系更加复杂的"联保"贷款始于农户小额联保贷款，而后由农户拓展到小微企业，由小微企业又发展到中型甚至大型企业。

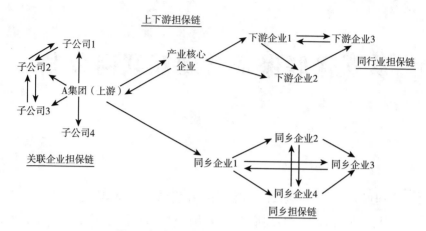

图 1　包含多类关系的互保联保示意图

注：箭头所指为被担保方。

互保联保是我国不完善担保体系下的制度创新。我国第一家担保公司是1993 年经国务院特批成立的中国投资担保公司，其定位是为大项目、大企业服务。一直到 1999 年人民银行《关于加强和改进中小企业金融服务的指导意见》以及国家经贸委《关于建立中小企业信用担保体系试点的指导意见》发布后，面向中小企业的担保体系才逐步建立起来。到 2013 年年末，我国融资性担保机构8185 家，银行业融资性担保贷款余额 1.69 万亿元，其中75.8% 为中小微企业贷款。虽总量可观，但担保体系存在政策性担保不足、互助性担保规模小、商业性担保不规范的问题。由于担保具有正外部性，体现出高商业风险、高社会收益的特征，我国商业性担保机构主导的担保体系（图2），无法产生足够的担保服务供给。追求盈利的商业性担保机构开展高息融资、违规放贷的现象很普遍，由于频发的风险，仅 2013 年融资担保机构就减少了 405 家，不少银行已停止与占主体的民营担保机构合作。因此，小微企业无法通过常规担保方式满足融资需要，互保联保成为了一种替代性的创新。

互保联保成为区域性信贷危机的导火索。互保联保贷款发展得很快。据杭州人行 2013 年年末对温州的调查，涉及担保贷款的企业有近 20% 采用 3 家及以上的联保。到 2014 年上半年，小微企业贷款占企业贷款比重达 29.3%，比 2010 年年末提高了 5.1 个百分点，互保联保功不可没。但经济下行周期中，担保链条中单个企业的贷款违约，会引发担保链的风险多米诺骨牌效应，甚至危及正常经营的企业。根据近期案例，互保联保风险呈现出从中小企业向大企业蔓延，从贸易行业到生产型企业扩散，从长三角、珠三角向资源型地区传染的趋势。

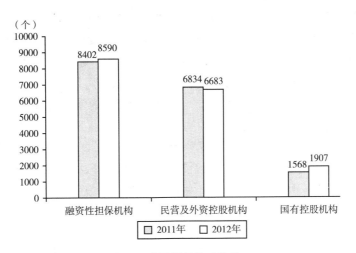

图2 我国担保体系结构

资料来源：中国融资担保行业协会网站。

二、互保联保的风险根源

互保联保如何从普惠金融的制度创新变脸为火烧连营的风险链条，需要从制度层面进行探究。

第一，范围不当扩大削弱了信息优势。互保联保的优势在于缓解信息不对称，但存在一个有效半径。互保联保之所以在农户小额贷款中较成功，是因为农户的社会网络更紧密、贷款额度较小、联保户数较少。企业间互保联保在发展过程中，参与企业的经营规模越来越大，担保链交叉越来越密集，信息优势递减，企业间了解程度降低，风险暴露却在增大。

第二，高度同质性增加担保链的脆弱性。互保联保基于成员企业某种同质性而形成。同行业、同区域、上下游等相互关系虽然提高了信息对称程度，但也意味着风险无法有效分散，易形成一荣俱荣、一损俱损的连锁效应。

第三，无限责任导致风险的高传染性。根据《担保法》第十二条"没有约定保证份额的，保证人承担连带责任，债权人可以要求任何一个保证人承担全部保证责任，保证人都负有担保全部债权实现的义务"，银行首先会找到最有实力的担保企业承担无限责任，这导致优质企业反而更容易在担保链中率先倒下。

第四，横向监督失效加剧企业冒险行为。由于互保联保中的无限责任，不少实力强的企业并不愿参与，反倒是资质较差的企业热情高涨，使得担保链的结构存在天然缺陷，横向监督的功能下降。不少借款人通过互保联保过度融资，以实体企业为融资平台，以短期贷款开展高杠杆的资产投资和跨行业扩张。根据工行对 1.9 万户样本的分析，2009～2013 年小企业财务费用年均增幅比主营业务收入高 30.88 个百分点，暴露出小企业高杠杆经营的倾向。

第五，银行顺周期管理放大风险。随着金融市场的发展，银行原来倚重的大客户转向直接融资，银行为维持高额利润，将竞争重心下沉到了中小企业。银行在上行周期"重利润"，有扩大互保联保贷款规模的冲动，甚至不惜以拉郎配"组建"本应自愿组合的担保链。银行在下行周期"重风险"，则导致集体"抽贷"的现象。从法律层面来看，商业银行的"抽贷"无可厚非。但在银行间信息沟通协商机制不畅的情况下，理性的个体行为通过"羊群效应"转变为非理性的集体行动，造成银企"双输"的结果。

第六，政府事后风险处置容易诱发下一轮危机。一旦出现互保联保风险，企业常会"联名上书"求助于政府。各地政府采取建立财政救助基金、协调银行不抽贷、推动企业兼并重组等措施，虽短期有效，但中断了市场"创造性破坏"的机制，容易对企业和银行造成政府"兜底"的预期，在多次"好了伤疤忘了疼"后形成预算软约束，埋下新一轮危机的种子。

对于互保联保的风险，已有研究以事后应急处置措施为主。本文提出，化解风险的根本在于重塑金融体系功能，短期应建立"有限责任"的互保联保制度，中期应形成"政府主导型担保体系"，长期应发展"去担保化"的新型金融业态。

三、短期：回归互保联保本质，化无限责任为有限责任

根据汇付－西财的调查，小微企业获得银行贷款的比重仅有 23%，为避免将更多小微企业推入风险更大的非正规金融市场，短期内互保联保仍有存在的价值和发展的空间。应合理设计互保联保结构，回归其缓解信息不对称的本源功能。

实行有限责任。"有限责任制"是企业发展史上的创新，它以出资者所投入的资金为限承担经营失败的损失，降低了无限风险对企业家精神的束缚，激发了创新、创业的活力。然而，盘根错节的担保链使企业承担了近乎无限的责任。缺乏有限责任机制约束（同时也是保护）企业对外担保，是目前的互保联保最重要的制度缺陷。各地已出现了一些有益的创新，值得推广。如有银行推出"互助担保基金"贷款，成员企业缴纳互助保证金组成联保基金，以所缴纳金额为

限承担担保责任。有些地方政府还通过划拨专款、减税等方式对联保基金注资，分担担保责任。

强化准入管理。不合格的担保企业对借款人并不会比银行更具信息优势，反而有可能因合谋产生虚假信息。银行要加强对担保人的准入管理。一是坚持"联保自愿"原则，核实担保人担保意愿，向其提示潜在风险，杜绝"人情担保"，严禁"拉郎配"。二是认真评估担保企业的信用水平，避免信用等级低、民间借贷关系复杂的企业进入担保链。三是深入调查相关借款人和担保人的关联关系，避免家族企业、集团内部形成担保链，防范骗贷风险。

把控担保规模。保持合理规模，互保联保贷款才能发挥信息优势。一是保持合理的成员规模。如果担保圈内的成员太少，起不到分散风险的作用；如果担保成员太多，则易出现"搭便车"现象，起不到内部约束作用。建议一个担保链的成员规模在5~8家之间，一家企业对外担保户数不超过5户。二是限制企业对外担保规模。由于担保责任构成企业或有负债，建议企业对外担保总额不得超过净资产的1.5倍，对单个借款人担保额不得超过净资产，避免出现过度担保。

共享担保信息。目前统一的担保信息平台尚未建立，上行期容易造成企业跨银行、跨地区多头担保、过度担保，下行期又容易造成银行因不掌握担保链整体风险状况而盲目抽贷。应健全银行间担保信息共享机制，整合现有人民银行征信系统、银监会客户风险监测预警系统等平台，建立互保联保信息平台，防止企业跨银行、跨地区过度担保。对于出现风险的担保链，应由当地银行业协会牵头成立债权银行委员会，协调各债权银行理性化解担保链风险，避免出现抽贷"羊群效应"。

加强横向监督。互保联保制度的灵魂在于担保圈内的软信息能形成横向监督机制，缓解银企之间的信息不对称。但单靠同行邻里的社会网络，难以捕捉企业跨地区经营、跨行业扩张的动态。应建立担保链企业的信息沟通机制，由行业协会或同乡商会牵头，定期（如每季度末）召开担保链利益相关者会议，由担保链企业、众债权银行等派员参加，定期沟通信息，及时处置风险。

四、中期：完善信用担保体系，理顺风险分担机制

互联互保贷款是常规担保体系供给不足的产物，应被视为一种"过渡性"创新。中期来看，小微企业融资担保还是应由常规的担保体系来支撑。我国担保体系以商业性担保为主，非营利的政策性担保和互助性担保力量较弱，导致担保体系供给不足、风险较高。应从以下三方面加以完善。

（一）建立政策性担保为主的担保体系，将政府事后兜底的隐性担保转为事前显性担保

对待互保联保风险，地方政府事后兜底的隐性担保只能止损，不能产生收益，还易造成企业与银行依赖政府救助的道德风险。从国际上看，小微企业信用担保机构的资金来源一般以政府出资为主，并辅以企业互助资金、商业性资金以及金融机构资金。如美国中小企业信贷担保计划的资金主要由联邦政府直接出资，国会预算拨款；2004～2010 年间，日本地方政府对 52 家信用保证协会的出资比例在 76%～80%。

我国政府必须从隐性担保转向显性担保，在两个渠道发挥主导作用。一是发展政策性担保机构，直接向小微企业提供担保。针对我国政策性担保机构因风险容忍率低而出现"惜保"的特征，应健全政策性担保机构的资金投入机制，将担保基金纳入预算管理，每年安排一定比例的预算注资政策性担保机构。二是健全再担保机制。再担保是为担保提供的担保。政府主导的再担保体系，能增强单个担保机构抗风险水平，提高担保体系供给能力，并通过再担保费率实现一定的监督职能，起到事前增信、事中分险和事后维稳的作用。

值得一提的是，发展政策性担保要优于新建政策性小微企业银行。我国 20世纪 90 年代以前，实行的正是"工农中建"分立的专业银行体制，这违背了银行风险分散原则，并不利于可持续经营。建立"政策性担保＋商业银行"的组合，在市场甄别信息的基础上，让政府解决担保不足的外部性问题，是一种更优的选择。

（二）推动商业担保机构转型为互助担保机构

互助担保机构是对互保联保和商业性担保的扬弃。互助担保机构由会员企业出资组成，会员以出资额为限承担担保风险。与互保联保类似，互助担保机构的会员之间相互了解，但有限责任公司的架构，形成了担保风险的"防火墙"，担保风险不会传染到经营正常的会员企业。与商业担保机构一样，互助担保机构是市场化运作的机构，可避免互保联保中的"人情担保"，但其"会员优先"的非盈利性导向能缓解商业性担保供给不足，并降低因逐利而违规经营的风险。

应推动商业担保机构转型为互助担保机构。各地在处置近期频发风险的商业担保机构时，政府可出资参股商业担保机构，并通过适当的税收减免，吸引有担保需求的中小企业入股，将商业担保机构改组为互助担保机构。为避免风险集中问题，可借鉴意大利的经验，设置"双层互助担保体系"：在各市、县层面，成

立行业性或区域性的互助担保机构，直接向会员提供担保；在省级层面，政府牵头组建互助担保联盟，由辖内各互助担保机构联合出资，为第一层互助担保机构提供再担保，适当分散风险。

（三）银行与担保体系形成合理的风险分担机制

衡量银行和担保体系之间风险分担情况的指标是"担保覆盖率"（贷款违约后，担保方代偿的比率）。Beck、Klapper、Mendoza（2008）对46个国家76个担保体系的调查发现，担保覆盖率的中位数为80%。根据 Riding、Haines（2001）的分析，加拿大在1993年4月到1995年12月期间将担保率从85%提高到90%，担保贷款违约率比其他时间段高出50%左右。我国担保覆盖率普遍为100%，即银行对单笔担保贷款不承担风险。过高的担保率导致银行放松贷款审查标准，降低贷后监管努力，最终出现行业性、区域性风险。对此，德国和日本监管当局明确规定，担保覆盖率至多为80%。为让银行切实履行信贷风险管理职责，应在担保法规中明确取消全额担保，一笔贷款的担保覆盖率不能超过80%，银行至少要承担20%的风险，以激励银行审慎审查贷款用途并监控贷后资金的流向。

五、长期：发展新型金融业态，实现金融"去担保化"

我国的金融架构是基于工业经济时代的特点形成的，更多依靠抵押、担保等方式降低信息不对称，信用贷款比重较低（见图3）。当前，我国正步入增长动力转化阶段，一大批"轻资产"型的创新企业逐渐成为经济增长的中坚力量。这些企业缺少可抵押资产，年轻的创业者也没有深厚的社会资本进入互保联保链条。金融体系必须通过创新实现"去担保化"，才能满足实体经济转型的融资需求。

移动互联时代为金融体系"去担保化"创造了条件。担保是降低信息不对称的一种方式，降低金融体系对担保的依赖程度，就要找到降低信息不对称性的替代方式。随着信息技术特别是移动互联网的发展，个人和企业行为越来越多地被数字化，在电子商务、社交网络等平台上形成大数据，不仅包括营业收入、信用记录等传统信息，还沉淀了电商活跃度、用户满意度、人际关系、兴趣、购物习惯等记录。美国互联网信用评估企业 ZestFinance，对每位信贷申请人的超过1万条原始数据进行分析，并得出超过7万个可对其行为做出预测的指标。有些信息看似微不足道，例如，用户输入姓名时是否采用首字母大写的正确方式等，但

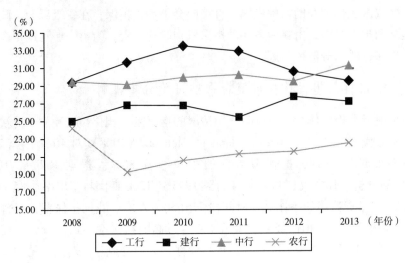

图3 四大国有银行信用贷款比重图

资料来源：四大国有银行年报。

ZestFinance 认为这反映了借款人对贷款申请的谨慎程度与还款意愿。再如阿里小贷对于没有贷款记录的青年，根据网购收货地址所反映的租金或住宅价值评估其还款能力。当个人和企业的行为信息被有效采集，并借助"云计算"等技术进行高速处理后，借款人的风险偏好、诚信程度就有可能被完整勾勒，用担保降低信息不对称的必要性下降。

互联网金融已经开启了"去担保化"的进程。一是基于电商平台的网络贷款。如阿里小贷以客户在电商平台的交易数据为基础，引入网络数据模型和在线资信调查模式，向客户提供无抵押担保的贷款。二是P2P网络贷款。P2P贷款是个人与个人间借助专业网络平台完成的借贷，其最大特点是小额分散，即使没有担保，投资者风险也是可控的。如美国 Lending Club 最小投资额是 25 美元，如果投资人投资 400 个项目，亏损概率为 0.2% 。三是众筹融资。众筹是创业者利用互联网发布创意、向网友募集项目资金的融资模式，可分为奖励众筹（投资者获得产品）、股权众筹（投资者获得股权）以及两者的混合模式。互联网金融并没有消灭风险，但小额、低门槛的特点有效分散了个体投资者承担的风险；互联网金融的投资者还是潜在消费者，融资过程也是公众预判项目市场前景的试验，获融资青睐的项目违约风险较低。

发挥互联网金融的核心竞争力，须进一步整合信用信息。互联网金融的比较优势是基于开放、透明信息的风险定价能力，它能取代担保的功能，拓宽融资可得性边界。但由于信息尚未整合，互联网金融尚未充分发挥信息优势。应从三方面推动信息整合。一是官方与民间征信系统整合。人民银行的征信系统收录自然人 8.3 亿人，企业及其他组织近 2000 万户，但其中有 5 亿人与银行没有信贷交易关系，大量企业没有纳入征信系统。这些被挡在传统金融高门槛之外的个人和企业，在电商平台和社交网络上却留下了海量的交易、支付、交流等信息，成为潜在的征信资源。可探索官方和民间机构合资建立征信公司，提供覆盖面更广的征信产品。二是银行与电商的信息整合。应推动银行与电商平台的战略合作，既充分挖掘电商海量信息的价值，又发挥银行尽职调查获取定性软信息的优势。三是互联网金融企业间的信息整合。应发挥行业协会的作用，建立互联网金融企业信息共享平台，改变互联网信用信息割裂的状态，防范借款者多头过度融资的风险。

互保联保贷款与互联网金融，都有"互联"二字，但前者是由传统社会的人情网络建构的担保链条，后者是由信息经济的电商、社交网络派生的金融平台，两者之间的演变路径，勾勒出了从工业时代金融向服务业时代金融的改革方向。

参考文献

［1］汇付 - 西财，2014：《中国小微企业发展报告》，汇付天下网站。

［2］施继元等，2013：《信用担保新论》，中国金融出版社。

［3］魏国雄，2014：《银行信贷风险管理的反思》，《中国金融》，第 11 期。

［4］温信祥，2014：《区域互保联保风险化解探讨》，《清华金融评论》，第 8 期。

［5］谢平等，2014：《互联网金融手册》，中国人民大学出版社。

［6］Thorsten L. Beck, Leora F Klapper, Juan Carlos Mendoza, 2008, The Typology of Partial Credit Guarantee Funds Around the World, World Bank Working Paper No. 4771.

深化所有制转型必然拉大城乡收入差距吗?

——基于双重二元结构的视角

施戌杰

一、引 言

所有制转型,也就是民营经济比重上升,构成中国经济体制改革的核心。大量文献已经从微观与宏观两个层面论证民营经济相对国有经济的高效率(刘瑞明,2013)。可以说,民营经济迅速成长是过去35年中国经济奇迹的重要支撑,其进一步发展亦是当下中国经济调结构、转方式、稳增长的关键所在(魏杰、施戌杰,2012)。但当前人们在充分肯定民营经济高效率的同时,对于其分配效应多持反面态度,认为其虽能提升效率,却恶化了收入分配的公平性。这种"思维定式"不仅严重束缚民营经济的进一步发展,更日益凸显为全面深化改革的难点与约束。

党的十八届三中全会提出,平等对待、同等保护公有制经济与非公有制经济,标志经济体制改革进入到新阶段。因此,要全面深化改革,彻底突破民营经济发展的深层桎梏,就必须在理论上正确认识民营经济发展与国民收入分配的相互关系,就必须打破认定"民营经济进一步发展一定会恶化收入分配"的理论定式。

城乡收入差距是中国收入分配格局的重要维度之一。其对中国经济不平等程度的贡献被测算在50%左右(万广华,2006;王洪亮、徐翔,2006;王红涛,2009;杨天宇,2009)。仅就货币收入而言,中国城乡间收入差距已远高于世界绝大多数国家(Knight etc,1999),如果再考虑到政府对城市居民的实物补贴和隐性补贴,这一差距甚至可能为全球最大(李实,2003、2007)。因此,正确认识所有制转型与城乡收入差距的关系,对纠正关于私有产权的传统思维定式极为必要。

二、理论分析

图 1 标识了 1993 年至 2012 年间所有制转型与城乡收入差距的直观趋势。我们以城镇就业中私营企业就业人数的比重衡量民营经济发展程度,也即所有制转型程度;再分别以城镇居民人均可支配收入与农村居民人均纯收入之比,城镇居民人均消费支出与农村居民人均消费支出之比衡量城乡收入差距。虽然 80 年代初个体经济就得到发展,私营经济迅猛发展却是在 1992 年邓小平南方讲话后。1992 年城镇就业中私营企业所占比重仅 0.55% ,而至 2012 年已达到 20.37% 。与此同时,全国城乡收入差距则呈现在波浪中扩大的态势(其 1994 年下降缘于政府提高农产品收购价格)。城乡收入比虽自 2010 年始有所收敛,但 2012 年仍保持在 3.1 倍。城乡消费比虽在 2004 年后开始低于城乡收入比,但 2012 年也高达 2.8 倍。

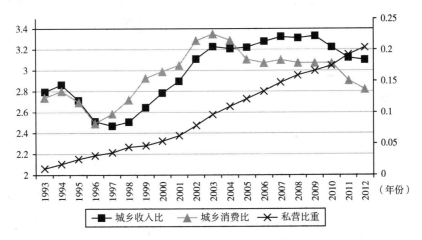

图 1 所有制转型与城乡收入差距的演变趋势（1993～2012）

资料来源:相应各年《中国统计年鉴》、《中国劳动统计年鉴》。

那么,如何认识所有制转型与城乡收入差距的相互关联呢?其转型的进一步深化会继续拉大业已处于高位的城乡收入之比吗?

中国经济的一大特殊之处在于其双重二元结构。Lewis（1954）指出,发展中国家存在着城市现代部门与农村传统部门的二元结构。按照他的本意,"元"

指的是生产方式，而发展中国家一大突出特征就是生产方式的城乡之分或者说工农之别。而中国又是一个处于改革进行时的转型国家，存在国有经济与民营经济的二元结构。国有经济效率低但拥有金融支持，民营经济效率高但积累更多依靠企业主自身剩余，故民营企业对于国有企业的代替是逐步渐进的（Song etc，2011）。通过在城乡二元结构框架内考虑企业的所有制差异，我们发现民营经济不仅是吸引农村劳动力进入城市从而推动城市化进程的主动力，也将逐步替代低效率国有经济在城镇就业所占份额，影响城乡收入差距。因此，所有制转型存在两大效应。

机制一：城市化效应。因由城乡二元结构，在刘易斯拐点出现前，农村经济规模报酬递减而城市经济规模报酬不变。所有制转型将增加城市就业人口占总人口比重，通过城市化效应提高农村人均收入，从而对城乡收入差距产生负向影响。

机制二：资源再配置效应。因由所有制二元结构，民营经济效率高而国有经济低。所有制转型，将促进民营企业就业比重相对国有单位的上升，其实质是初始错配资源的再配置进程，提高城市人均收入，对城乡收入差距产生正向影响。

因此，在双重二元结构条件下，所有制转型对于城乡收入差距的影响是双向的。下面，我们用一个简单的数学模型对其刻画，并得出其综合影响演变的假说。

考虑这样一个经济环境：模型包含城市部门（Ubr）与农村部门（Rur）。城市部门使用资本和劳动，农村部门使用土地和劳动。土地数量固定，标准化为1。模型处在小国开放经济，非农产品与农产品交换价格外生给定，简便起见，两者的交换价格假定为1。在城市部门中，同时存在国有企业（Soe）与民营企业（Poe）。

根据城乡二元结构特征，假定城市部门劳动边际产出高于农村部门，但城市部门工资与农村部门相等。这一设定是城乡二元经济理论的核心。在中国，经历了建国初期的土地改革与改革开放初期的"分产到户"，农村土地基本是按劳动力平均分配，因此工资水平被设定由农村人均产出决定。根据所有制二元结构特征，假定民营企业效率高于国有企业。两者效率差异主要体现在全要素生产率上。

因此，国有企业、民营企业、农村部门的生产函数分别设定如下：

$$Y_s = A K_s^{1-\alpha} L_s^{\alpha} = A \left(\frac{K_s}{L_s} \right)^{1-\alpha} L_s \tag{1}$$

$$Y_p = xAK_p^{1-\alpha}L_p^\alpha = xA\left(\frac{K_p}{L_p}\right)^{1-\alpha}L_p \tag{2}$$

$$Y_R = BL_R^\beta = BL_R^{\beta-1}L_R \tag{3}$$

其中，K_S 与 K_p 表示国有与民营企业所用资本，L_S、L_p 与 L_R 代表国有企业、民营企业与农村部门就业人数。总劳动力人数 $\bar{L} = L_p + L_S + L_R$，固定不变。$\alpha$ 与 β 是城市与农村部门劳动收入比重。x 衡量民营企业相较国有企业的技术差距，$x > 1$。根据模型设定，$MPL_{Poe} > MPL_{Soe} > y_R = W$，可以得到 $y_P > y_S > y_R$。

$$\alpha xA\left(\frac{K_p}{L_p}\right)^{1-\alpha} > \alpha A\left(\frac{K_s}{L_s}\right)^{1-\alpha} > BL_R^{\beta-1} \tag{4}$$

$$xA\left(\frac{K_p}{L_p}\right)^{1-\alpha} > A\left(\frac{K_s}{L_s}\right)^{1-\alpha} < BL_R^{\beta-1} \tag{5}$$

在城乡二元结构阶段，工资始终低于城市部门边际生产率，因此民营企业与国有企业的资本劳动比都将保持不变，y_P 与 y_S 保持不变，y_R 随 L_R 减少而增加。

民营企业比重 Poe，以民营企业雇佣人数占城镇就业人数比重来衡量。

$$Poe = \frac{L_p}{L_p + L_s} = 1 - \frac{L_S}{L_P + L_s} \tag{6}$$

城市化程度 Ubr，由城市就业人数占劳动总人数比重来衡量。

$$Ubr = \frac{L_P + L_S}{L_P + L_S + L_R} \tag{7}$$

根据增量改革特征，又考虑到国有企业就业人数绝对量除 1997 至 2002 年之外基本稳定。我们假定 L_S 固定，即只考虑农村劳动力转移至民营企业的情况。

结合（6）与（7）式，我们得到（8）式，城市化水平与民营经济发展程度的关系。进一步地，我们发现一个地区城市化程度与民营经济发展程度呈正比。

$$Ubr = \frac{L_p + \bar{L}_S}{L_p + \bar{L}_S + L_R} = \frac{\bar{L}_S}{\bar{L}(1 - Poe)} \qquad \frac{\partial Ubr}{\partial Poe} > 0 \tag{8}$$

结合（3）与（7）式，我们得到（9）式，一个地区的农村人均收入水平与该地区的城市化水平的关系。进一步地，我们发现两者关系成正比。

$$y_R = BL_R^{\beta-1} = B(\bar{L} - L_P - \bar{L}_S)^{\beta-1} = B[\bar{L}(1 - Ubr)]^{\beta-1} \qquad \frac{\partial y_R}{\partial Ubr} > 0 \qquad (9)$$

结合（8）、（9）式得到（10）式，农村人均收入与民营经济比重成正比。

$$y_R = B\left[\bar{L}\left(1 - \frac{\bar{L}_S}{\bar{L}(1 - Poe)}\right)\right]^{\beta-1} \qquad \frac{\partial y_R}{\partial Poe} > 0 \qquad (10)$$

又由于民营企业边际劳动产出高于国有企业，民营经济比重的上升将产生资源再配置效应。因此，城市人均收入水平与该地区民营经济发展程度成正比。

$$y_U = A\left(\frac{K_S}{L_S}\right)^{1-\alpha} + \left[xA\left(\frac{K_P}{L_P}\right)^{1-\alpha} - A\left(\frac{K_S}{L_S}\right)^{1-\alpha}\right]Poe \qquad \frac{\partial y_U}{\partial Poe} > 0 \qquad (11)$$

结合（10）、（11）式，我们可以得到（12）：

$$d = \frac{y_U}{y_R} = \frac{A\left(\frac{K_S}{L_S}\right)^{1-\alpha} + \left[xA\left(\frac{K_P}{L_P}\right)^{1-\alpha} - A\left(\frac{K_S}{L_S}\right)^{1-\alpha}\right]Poe}{B\left[\bar{L}\left(1 - \frac{\bar{L}_S}{\bar{L}(1 - Poe)}\right)\right]^{\beta-1}} \qquad (12)$$

命题：所有制转型对城乡收入差距的影响具有双重维度。一方面，所有制转型能够产生城市化效应，提升农村人均收入，缩小城乡收入差距。另一方面，所有制转型能够产生资源再配置效应，提升城市人均收入，扩大城乡收入差距。

随着民营企业就业基数扩大，其比重每增加一个百分点，所吸纳的农村劳动力数量不断增加。因此，伴随所有制转型，农村人均收入水平加速上升，城市人均收入水平则线性增加。我们认为，转型初期资源再配置效应更大，但随着转型程度加深，城市化效应将逐步追上并超过资源再配置效应。由此得到如下假说。

假说：所有制转型一方面通过资源再配置提升城市人均收入，另一方面通过城市化提高农村人均收入，对城乡收入差距影响呈先上升后下降的倒 U 型曲线。

三、实证检验

1. 变量选择

在理论分析中，我们推导出在双重二元结构条件下，所有制转型对城乡收入差距的影响呈双向维度,并提出其综合影响呈倒 U 型曲线的假说。在这一部分,本文将从实证角度对上述假说进行验证。待检验回归模型设定为如下形式:

$$d_{it} = C + \beta_1 Poe_{it} + \beta_2 Poe_{it}^2 + a_1 Gov_{it} + a_2 Openess_{it} + a_3 Fdi_{it} + a_4 Edu_{it}$$
$$+ a_5 Lnpergdp_{it} + a_6 (Lnpergdp_{it})^2 + \varepsilon$$

待检验回归模型中,下标 i 表示样本省份,下标 t 表示样本年份,d 是城乡收入差距,为本文的被解释变量。Poe 与 Poe^2 是所有制转型程度的当期值及其平方项,为本文的核心解释变量。为控制其他因素对城乡收入差距的影响,我们选择控制变量如下:政府干预、对外开放、外商投资、人力资本与经济发展水平。

表1   变量说明

性质	名称	变量含义	具体计算方法
被解释变量	d1	城乡收入比	城镇居民可支配收入/农村居民纯收入
	d2	城乡消费比	城镇居民年消费支出/农村居民年消费支出
核心解释变量	Poe	所有制转型程度	城镇私营企业就业人数/城镇就业总人数
	Poe^2	所有制转型程度二次项	上式平方值
控制变量	Gov	政府干预水平	地方政府收支总额占地区 GDP 的比重
	Open	地区开放程度	进出口总额占地区 GDP 的比重
	Fdi	外商直接投资水平	城镇外资企业就业人数/城镇就业总人数
	Edu	人力资本水平	6 岁以上教育平均年限
	Lnpgdp	经济发展水平	人均 GDP 的对数值
	Lnpgdp^2	经济发展水平二次项	人均 GDP 的对数值再平方

本文选取省级面板数据,空间维度涵盖除西藏、香港、澳门、台湾外 29 个省份,其中四川与重庆的数据合并计算。由于 1992 年邓小平南方讲话后所有制转型才逐步深化,时间维度选取为 1993 ~ 2012 共计 20 年。数据来源包括,历年《中国统计年鉴》、《中国人口与就业统计年鉴》与《中国劳动统计年鉴》,国家统计局数据库(http: //data. stats. gov. cn),及《重庆统计年鉴》与《四川统计年鉴》。

2. 实证结果

在模型(1)至(6)中,被解释变量为城乡年收入比。其中,模型(1)至(3)使用固定效应模型,模型(4)至(6)使用随机效应模型。在模型(1)和模型(4)中,我们加入全部控制变量。其中,经济发展程度及其平方项系数不显著，且在两个模型中符号相反。因此，模型（2）和模型（5）去掉经济发展程度及其平方项，再次进行回归，结果大体一致。由于当期的城乡收入差距对于民营经济发展可能存在反向作用，为避免出现内生性问题，我们又在模型（3）和模型（6）中将所有制转型程度滞后一期并计算其滞后平方项。重新回归分析后，各变量回归结果与之前基本一致，且方程组内拟合优度进一步提高。

在模型（7）至（12）中，被解释变量为城乡年消费比。其中，模型（7）至（9）使用固定效应模型，模型（10）至（12）使用随机效应模型。在模型（7）和模型（10），我们加入全部控制变量。经济发展程度系数为正，经济发展程度平方项系数为负。这与 Kuznets（1955）的预测相一致。在模型（8）和模型（11）中，我们去掉经济发展程度及其平方项，再次进行回归，组内拟合优度降低。因此，我们在模型（9）和模型（12）保留经济发展程度及其平方项作为控制变量，且为避免内生性问题，在模型中将所有制转型程度滞后一期并计算其滞后平方项。但其回归结果的组内拟合优度仍低于模型（7）与（10）。

在模型中，所有制转型程度的系数均为正，其平方项系数均为负，且基本在 1% 的水平显著。因此，回归结果验证了前文的理论分析。随着民营经济比重的不断提升，城乡收入差距会先扩大而再缩小，呈倒 U 型曲线。由于部分控制变量影响因固定效应与随机效应模型选择不同而符号相反，我们进行 Hausman 检验。两大被解释变量所设定的回归方程，均在 1% 的显著性水平上接受固定效应模型。因此，模型（3）和模型（7）成为最为合适的模型设定。政府干预对城乡收入差距的影响在模型（3）和模型（7）中均为负。这可能有两种原因。一是政府资源配置更加偏向农村；二是政府资源虽然偏向城市却因低效率拖累了城市人均收入的增长。具体是哪一个原因导致，需要进一步分析。对外开放水平对城乡收入差距的影响在模型（3）显著为正，在模型（7）中虽符号为负但不显著。我们认为这是由于对外贸易提高城市收入与促进城市化两项机制正反相抵的结果，但整体来说会拉大城乡收入差距。外商投资水平与人力资本水平对城乡收入差距的影响在模型（3）和模型（7）中均为正。这说明外商投资的生产率效应大于溢出效应，而人力资本水平越高城乡人力资本分布越不平均。后者原因可能是，教育年限计算很大部分涵盖的是在校生，而受教育程度越高毕业后越可能迁往城市。

表2   回归结果:以城乡年收入比为被解释变量

解释变量	固定效应模型			随机效应模型		
	(1)	(2)	(3)	(4)	(5)	(6)
截距	1.574 (1.20)	2.426 *** (16.85)	2.306 *** (15.30)	3.442 ** (2.51)	2.715 *** (17.26)	2.465 *** (15.30)
poe	2.416 *** (4.25)	2.473 *** (5.48)		3.402 *** (5.80)	2.754 *** (5.87)	
poe^2	−2.926 ** (−2.36)	−3.270 *** (−3.26)		−4.171 *** (−3.21)	−3.337 *** (−3.17)	
poe_{-1}			2.959 *** (6.31)			3.000 *** (6.08)
poe_{-1}^2			−4.751 *** (−4.60)			−4.466 *** (−4.09)
gov	0.013 (0.04)	−0.047 (−0.15)	−0.322 (−1.02)	0.841 ** (2.50)	0.463 (1.50)	0.097 (0.30)
open	0.172 ** (1.98)	0.186 ** (2.20)	0.202 ** (2.23)	0.006 (0.07)	0.048 (0.57)	0.042 (0.48)
fdi	0.3739 (0.57)	0.1386 (0.23)	0.0748 (0.11)	−0.0492 (−0.08)	−0.2866 (−0.48)	−0.660 (−1.03)
edu	0.019 (0.80)	0.018 (0.78)	0.036 (1.59)	−0.010 (−0.41)	−0.027 (−1.18)	0.017 (0.76)
lnpgdp	0.192 (0.68)			−0.119 (−0.40)		
$lnpgdp^2$	−0.011 (−0.74)			0.002 (0.10)		
R^2 (within)	0.3089	0.3080	0.3287	0.2873	0.2937	0.3185
观测值	580	580	551	580	580	551
组数	29	29	29	29	29	29

注:(1)括号中数字为 t 值;(2)*、** 和 *** 分别代表10%、5%、1% 的显著性水平。

表3 　　　　　　　　　回归结果：以城乡年消费比为被解释变量

解释变量	固定效应模型			随机效应模型		
	(7)	(8)	(9)	(10)	(11)	(12)
截距	−1.124 (−0.78)	2.616 *** (15.79)	−3.924 ** (−2.16)	0.891 (0.61)	2.921 *** (17.26)	−0.263 (−0.15)
poe	4.312 *** (6.89)	3.467 *** (6.68)		5.178 *** (8.27)	3.712 *** (6.97)	
poe^2	−6.604 *** (−4.84)	−7.108 *** (−6.15)		−7.929 *** (−5.68)	−7.198 *** (−6.00)	
poe_{-1}			3.649 *** (5.38)			4.841 *** (7.31)
poe^2_{-1}			−5.351 *** (−3.69)			−7.317 *** (−4.97)
gov	−1.380 *** (−3.73)	−2.368 *** (−6.80)	−1.692 *** (−4.11)	−0.556 (−1.57)	−1.651 *** (−4.79)	−0.611 (−1.58)
open	−0.077 (−0.80)	0.075 (0.77)	−0.136 (−1.26)	−0.183 ** (−2.06)	−0.061 (−0.66)	−0.257 *** (−2.67)
fdi	2.371 *** (3.26)	0.469 (0.68)	2.688 *** (3.34)	1.754 ** (2.5)	−0.063 (−0.09)	1.761 ** (2.38)
edu	0.085 *** (3.19)	0.037 (1.43)	0.091 *** (3.30)	0.068 *** (2.57)	−0.012 (−0.47)	0.075 *** (2.77)
lnpgdp	0.919 *** (2.95)		1.506 *** (3.93)	0.553 * (1.75)		0.815 ** (2.14)
$lnpgdp^2$	−0.063 *** (−3.83)		−0.092 *** (−4.66)	−0.047 *** (−2.82)		−0.061 *** (−3.09)
R^2（within）	0.2345	0.1612	0.2104	0.2180	0.1440	0.1883
观测值	580	580	551	580	580	551
组数	29	29	29	29	29	29

注：（1）括号中数字为 t 值；（2） *、** 和 *** 分别代表 10%、5%、1% 的显著性水平。

四、进一步思考

在理论部分，我们发现，双重二元结构条件下的所有制转型对于城乡收入差距产生双向影响。在实证部分，我们进一步验证，1993 年以来的所有制转型对中国城乡收入差距的影响呈倒 U 型曲线。但是否存在一种替代解释，即所有制转型是通过改变初次分配与弱化政府再分配，拉大城乡收入差距？本节将排除这种可能。改革开放前，在公有制占主体地位且政府具有较强再分配能力的条件下，城乡收入差距仍然很大。因此，不应将改革开放后城乡收入差距扩大归因于初次分配方式与政府再分配的转变。

图 2 显示了 1952 年至 2012 年的城乡收入比。我们首先将图 1 选用的指标，城镇居民可支配收入与农村居民纯收入之比，向前延伸。但现有统计资料中，该指标只在 1978 年至 2012 年有完整记录，改革开放前仅 1956 年与 1964 年两年有相关数据。因此，我们又以非农产业与农业人均产值之比作为近似指标，得到其 1952 至 2012 年演变形态。两项指标变化趋势一致，且均呈现"两头高、中间低"的形态。

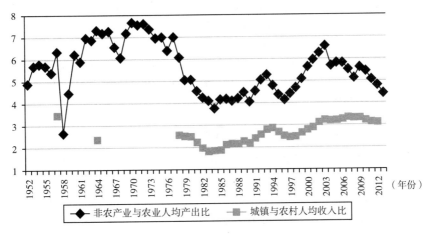

图 2　城乡收入比（1952～2012）

资料来源：（1）三次产业增加值与就业人数：1952～2008 年取自《新中国六十年统计资料汇编》，2009～2012 年取自国家统计局数据库。（2）城镇居民人均可支配收入：1957、1964 两年取自中国统计年鉴 1986，1978～2008 年取自《新中国六十年统计资料汇编》，2009～2012 年取自相应各年中国统计年鉴。（3）农村居民人均纯收入：1957、1964、1978～2008 年均取自《新中国六十年统计资料汇编》，2009～2012 年则取自相应各年中国统计年鉴。

为保证稳健性，我们又计算了 1952～2012 年的城乡消费比（图 3）。我们首先仍是延伸图 1 选用的指标，城镇居民与农村居民人均生活消费支出之比。但该指标也只在 1978 年至 2012 年有完整记录，改革开放前仅 1956 与 1964 两年找到相关数据。因此，我们又给出了自 1952 年至 2008 年城镇居民与农村居民消费水平之比作为近似。一方面，城乡人均生活消费之比与城乡消费水平之比的变化趋势具有一致性；另一方面，改革开放前农村家庭的消费主要集中于生活支出。因此，1978 年以前的城乡消费水平之比可以近似看作为城乡人均生活消费比的延伸。

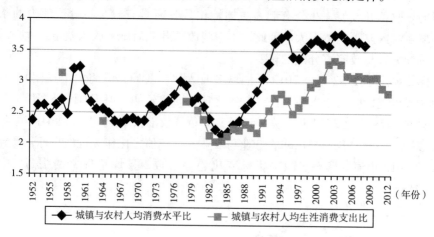

图3 城乡消费比 (1952~2012)

资料来源：(1) 1952~2008年农村居民与城镇居民消费水平取自《新中国六十年统计资料汇编》。(2) 城镇居民家庭与农村居民家庭平均每人生活消费支出，1957、1964、1978~2008年取自《新中国六十年统计资料汇编》；2009~2012年取自相应各年统计年鉴。

结合图2与图3，我们发现，城乡收入比与城乡消费比的演变趋势相似。1978年之前，公有制经济无疑占据主体地位，但无论以收入比还是消费比衡量，城乡差距均非常大。非农与农业人均产值比围绕6波动，最高接近至8；城乡消费水平比也围绕2.5波动。只有出现经济危机时，如1958年"大跃进"，城乡收入差距才会下降。而1978年至1984年，无论城乡收入比还是城乡消费比均出现明显下降，正是缘于农村土地改革破除了"一大二公"的人民公社体制，通过"分产到户"激励农民，大幅提高了农村产量。而随着城市经济体制改革的启动，1985年以后城乡收入差距再次逐步拉大，1993年以后伴随着所有制转型呈倒U型曲线形态。

我们常常将共同富裕的经济基础等同于公有制。但改革开放前，伴随公有制经济及其基础上的政府再分配，却是较高的城乡收入差距。为什么公有制未能实现分配平等？回答这个问题必须跳出传统思维定式对公有制概念的教条理解。

公有制至少存在两种角色。第一种角色是马克思意义上的社会主义公有制，即生产资料共同占有基础上重建的个人所有制，是生产力高度发达之后作为自由人联合体的经济基础（马克思，2004）。第二种角色是政府占有生产资料替代资本家积累资本的所有制，是在生产力水平低下之时，为完成原始积累、加速资本累积、实施经济赶超建立的积累体制（纳克斯，1966；格申克龙，2012）。

改革开放前的城乡收入差距正是源于积累体制。一方面，为加速工业化，尤其是重工业发展，我们将农村经济剩余转移至城市，拉大城乡收入差距。另一方面，为实现上述剩余转移而建立的城乡二元分割制度，阻塞了劳动力由农村向城市转移的渠道，城乡收入差距被锁定于高位。这种具有"逆城市化"特征的城乡分割制度，形成逻辑如下（肖冬连，1988、2005；林毅夫等，1994、1995；蔡昉、杨涛，2000；张占斌，2007）：为将农村剩余转换为工业积累，政府在城乡间实施不等价交换，导致市面紧张。为保证市场稳定，政府进一步采取统购统销政策，却只是将流通环节的矛盾转移至生产环节。政府于是推动农村集体化，其目的有二，一是降低获取农村剩余的交易费用，二是通过规模效应提高农村产出。但农村集体化的低效率使城乡二元分割制度陷入低水平陷阱，因为当农村劳动力缺乏激励，其向城市转移只会进一步降低粮食产出并增加粮食需求。为此，严格的户籍管理制度开始建立，农村剩余劳动力无法转出。而当城市公有制经济出现波动时，为解决城市就业，还会以"上山下乡"的方式向农村转移城市剩余劳动力。

据此，可以对中国城乡收入差距的演变做如下阐释：改革开放前的积累体制及由此形成的城乡二元分割，将城乡收入差距锁定于高位。改革开放后，一方面，80年代初期的农村土地制度改革与90年代初期的城乡相对价格调整，在一定时段缩小城乡收入差距；另一方面，正是由于低效率国有经济的初始存在，民营经济在城市所占比重的提升才会产生资源再配置效应，在一段时间拉大城乡收入差距，但随着民营经济比重提升，城市化效应不断增强，最终将逐步缩小城乡收入差距。

五、结　语

本文在双重二元结构框架中探讨所有制转型对城乡收入分配格局演变的影响。

中国经济的重要特征是存在双重二元结构，一方面高效率的城市部门与低效率的农村部门并存，另一方面在城市内部又同时存在高效率的民营企业与低效率的国有企业。民营企业是吸收农村劳动力进入城市的主要渠道，从而将双重结构连为一体。在这一条件下，所有制转型存在着双重效应：一方面，民营经济比重的提高将吸引更多农村劳动力进入城市，提高农村人均劳动产出，从而通过城市化增加农村居民人均收入；另一方面，民营经济比重的提高将减少低效率国有企业导致的初始资源错配，从而通过资源再配置效应提升城市居民人均收入。

论文进一步利用中国 1993 年至 2012 年的分省面板数据，检验所有制转型影响城乡收入差距的倒 U 曲线。通过引入时间维度，我们发现所有制转型对于城乡收入差距的影响显著为正，而其平方项的影响显著为负。因此，在所有制转型初期，资源再配置效应超过城市化效应，城乡收入差距随之上升；在所有制转型后期，资源再配置效应低于城市化效应，城乡收入差距随之下降。

分配方式的改变不是所有制转型扩大城乡收入差距的原因。改革开放前，公有制经济是以资本积累为目标，农村劳动者所创造的剩余由政府转移至投资城市工业。正是为了节约获取农村剩余的交易费用，我们实施农村集体化，采用计划经济配置资源，并建立阻塞劳动力由农村流入城市的二元分割制度，扩大并固化了城乡收入差距。改革开放后，尤其是 1992 年邓小平同志南方讲话后，随着所有制转型，大量农村劳动力进入城市，提高农村人均收入水平。虽然我国所有制转型程度尚在倒 U 型曲线的左边，但恰恰应加速民营经济发展，最终缩小城乡收入差距。

参考文献

［1］蔡昉，杨涛．城乡收入差距的政治经济学．中国社会科学，2000（4）：12－22。

［2］蔡昉．城乡收入差距与制度变革的临界点．中国社会科学，2003（5）：16－25。

［3］蔡昉．农村剩余劳动力流动的制度性障碍分析——解释流动与差距同时扩大的悖论．经济学动态，2005（1）：35－39 112。

［4］陈斌开，林毅夫．重工业优先发展战略、城市化和城乡工资差距．南开经济研究，2010（1）：3－18。

［5］陈斌开，林毅夫．发展战略、城市化与中国城乡收入差距．中国社会科学，2013（4）：81－102。

［6］陈钊，陆铭．从分割到融合：城乡经济增长与社会和谐的政治经济学．经济研究，2008（1）：21－32。

［7］李实．中国个人收入分配研究回顾与展望．经济学（季刊），2003（2）：1－29。

［8］李实，罗楚亮．中国城乡居民收入差距的重新估计．北京大学学报（哲学社会科学版），2007（2）：111－120。

［9］林毅夫，蔡昉，李周．对赶超战略的反思．战略与管理，1994（12）：1－12。

［10］林毅夫，蔡昉，李周．赶超战略的再反思及可供替代的比较优势战略，1995（6）：1－10。

［11］刘瑞明．中国的国有企业效率：一个文献综述．世界经济，2013（11）：136－160。

［12］刘瑞明，石磊．中国城市化迟滞的所有制基础：理论与经验证据．经济研究，2015（4）：107－121。

［13］陆铭，陈钊．城市化、城市倾向的经济政策与城乡收入差距．经济研究，2004

（6）：50 - 58。

[14] 罗纳德·纳克斯. 不发达国家的资本形成问题. 北京：商务印书馆，1966。

[15] 马克思. 资本论（第1卷）. 北京：人民出版社，2004。

[16] 万广华. 经济发展与收入不平等：方法和证据. 上海：上海三联书店，2006。

[17] 王红涛. 中国城乡收入差距分析——基于泰尔指数的分解. 经济论坛，2009（12）：4 - 8。

[18] 王洪亮，徐翔. 收入不平等孰甚：地区间抑或城乡间？. 管理世界，2006（11）：41 - 50。

[19] 肖冬连. 加速农业集体化的一个重要原因——论优先发展重工业与农业的矛盾. 中共党史研究，1988（4）：47 - 51。

[20] 肖冬连. 中国二元社会结构形成的历史考察. 中共党史研究，2005（1）：21 - 31。

[21] 亚历山大·格申克龙. 经济落后的历史透视. 北京：商务印书馆，2012。

[22] 杨天宇. 中国居民收入再分配过程中的"逆向转移"问题研究. 统计研究，2009（4）：19 - 25。

[23] 张占斌. 中国优先发展重工业战略的政治经济学解析. 中共党史研究，2007（4）：13 - 24。

[24] 魏杰，施戍杰. 中国当前经济稳增长的重点应当放在哪里？. 经济问题探索，2012（9）：1 - 9。

[25] Bai C E, Hsieh C T, Qian Y. The return to capital in China. Brookings Papers on Economic Activity, 2006 (2): 61 - 101.

[26] Knight J, Song L, Huaibin J. Chinese rural migrants in urban enterprises: three perspectives. Journal of Development Studies, 1999, 35 (3): 73 - 104.

[27] Kuznets S. Economic growth and income inequality. American Economic Review, 1955, 45 (1): 1 - 28.

[28] Lewis W A. Economic development with unlimited supplies of labour. Manchester School, 1954, 22 (2): 139 - 191.

[29] Lewis W A. Reflections on unlimited labour. Woodrow Wilson School of Public and International Affairs, 1968.

[30] Lewis W A. The dual economy revisited. The Manchester School, 1979, 47 (3): 211 - 229.

[31] Song Z, Storesletten K, Zilibotti F. Growing like China. American Economic Review, 2011, 101 (1): 196 - 233.

京津冀大气污染防治与
中央地方的责权划分

宣晓伟

一、引　言

随着雾霾天气的频繁降临，开展大气污染防治成为了当前政府工作的重点。京津冀地区的大气污染形势严峻，是此次防治工作的重点区域。在京津冀大气污染防治工作中，如何合理划分中央与地方在其中的责权[①]关系，至关重要；它不仅直接决定了中央与地方相关的财政支出责任和规模，也对京津冀大气污染防治中的其他资金投入和融资模式有着重要影响。为此，本研究讨论在京津冀大气污染防治中，如何能够形成中央与地方责权关系合理划分和规范化的调节机制，以有效推进京津冀大气污染的防治工作。

首先，研究将对目前京津冀大气污染防治中的中央地方责权关系安排进行分析，表明现有的中央与地方在京津冀大气污染防治中的责权划分不合理，造成了"利益关系不顺、激励机制不相容"等问题，难以有效解决当前紧迫的京津冀大气污染防治问题。

其次，研究将对现有中央与地方环境责权（包括大气污染防治责权）划分的相关讨论展开分析，指出目前解决中央与地方责权划分问题的主流思路，具有"重结果、轻过程"、"重原理、轻实践"和"重行政、轻司法"的缺陷，而在中国现行"中央决策、地方执行"的中央地方责权关系框架下，上述调整中央与地方责权划分的思路难以取得预期的成效。研究进一步对未来中央地方责权划分的改革思路，提出了相应的建议。

最后，研究认为在中央与地方责权划分中，除了完善现有"行政调节"为

主的模式以外，恰当引入"司法调节"手段，能够有效发挥出司法调节的稳定性、灵活性和可操作性等多种优势，对于未来中国中央与地方责权合理划分的形成和规范化调整，具有不可替代的重要作用。在京津冀大气污染防治领域，研究结合党十八届四中全会关于"全面推进依法治国"的决定和环境司法领域的最新进展，在"立法"、"诉讼"、"司法"等各领域提出了可操作的具体政策建议。

二、现有的中央与地方责权关系安排不足以有效解决当前的京津冀大气污染防治问题

2013 年 9 月国务院出台了《大气污染防治行动计划》（即"大气污染防治国十条"，以下简称"国十条"），对京津冀区域的大气污染防治工作提出了明确的目标：即到 2017 年整个京津冀区域细颗粒物浓度要比 2012 年下降 25%，其中北京市细颗粒物年均浓度届时要控制在 60 微克/立方米左右。

随后，各相关部门、京津冀各地区纷纷出台了相应的行动计划和实施细则。环保部专门颁布了《京津冀及周边地区落实大气污染防治行动计划实施细则》，北京、天津和河北则分别出台了《北京市 2013～2017 年清洁空气行动计划》、《天津市清新空气行动方案》和《河北省大气污染防治行动计划实施方案》。这些行动计划和方案涵盖了大气污染防治工作的各个方面，包括"加大综合治理力度、调整优化产业结构、加快企业技术改造、加快调整能源结构"等多项措施，以及"减煤、降尘、迁企、控车、增绿"等诸多手段。

随着上述行动计划和方案的出台实施，京津冀地区大气污染防治的各项工作正在紧锣密鼓地开展之中。然而，在目前京津冀地区大气污染防治中仍然存在着利益关系不顺、激励机制不相容的严重问题，而中央与地方责权划分不清，是产生上述问题的根本原因之一。中央与地方在京津冀地区大气污染防治中的责权划分不合理，已经成为了阻碍京津冀大气污染防治工作有效开展的重要因素。

（一）利益关系不顺、激励机制不相容

第一，大气污染防治是具有外部性的行为。外部性的存在意味着排污主体的成本将部分由社会其他主体所承担，而治污主体的收益却由社会所分享，所以如果没有额外的措施形成合理的利益关系和激励机制，无论是单个企业，还是独个地方，都会缺少足够的动力来积极推进大气污染防治工作。

第二，"大气污染的流动性"与"属地管理原则"产生明显的矛盾。众所周

知，大气污染具有流动性，所以各个地区的排污和治污行为实际上是互相影响的，一个电厂的高空烟囱所排放污染的影响范围可以达到数百公里甚至上千公里，京、津、冀三地之间必然会互相影响。与此同时，在包括大气污染防治在内的环境保护责权归属中，却规定了"地方各级人民政府对本行政区域内的大气环境质量负总责"的属地管理原则（参见"国十条"的第十条第32款）。大气污染的流动性很可能产生"一个地区自身做得再好、却由于外来污染转移而无法达到目标"的情况，从而与"地方政府负总责"的原则产生了明显的冲突。所以，大气污染的"外部性"与"流动性"相叠加，大大增加了理顺中央与地方之间，以及地方与地方之间利益关系的难度。

第三，目前激烈的地方竞争深深影响着各地的具体行为。在大气污染具有外部性和流动性的背景下，单个地区治污排污的成本收益不对称、权责关系难理清，必然对地区的行为产生相当的扭曲。而在现有中央地方关系安排下，每个地方都想成为经济增长的发动机，从而导致了目前激烈的"地方竞争"现象①。在地方竞争模式下，每个地区都肩负着大力发展地方经济的重任，客观上必然与大气污染治理形成某种程度上的冲突，使得地方更为注重追求经济增长，而弱化大气污染治理的主动性和积极性。尽管在各种政治和环保压力之下，地方政府也会做出种种表态、开展各类行动，但在缺乏合适的激励机制和制度安排下，地方政府对于经济发展的诉求还将是第一位的，尤其是对于经济相对落后的地区来说，毕竟加快经济发展、提升本地人民的生活水平仍然是压倒性的任务。因此，现有中央地方责权划分下的地方竞争模式对地方大气污染治理行为的开展具有很深的影响，缺乏合理的激励机制，地方政府的大气污染治理行为就容易流于口头和形式，越到基层就越可能如此。

第四，现有以行政考核为主的手段无法真正厘清各个主体责任、难以有效约束各利益主体的行为。目前，对于大气污染治理行动的约束，主要还是在"属地管理原则"下采取层层目标分解、签署责任书的行政考核手段，国家环保局代表国务院与各省级政府签订"大气污染防治目标责任书"（参见"国十条"的第八条第27、28款），省级政府再与各自下属主体签署相应的责任书，如北京市与区县政府、市委办局、企业代表签订"北京市大气污染防治目标责任书"，如此层层分解，一直到最基层的政府。可以看出，目前所采取的这套约束方式，是与"十一五"、"十二五"期间所推行的能耗强度考核等措施一脉相承的。应当

---

① 对于"地方竞争"现象的讨论，参见张五常（2004）、钱颖一（1995、1997）、许成钢（2011）、冯兴元（2010）、周黎安（2007）、周飞舟（2012）等人的著作。

说在现有的体制机制下，这样责任目标分解、层层签署责任书的方式确实也起到了相当的效果。然而，能源消耗具有明显的属地化特征，相比之下大气污染的外部性和流动性就会对这种考核方式造成严重的冲击，使其难以产生真正的约束作用。因为大气污染的流动性会使上级部门无法严格区分各个主体的相关责任，很容易滑向"权责不清"和"形式主义"的泥淖，而大气污染治理的实际效果则难以得到保证①。

第五，已有的区域协作关系无法理顺各方利益、建立起激励相容的机制。尽管"国十条"中也强调要"建立区域协作机制"，开展"组织实施环评会商、联合执法、信息共享、预警应急"等措施（参见"国十条"的第八条第26款），目前京津冀等地区也在努力加强联系和沟通协调。然而，大气污染所具有外部性和流动性的特点，再加上地方竞争的模式仍然支配着各个地方的实际行为，使得京津冀及周边地区在大气污染防治上的利益关系远未理顺、激励相容的机制尚未建立。可以看到，目前各种直接或间接"以邻为壑"式的行为仍很普遍，而且常常打着推进大气污染治理的旗号，例如发达地区将高污染行业迁到欠发达地区等措施。

（二）中央与地方责权调整不到位

要理顺京津冀大气污染治理行动中的各方利益关系、构建激励机制相容的局面，有待于中央与地方责权的合理划分。而目前在中央与地方在京津冀大气污染防治中的责权划分仍存在着两大根本问题：

一是中央政府在大气污染治理中的责任和作用有待加强。大气污染所具有流动性、跨区域的特点，使得任何一级地方政府在开展大气污染行动时都会面临成本收益不对称和权责不对等的情况，所以中央政府才是治理大气污染问题的合适行动主体，在中央政府层面才能真正做到权责对等、激励相容。从国际经验来看，在大气污染治理问题上，无论是美国还是欧盟国家，都经历了联邦政府或欧盟层面不断加强其责任和作用的过程②。所以，现有大气污染治理中奉行的"地

---

① 根据北京市环保局和统计局联合发布的报告称，北京市 PM2.5 的来源中，来自外地的区域输送约占 28%～36%（参见"北京市 PM2.5 来源解析正式发布"，http：//www.bjepb.gov.cn/bjepb/323474/331443/331937/333896/396191/index.html，2014 年 4 月 16 日）外地因素所占比例如此之大（约1/3）、变动范围又如此显著（相差 8 个百分点），这就会使得所谓的严格考核很容易变成为一种数字游戏，到时可能出现的情况是只要将外地因素的贡献比例增加一些，就能够使本地的空气污染治理工作达标过关了。

② ［美］保罗·伯特尼和罗伯特·史蒂文斯 主编（2004）《环境保护的公共政策》（第二版），上海三联书店，第 110 页；［德］托马斯·海贝勒、狄特·格鲁诺和李惠斌 主编（2012）《中国与德国的环境治理：比较的视界》，中央编译出版社，第 10 页。

方政府负总责"的属地管理原则，模糊了中央与地方在其中的权责关系、弱化了中央政府的责任，使得中央政府的主导作用难以有效发挥，也无法建立起激励相容的大气污染治理机制。

二是没有真正建立起大气污染治理的区域利益协调机制。在具有类似空气质量状况、承担相似治理任务又互相影响的地理区域内，要建立起大气污染治理的利益协调机制，需要秉持"公平"和"效率"两大原则。在公平方面，即区域内每个主体的各项权利是平等的，经济相对落后地区开展大气污染防治所造成的自身损失应该得到受益的经济发达地区的一定补偿。在效率方面，由于各地区开展大气污染防治的成本存在着巨大的差异，在实践上要通过排放权交易等机制，尽可能使得各个地方开展行动的边际成本相同，从而能够以最低的整体成本达成既定减排目标时，与此同时开展大气污染防治的主体也可以通过排放权交易等机制获得相关的收益、弥补相应的损失。而在现行大气污染防治的区域制度安排中，尚未建立起能够真正有效协调各方利益的治理机制。

所以，不论是加强中央政府在大气污染治理中的责任和作用，还是建立大气污染治理的区域利益协调机制，都涉及目前中央与地方权责关系的调整问题，前者直接关系到中央在大气污染治理中该做什么、如何做；后者也必须在中央的指导下才可能建立起有权威、激励相容的区域利益协调机制，否则地区之间的直接交涉是很难达成各方真正信服、能够有效执行的协调机制。

综上所述，大气污染防治是具有典型外部性、跨区域特征的行为，由此导致相关各方利益关系不顺、激励不相容的突出问题，而目前京津冀大气污染防治中的中央地方责权关系安排，难以有效解决上述矛盾，中央与地方在其中的责权划分，还无法形成一个利益对称、激励相容的环境以真正调动各方从事大气污染防治的积极性。

三、已有中央与地方责权关系的改革思路难以实现
中央与地方责权划分的合理调整

事实上，对于中央与地方责权关系的合理调整，一直是中国改革的重要内容之一。1994 年实施的分税制改革，在收入侧厘清了中央与地方的权利关系，保证了中央财政收入的应有份额，为中央财政主导作用的发挥奠定了基础[①]。然而

---

① 1994 年分税制改革完成后，中央财政收入所占比重从 1993 年的 22.0% 上升到 1994 年的 55.7%，以后一直保持在 50% 左右，参见《中国统计年鉴 2013》表 9 - 1，"国家财政收支总额及增长速度"。

受客观条件的约束，当时的改革并未真正触动政府间事权和支出责任的划分，而是基本延续了既有的做法，造成中央与地方在事权划分上的不明确、不细致，特别是涉及全局性资源配置的支出责任被大量划分给省及省以下政府，而对于中央与地方事权划分的进一步改革被承诺在分税制实施后再来处理①。

（一）根据"影响范围原则"进行中央与地方责权调整是改革的主流思路，也成为包括大气污染防治在内的中央与地方环境事权调整的基本原则

尽管分税制改革以来，关于中央和地方事权和支出责任关系的改革迟迟未有实质性的进展，但是相关改革的思路一直是较为明确的。早在1995年江泽民同志的《正确处理社会主义现代化建设中的若干重大关系》讲话中就提出："应抓紧合理划分中央与地方经济管理权限，明确各自的事权、财权和决策权，做到权力和责任相统一，并力求规范化、法制化。"②

而在2003年《中共中央关于完善社会主义市场经济体制若干问题的决定》（十六届三中全会）中，则明确提出了按照具体事项的影响范围原则来划分中央和地方责权的改革思路：

"合理划分中央与地方经济社会事务的管理责权。属于全国性和跨省（自治区、直辖市）的事务，由中央管理，以保证国家法制统一、政令统一和市场统一。属于面向本行政区域的地方性事务，由地方管理，以提高工作效率、降低管理成本、增强行政活力。属于中央和地方共同管理的事务，要区别不同情况，明确各自的管理范围，分清主次责任"。

由此，按照事项所影响的范围是属于"全国性或跨省"还是"本行政区域"来具体细分中央与地方相应的责权，一直延续下来成为关于推进中央与地方责权划分的主要改革思路。

与此相似的是，在2013年《中共中央关于全面深化改革若干重大问题的决定》（十八届三中全会）中，有关中央与地方责权划分的表述为：

"建立事权和支出责任相适应的制度。适度加强中央事权和支出责任，国防、外交、国家安全、关系全国统一市场规则和管理等作为中央事权；部分社会保障、跨区域重大项目建设维护等作为中央和地方共同事权，逐步理顺事权关

① 楼继伟（2014）"推进各级政府事权规范化、法律化"，《〈中共中央关于全面推进依法治国若干年重大问题的决定〉辅导读本》，人民出版社和《国务院关于实行分税制财政管理体制的决定》（1993年12月25日），引自楼继伟（2013）《中国政府间财政关系再思考》，第11页，中国财政经济出版社。

② 江泽民（1995）"正确处理社会主义现代化建设中的若干重大关系"，十四届五中全会。

系；区域性公共服务作为地方事权。中央和地方按照事权划分相应承担和分担支出责任。中央可通过安排转移支付将部分事权支出责任委托地方承担。对于跨区域且对其他地区影响较大的公共服务，中央通过转移支付承担一部分地方事权支出责任"。

可以看到，上述对于中央和地方责权的改革同样秉承了按照事权影响范围加以区分的原则，只是更为强调要适度加强中央政府的责任。

在环境领域，按照事项影响范围推进中央和地方环境责权的划分同样也一直是相关改革建议的主流思路。表 1 是一个具有代表性的研究所提出的关于中央和地方环境责权的划分建议，能明显看出其所依据的基本思路仍然是"事项影响范围原则"，凡归属中央环境责权的，都是"全国性"、"全社会"或"跨流域"、"跨地区"的事务；而归属地方环境责权的无一例外均是"本辖区内"事务。

表 1　　　　　按照"事项影响范围原则"的中央和地方环境责权划分

中央环境责权	地方环境责权
（1）全国性的统一规划和政策制定的战略性工作； （2）对全社会污染减排监测、执法，对全国环境保护的评估、规划、宏观调控和指导监督； （3）负责具有全国性公共物品性质的环境保护事务等全局性工作； （4）主导负责一些外溢性很广、公益性很强的环境基础设施的建设投资，跨地区、跨流域的污染综合治理，特别是加强对重点流域、大气和土壤面源污染防治的投入； （5）国际环境公约履约、核废料处置设施建设、国家环境管理能力建设； （6）全国性环境保护标准制定、环境监测建设等基础性工作； （7）组织开展全国性环境科学研究、环境信息发布以及环境宣传教育； （8）平衡地区间环保投入能力，完善纳入环境因素考量的一般性转移支付制度，实施环保专项财政转移支付等。	（1）辖区环境规划、地区性环保标准的制定和实施； （2）辖区内的环境污染治理，如垃圾、固体废物无害化处理，区域性大气环境的保护和改善； （3）辖区内环境基础设施建设，如污水处理厂投资、建设、营运； （4）地方环境管理能力建设，包括环境执法、监测、监督等； （5）辖区所属单位的环保宣教、科研等。

资料来源：苏明、刘军民，"科学合理划分政府间环境事权与财权"，载《环境经济》，2010 年 7 月总第 79 期。

（二）　现有中央与地方责权划分的改革思路所遇到的困难

既然在 1994 年分税制实施之时，就已经确定了要进一步推进中央与地方在支出责任和事权上划分的改革任务，而且相关改革的思路也一直是较为明确和一贯的，那么为什么在整整二十年的时间内，有关中央和地方责权划分的改革却始终是进展迟缓、收效甚微，以至于如今中央和地方之间还是深陷于责权不清的困局呢。

在很大程度上，这是因为"按照事项影响范围原则来推进中央和地方权限划分的改革"是一件"理论上简单、现实中复杂"的知易行难之事，再加之中国独特的中央和地方关系安排的实际限制，使得中央和地方的责权划分改革一直处于不断强调原则的阶段，而在现实中难有实质性进展。

1. "中央决策、地方执行"的模式和"上下同构、事权共担"的政府架构限制了中央与地方之间责权完全按照"事项影响范围原则"划分的可能

在目前中国中央和地方责权关系下，绝大多数政策的出台和实施都遵循"中央决策、地方执行"的模式，即在中央政府层面，主要负责的是政策的出台（亦含有部分监督职责），而政策的具体实施基本上依赖于地方政府的执行。换言之，中央和地方是分别负责政策的不同阶段，中央部门极少参与政策的具体执行，这从中央政府部门本级支出和中央政府公务员所占比重远远低于世界平均水平，也可以侧面看出。2013年中央本级支出只占全国财政支出的14.6%，而英国、美国和法国均高于50%，经济合作与发展组织国家平均为46%；中央政府公务员仅占公务员总数的6%，而世界平均水平在1/3左右①。

中国幅员辽阔、地区众多且差异显著，中央政府的本级支出和公务员比重过小，必然造成大量依靠转移支付和主要依赖地方配合政策实施的局面，而中央和地方这种"头小身子大"的格局也对中央和地方责权划分造成了深远的影响：

首先，中央在理论上保持着对任何事项绝对性的决策权威。这客观上是一个相对弱小的中央在面对如此庞大的地方时要维护统一和政令畅通的必然反应。因此，地方上的自主决策权事实上是无法得到真正保障的，"时刻与中央保持一致"是每一个地方所必须遵循的诫命，尽管在实际中远非如此，但在表面上任何一个地方在任何事项上都不能在公开场合违抗中央的决策，即使按照"事项影响范围原则"是那些本地辖区可以自行决定的地区性事务，地方政府也必须遵循中央的政策（如果中央已经有相关政策的话）。

其次，地方在现实中对任何事项（包括全局性的事务）都有相当程度的自由裁量权。由于在政策的具体执行过程中，主要是依靠地方来加以实施，即一般所说的"上面千条线、底下一根针"，任何政策的实际执行效果都在很大程度上依靠地方政府尤其是基层政府的努力和配合，在中央相对有限的监管能力下，很难克服"信息不对称"的问题，所以造成了中央"有名无实"、地方"有实无

---

① 楼继伟（2014）"推进各级政府事权规范化、法律化"，《〈中共中央关于全面推进依法治国若干重大问题的决定〉辅导读本》，人民出版社。

名"的情况，即中央拥有名义上的至高权威、地方具有实际上的自由裁量权，中央和地方形成互为依靠、互为制约的独特状态①。

最后，中央和地方在机构设置上是同构的、在事权上是共担的。在"中央决策、地方执行"的模式下，容易造成中央和地方的各级政府在机构设置上的同构现象，即所谓"上下一般粗"，中央所具有的部门，地方上都要设置对应的部门，否则就会给具体政策的运作带来很大的麻烦。与此同时，由于是中央和地方各负责政策的不同阶段，形成责权共担的局面，所以也很难分清到底哪些是中央的责任，哪些是地方的责任。一旦出现问题，经常会出现中央和地方互相推诿的情况，中央部门公开指责地方执行不力，而地方政府私下抱怨中央决策有误。

简而言之，在现有"中央决策、地方执行"和"上下同构、事权共担"的条件下，中央与地方在责权划分上仍处在一种"吃大锅饭"的状态，而按照事项影响范围原则来推进中央和地方责权的划分，就成为一个理论上明确简单、在现实中却难以推行的屠龙之术。

2. 中央与地方责权的具体划分，不是仅依靠抽象的原则就静态确定，而是伴随历史的变迁在现实过程中由相关方的博弈所动态塑造

按照事项影响范围划分中央和地方责权的原则并没有错，这也是现代国家在划分中央和地方责权所遵循的一条最重要原则。托克维尔早在其经典著作《论美国的民主》中，就依据事项影响范围的原则对两种集权进行了区分，一种是政府集权（Governmental centralization），另一种是行政集权（Administrative centralization），前者是"诸如全国性法律的制定、本国和外国的关系问题、与全国各地都有利害关系"等事情的领导权的集中。后者是"诸如地方建设事业、国内某一地区所特有"事情的领导权的集中。托克维尔认为中央政府应该掌握的是第一种集权，而第二种集权则应保留给地方政府②。真正问题出在不能简单地、静态地看待"事项影响范围原则"在中央地方责权划分中的应用，不能把这种责权划分看作是如同求解数学题一样，认为可以依据几个简单原则就得出中央地方责权划分的最优解，从而像切西瓜一般地把各种具体事项相应地分到中央或地方政府。这种思路在现实中行不通的根本原因是中央和地方具体事项的责权划分是极其复杂，且随着时间不断调整的。

正如麦迪逊在《联邦党人文集》中所强调的："在全国政府和州政府的权力

① 宣晓伟（2014）《现代化转型视角下的中央与地方关系——中央集权制的过去、现在和未来》，国务院发展研究中心 2013 年招标课题报告。

② 托克维尔（1997）《论美国的民主》（上卷），商务印书馆，第96～98页。

之间划出一条适当界线，必然也是一项艰难的工作。任何人，只要他习惯于思考和辨别那些性质广泛而复杂的事物，都能体会到这件事情的困难程度"[1]。

专栏1：航运垄断案（1824年）

该案涉及哈德逊（Hudson）河处于纽约和新泽西州河段的航运权。在1798年和1803年，纽约州议会相继通过立法，授权金融巨子列文斯顿和汽船发明家福尔顿，在20年内垄断在纽约州内的哈德逊河航运权利。后来两人又把航运垄断权转让给奥格登（Ogden）。然而吉本斯（Gibbons）拥有两艘汽船，在纽约市和新泽西的伊丽莎白镇往返摆渡载客，因而违反了纽约州授予航运专有权的法律。奥格登投诉纽约州法院，获得禁止吉本斯营业的命令。法院禁令得到纽约州最高法院的肯定。吉本斯则根据1793年国会通过的轮船执照法，宣称纽约州法侵犯了联邦执照授予他的航运权利，因而上诉联邦最高法院，要求判决州法无效，联邦最高法院根据宪法中的"州际贸易条款"，最终判决吉本斯胜诉。

参见张千帆（2011）《美国联邦宪法》，法律出版社，第103~108页。

以美国"州际贸易条款"的应用为例，根据美国宪法"国会有权调控和国际、州际，以及对印第安部落的贸易"（第一条第八款），这一条款确定了联邦政府在"州际贸易"上的管辖权，它也符合"事项影响范围原则"中"跨地区事项应归属中央政府"的精神。事实上，正是依据这一条款，通过"航运垄断案"（参见专栏1）等案件的判决，联邦政府逐渐获得了对"州际贸易事项"进行管辖的绝对权力。

然而，同样是州际贸易的航运领域，也并非是所有的事项无一例外地都应该属于联邦政府来管辖。在1851年领港调控案中（参见专栏2），联邦最高法院的科迪斯法官（J. Curtis）提出了更注重联邦与州利益平衡的"库利原则"，他在最高法院意见写道："对于贸易权力的性质是否要求国会的专有立法，无论是绝对肯定或否定，都将误解这项权利的对象性质，并将只适合部分的答案强加在全部对象的身上。无论什么事务，只要它在性质上是全国性的或只允许单个统一系统或调控计划，它的性质就要求国会的专有立法"，从而在领港调控事务上维护了地方的管辖权。

---

[1] 汉密尔顿等（2011）《联邦党人文集》，中国社会科学出版社，第172页。

专栏 2：领港调控案（1851 年）

1803 年，宾夕法尼亚州的议会通过法律，规定进出费城港的轮船必须接受港务局的领港，并交纳领港费；否则将被罚款一半领港费。库利未遵守这一规则，因而被州法院罚款。他以宾州法律和联邦宪法的若干条款——尤其是州际贸易条款——相抵触为由，上诉至联邦最高法院，以期挽回受罚的领港费，联邦最高法院最终驳回上诉，肯定了宾州法律的有效性和宾州最高法院的判决。

参见张千帆（2011）《美国联邦宪法》，法律出版社，第 109～115 页。

由此可见，尽管在州际贸易这个宽泛的领域内，可以按照"事项影响范围原则"简单明确地区分联邦和地方的权限，但到了具体事项上这个划分就没有那么一目了然了，而是常常会针对不同的事项产生截然不同的结果。在"航运垄断案"中相关事权是归属联邦的，但在"领港调控案"中有鉴于领港调控事务的地方属性，相关事权就落到了州的层面。

更为复杂的是，随着经济社会的发展，联邦和州在不同事项上的责权划分并非一成不变，而是根据时代的要求而不断变化。例如"规定工人的最低工资和最高工时"等"劳工保护"事项在美国原先一直属于各州管辖的事务，然而到了 20 世纪"进步时代"，加强劳工权利保护、禁止雇用童工等呼声越来越强烈，尤其是经过 30 年代的大萧条和罗斯福新政之后，"劳工保护"等事项也逐渐被纳入到联邦政府的立法范围之内。所以，即使是同样的抽象原则和法律条款，在不同的年代伴随着时代的要求和法律的实践，在联邦和州的责权划分上也可以产生出完全不同的效果，这点在环境保护领域也体现得同样明显。

表 2　　　　　　　　美国大气污染治理的主要法律和内容

时间	法律法规	内　容
1955	空气污染控制法案	联邦政府首次步入了污染控制领域，拨付联邦资金支持各州支付空气污染研究与培养技术管理人才
1963	清洁空气法案	为空气污染研究提供联邦支持、对各州污染控制机构提供联邦协助，导入跨境空气污染问题的联邦协调机制
1967	空气质量法案	为各州提供资助，要求各州建立"空气质量控制区"，设立全国中心确认切实可行的污染控制技术
1970	清洁空气法案修正案	联邦政府建立国际环境空气质量标准，为一般空气污染物的所有新排放源制定联合排放标准

时间	法律法规	内　容
1977	清洁空气法案修正案	清洁区域必须维持现有空气质量，国家公园与联邦野生区环境能见度的保护和提高
1990	清洁空气法案修正案	所有固定污染源必须获得经营许可证，提议建立跨州空气质量管理区

资料来源：［美］保罗·伯特尼 和 罗伯特·史蒂文斯 主编（2004）：《环境保护的公共政策》（第二版），上海三联书店，第109~129页。

在美国，大气污染治理领域原先是主要是州政府层面的事务。在1952年，俄勒冈州第一个成为执行有实际意义的法令来控制污浊空气的州，随后其他州相继仿效，在烟尘与颗粒物方面进行立法控制，到1960年，已经有8个州颁布了相应的法令，到1970年这个数目扩张到了50个。而正是在1970年，联邦政府所通过的《清洁空气法案修正案》标志着将大气污染治理的责权主要由各地方政府向联邦政府的转移。

（三）当前中央与地方责权划分的改革思路应做调整

由上所述，仅仅把中央和地方的责权划分看作是根据几个简单原则加以区分的思路是静态和僵化的，在现实中也很难据此加以实施。尽管在理论上可以根据相关原则将中央和地方在不同事项上的责权划分得非常细致，以至于能够形成一个庞大无比的中央和地方事权划分表，并据此加以规范化、形成相应的法律，从而实现所谓的"各级政府事权规范化、法律化"，但无论这个事权划分表规定得如何详细，与纷繁复杂的现实情况相比总是不够的，而且规定得越细致，就越有可能带来不能适应快速变化的现实要求的问题。

因此，对于如何形成中央与地方责权的合理划分，如何推进各级政府事权规范化、法律化，相应的改革思路应该做出调整。

首先，要改变"重结果、轻过程"的倾向，从关心"责权划分"的具体结果，到更为关心"遵循何种方式"来达到这个结果。目前的改革思路主要还是将目光聚焦在中央和地方责权划分的具体结果上，纠结于这个或那个事项到底是中央的还是地方的。虽然中央和地方责权划分的结果是重要的，然而比结果更为重要的是"如何形成这种结果的方式"。从这个角度来看，中央和地方责权划分遵循怎样的规则和过程，要比最后达到的具体结果更为关键。所以，在关注中央和地方责权划分最终结果的同时，需要将更多的注意力转到规则和过程上来。

其次，要改变"重原理、轻实践"的倾向，从关心"依照何种原则来如何划分权责"，到更为关心"采取何种方式运用原则可以使得权责划分随着经济社会的发展和时代的变化，能够有一种适应和适时的调整"。按照任何一种原则来不断细分中央和地方的权责，都是无法穷尽现实世界的各种可能，也难以跟上经济社会发展所带来的各种变化。所以是关心划分原则的同时，更重要的是关心如何运用这些原则的具体方式，需要将这些抽象的划分原则与活生生的现实相结合，使得中央和地方责权的具体划分结果可以跟随时代的变化而变化。

最后，改变"重行政、轻司法"的倾向，从关心"如何促进中央与地方的权责对等（财力事权匹配）"，到更为关心"中央与地方在相关事项划分上存在矛盾时，如何有一种具有可操作性、规范化的程序能加以解决"。现有对于中央和地方责权划分的讨论，主要是集中在行政领域范围内，其重点是如何做到各级政府的财力事权匹配，或者是支出责任与事权的匹配，所依赖的主要调节方式还是通过行政的手段，多以文件的形式来处理不同政府间的责权关系，造成相当大的偶然性和随意性。更为重要的是这种依靠行政调节对中央和地方权责进行的划分过程，充斥着不同政府层级间私下的讨价还价，难以形成一个统一、稳定、可以预期的规则和环境，最终的结果常常是因事而异、因人而异、因地区而异的，具有相当程度的不确定性。所以，如何形成一种公开、规范化、又适宜操作的程序对中央和地方责权进行划分，并且一旦划分的结果产生问题时，又能有相应的规范化程序进行调节，应成为下一步促进中央和地方责权划分的规范化和法治化改革任务的关键。

四、引入司法调节，促进中央与地方责权合理划分和京津冀大气污染治理工作的有效开展

刚刚颁布的中共十八届四中全会《中共中央关于全面推进依法治国若干重大问题的决定》（2014 年 10 月 23 日）中明确提出：要"推进各级政府事权规范化、法律化，完善不同层级政府特别是中央和地方政府事权法律制度"。如何在京津冀大气污染治理工作中，促进中央和地方相关责权的规范化和法律化，是理顺各方关系、积极开展工作的重要内容；而引入司法调节、发挥法律作用，是促进中央和地方在京津冀大气污染治理责权合理划分的有效途径。

（一）"司法调节"方式是中央地方责权合理划分和适时调整的重要途径之一

如上所述，政府间事权的合理划分，并不仅仅是"尽可能详细地列出各级

政府间的事权，然后再将其上升到法律法规层面"这样简单，更为关键的是要形成规范化、公开、稳定和可预期的规则和过程来对中央和地方责权关系进行划分和动态化的调整。在此，如何有效引入司法调节，将中央和地方关系的调整纳入法治化轨道，将是实现中央和地方责权合理划分的重要手段。

第一，司法调节主要采取间接调整中央和地方责权的方式，可以形成对现有行政调节方式的补充和约束，具有很强的可操作性。一旦谈到在中央和地方责权划分中引入司法调节，人们脑海中往往浮现的是"中央政府和地方政府对簿公堂，再由司法机构加以裁决"的情景。事实上这个印象存在很大的偏差，司法对于中央和地方责权划分的调节，不多采取这种直接的方式，而主要通过间接的方式。例如在上述的航运垄断案中，联邦最高法院并不是直接面对联邦和州政府之间的诉讼，而是通过吉本斯个人的上诉，通过案例宣布纽约州的相关法律和规定无效，间接表明了涉及纽约河段航运权的州际贸易调控属于联邦政府的管辖权限，从而区分了联邦和州的事权范围。在美国，司法机关实际上并不直接裁决联邦政府和州政府的纠纷，因为联邦和州的冲突很多时候都会涉及政治权力的斗争，而司法体系只适合对司法纠纷做出裁决，应该竭力避免直接介入到政治斗争中。

所以，司法调节在中央和地方责权划分中的作用发挥，基本上是经由个体（居民个人、公司或公民团体）的诉讼，通过司法审判来决定哪些中央或地方法律无效，从而间接地实现划分中央与地方责权范围的效果。司法调节这种间接方式，可与中国现有以行政调节为主的直接方式较好地结合，一方面不会对现有体制造成很大的冲击，司法调节能够起到更多的不是替代作用而是补充作用；另一方面，通过司法案例的判决，也可以对相关各方的行为进行较好的约束和规范。因此，在中央和地方责权划分中引入司法调节，具有很强的可操作性，是各级政府事权规范化和法律化的重要途径。

第二，司法调节通过判例方式，既有较好的继承性和稳定性；又能够适应经济社会发展的变化，具有一定的灵活性。一般情况下，司法裁决在绝大多数情况下会援引先例，因此所形成的中央和地方责权划分具有较强的稳定性和可预期性，能够对相关主体的行为形成一致的规范，但这种援引先例的判决也并不是完全不可更改的。例如美国联邦法院在做出判决时，通常只宣布某些特定的法律违宪而无效，并不是去废除或者取消这项法律，联邦法院只是在削弱受到指控的某项特定法律的效力[①]，一旦经济社会条件发生明显变化时，法官们同样可以顺应

① 刘海波（2004）"中央与地方政府间关系的司法调节"，《法学研究》，第 5 期，第 42 页。

时代要求建立新的判决。这种通过司法实践的方式来调节中央与地方的责权关系，既有继承性又有开放性，能够较好地应对时代变化的挑战。

（二）在京津冀大气污染防治中引入司法调节、促进中央与地方责权合理划分的政策建议

京津冀大气污染治理工作的有效开展，关键是要形成一个相关各方责权对等、激励相容的体制环境，合理划分中央和地方在其中的责权关系，既是形成上述环境的重要基础，也是相应体制环境构建的核心部分。而要促进中央和地方在京津冀大气污染治理责权的合理划分，不仅要借助传统的行政手段，也要适度引入司法调节手段，充分发挥法治的作用。具体而言，可以从立法、诉讼和司法三大领域加强法律的作用，使得相关的司法诉讼有法可依、易于进行并得到合理判决，从而在一件件司法案例中根据"事项涉及范围"等原则、适应现实条件的变化而逐渐厘清中央和地方的责权关系。

首先，在立法领域，要进一步鼓励京津冀各级政府在大气污染领域地方立法的主动性和积极性，并发挥全国人大对相关地方法规的合宪性审查作用；与此同时，京津冀地区应属于大气污染联合防治的重点区域，要在完善利益补偿机制的基础上进行区域统一立法，并逐步推进统一规划、统一标准、统一监测和统一防治措施。

目前，新修订的《环境保护法》①规定，由国务院环境保护主管部门制定全国统一的国家环境质量标准和国家污染物排放标准，各省级人民政府可以对国家未作规定的项目，制定地方环境质量标准和污染物排放标准；也可以对国家已作规定的项目，制定严于国家标准的地方标准（第二章第十五条、第十六条）。同样，近期颁布的《大气污染防治法（修订草案征求意见稿）》（2014 年 9 月 9 日由国务院法制办发布）也明确规定由国务院环境保护主管部门制定和公布国家环境空气质量标准以及国家大气污染物排放标准，省级人民政府可就国家未作规定的项目制定和发布地方空气质量标准和大气污染物排放标准，也可就国家已作规定项目制定和发布更严的地方标准（第二章第八条、第九条）。

与此同时，2000 年出台的《立法法》规定省、自治区、直辖市和较大的市有地方性法规和规章的制定权，而目前正在提请全国人大常委会审议的《立法

---

① 《环境保护法》在 1989 年 12 月 26 日第七届全国人民代表大会常务委员会第十一次会议上通过，最近的修订由 2014 年 4 月 24 日第十二届全国人民代表大会常务委员会第八次会议通过，于 2015 年 1 月 1 日实施。

法修正案（草案）》建议："除省会市、经济特区所在地的市、国务院批准的较大的市外，其他设区的市也为'较大的市'，享有地方立法权；较大的市制定地方性法规限于城市建设、市容卫生、环境保护等城市管理方面实行"，从而大大增加了有地方立法权市的数量，尽管《立法法修正案》的最终结果尚不可知，但地方立法权的扩大已经是一个必然的趋势①。

上述法律条款的修订，实际上已经为京津冀地区各级政府在大气污染防治上有效发挥地方立法的主动性铺平了道路，各地方政府完全能够根据自身大气污染防治工作的需要，出台更为积极、更为严格的相关地方法律法规，以推进本地大气污染防治工作的法治化水平。另外，《中共中央关于全面推进依法治国若干重大问题的决定》明确提出：要"完善全国人大及其常委会宪法监督制度，健全宪法解释程序机制；加强备案审查制度和能力建设，依法撤销和纠正违宪违法的规范性文件"。这就要求进一步发挥出全国人大对地方法规的违宪违法审查作用，从反面来制止各个地方出台过低的排放标准、有利污染企业和地方保护主义等相关的规范性文件。

此外，《环境保护法》还规定"国家建立跨行政区域的重点区域、流域环境污染和生态破坏联合防治协调机制，实行统一规划、统一标准、统一监测、统一的防治措施"（第二章第二十条），《大气污染防治法（修订草案征求意见稿）》也针对"重点区域大气污染联合防治"进行了专门论述（第五章），提出要"建立重点区域大气污染联防联控机制，统筹协调区域内大气污染防治工作"，具体措施则包括"制定区域大气污染防治规划，明确协同控制目标，优化区域经济布局，统筹交通管理，发展清洁能源，提出重点防治任务和措施"。京津冀地区显然应属于《环境保护法》和《大气污染防治法》所规定的"跨行政区域的重点区域"和"国家大气污染防治重点区域"。因此，在上述法律法规的基础上，应该尝试在京津冀区域内对于大气污染治理工作进行统一立法或者区域内的协调立法，可以借鉴美国《清洁空气法案》的经验建立针对标准大气污染物的"可交易许可证制度"的相关法规②，从而一方面厘清中央和地方在其中的权责划分；另一方面建立起京津冀区域之间的利益协调和补偿机制。

其次，在诉讼领域要最大限度地保障环境公益诉讼权，应根据原告主体资格认定的"关联性审查"原则，放宽环境公益诉讼的原告主体资格，使得相关的

---

① 范文嘉（2014）"科学配置地方立法权，在法治轨道上推进改革"。《中国发展观察》，第 10 期，第 88 页。

② ［美］保罗·伯特尼 和 罗伯特·史蒂文斯 主编（2004）《环境保护的公共政策》（第二版），上海三联书店，第 47~48 页。

公民、法人或其他组织都可以提起环境民事和行政公益诉讼；可设立跨行政区划的人民检察院以提起相关的环境公益诉讼；应建立诉前保护、案件相关费用承担等机制，切实解决环境诉讼立案难、取证难、审理难和执行难等问题。

现行《民事诉讼法》第 55 条规定，"对污染环境、侵害众多消费者合法权益等损害社会公共利益的行为，法律规定的机关和有关组织可以向人民法院提起诉讼"。最新《环境保护法》则规定："对污染环境、破坏生态，损害社会公共利益的行为，符合下列条件的社会组织可以向人民法院提起诉讼：（一）依法在设区的市级以上人民政府民政部门登记；（二）专门从事环境保护公益活动连续五年以上且无违法记录"（第五章第五十八条）。

最新颁布的《最高人民法院关于审理环境民事公益诉讼案件适用法律若干问题的解释（征求意见稿）》将上述社会组织定义为"依照法律法规的规定，在民政部门登记的社会团体、民办非企业单位以及基金会等社会组织，可以认定为民事诉讼法第五十五条规定的有关组织"（第二条），对"专门从事环境保护公益活动连续五年以上"则界定为"社会组织成立五年以上，章程确定的宗旨和主要业务范围是维护社会公共利益，且从事环境保护公益活动的"。最高院的司法解释事实上已在尽量拓宽环境公益主体诉讼的资格，这将有利于相关的社会组织，或者社会组织接受公民委托，来提起相应的环境公益诉讼（第四条）。

然而，在现有环境公益的诉讼实践中，原告主体已经拓宽到了公民、法人或其他组织。2007 年，贵州省贵阳市中院率先成立了全国首家环保法庭，在 7 年的司法实践中逐步确立了环境公益诉讼的原告主体资格认定的"关联性审查"原则，即国家机关和事业单位的"关联性"在于其是否负有环境监管职责；环保组织的"关联性"在于其是否在贵州开展了相关业务；志愿者个人是否具有"关联性"在于其是否在"环保志愿者行动"中认领了对被污染水域的监督职责。"关联性审查"原则的应用既有效拓宽了诉讼主体，也很好防止了公益诉权滥用问题。在实践中，贵阳环保法庭的司法实践有效激发了有关环保组织参加或支持环境公益诉讼的积极性，也提高了公众环境维权意识和环境维权能力。所以，建议最高院的司法解释中，可以进一步放宽环境公益诉讼的原告主体资格。

与此同时，《中共中央关于全面推进依法治国若干重大问题的决定》提出"探索设立跨行政区划的人民法院和人民检察院，办理跨地区案件"，并且"探索建立检察机关提起公益诉讼制度"，在"关于《中共中央关于全面推进依法治国若干重大问题的决定》的说明"中，特别指出检察机关提起的公益诉讼应重点针对行政机关违法行使职权或者不作为造成对国家和社会公共利益侵害或者有侵害危险的案件，尤其是国有资产保护、国有土地使用权转让、生态环境和资源保护等案件。所以，在京津冀大气污染防治领域，也可探索设立跨行政区划的人民检察院以提起相关的大气污染环境公益诉讼。

此外，由于环境诉讼普遍存在立案难、鉴定难、胜诉难、执行难等情况，使得环境诉讼经常呈现出"不愿诉"、"不懂诉"、"无法诉"的现象，为此应该建立"诉前保护"、"案件相关费用承担"、"环境污染第三方治理"和"执行回访"等机制，使得相关的环境官司能够打、容易打、可打赢、能执行，从而在包括大气污染在内的环境诉讼尤其是环境公益诉讼方面，真正打开通过司法来调节各方责权关系的渠道。

最后，在审理领域要探索建立与行政区划适当分离的司法管辖制度，确立与大气污染案件审理相适合的司法管辖权划分，可以考虑在最高人民法院设立"巡回法庭"和"环境资源法庭"的基础上，充分结合并发挥两者优势，加强京津冀大气污染治理中跨区域案件审理中的司法权中央化。

要有效发挥司法调节在合理划分中央和地方责权关系的作用，司法管辖权的调整是其中的关键。如前所述，大气污染具有跨区域的特征，而现有地方竞争的体制下很难对地方的污染企业形成足够有效的约束，所以一旦产生相关诉讼，谁来审理就成为关键，由于目前的司法管辖权与行政区划高度重合，很容易导致地方法院对本地企业的不当保护现象。

2013年十八届三中全会《中共中央关于全面深化改革若干重大问题的决定》已经明确提出要"探索建立与行政区划适当分离的司法管辖制度，保证国家法律统一正确实施"，在最高人民法院近期颁布的《人民法院第四个五年改革纲要（2014～2018）》中，也把"探索建立与行政区划适当分离的司法管辖制度"作为人民法院在未来五年所要推进的八个重点改革领域之一。

然而，目前对于"建立与行政区划适当分离的司法管辖制度"的理解，还主要局限在省级层面，主要是采用提级管辖和指定管辖的方式，这并未能够有效处理跨省的案件。要真正能审理好跨行政区的案件，司法管辖制度改革的一个重点是要在更大范围内施行跨行政区划司法管辖。

《中共中央关于全面推进依法治国若干重大问题的决定》中已经提出："最高人民法院设立巡回法庭，审理跨行政区域重大行政和民商事案件"，这为跨省区大气污染案件的审理开辟了一个渠道；与此同时，最高人民法院已经成立了专门的环境资源法庭，但目前却还没有案子①，环境诉讼案件基本上还是由基层法院来审理。可以考虑将最高人民法院的"巡回法庭"和"环境资源法庭"有效

---

① 参见"最高法拟细化环境公益诉讼制度 多项司法解释护航"，21世纪经济报道，2014年7月16日。

结合起来，同时可与跨行政区域的检察部门以及社会团体的环境公益诉讼相配合，负责审理跨省区的重大环境污染案件，加强跨省区案件司法权的中央化，真正破除地方行政干预对本地污染企业的保护和有效制止地方政府在相关领域的不作为。

综上所述，通过上述立法、诉讼、审理各个环节的改革，可以逐步建立起适宜于京津冀大气污染案件的法律环境，将京津冀大气污染中央和地方责权划分纳入法治化轨道。尽管司法调节并不直接涉及在京津冀大气污染治理中中央和地方的责权具体划分，但它却提供了一套公开、规范和可预期的规则和过程，能够在"事项涉及范围"等原则下间接地实行中央和地方在其中责权关系的合理划分，构建激励相容的制度环境，最终促进京津冀大气污染治理工作的有效开展。

参考文献

［1］范文嘉（2014）："科学配置地方立法权，在法治轨道上推进改革"。《中国发展观察》，第 10 期。

［2］刘海波（2004）："中央与地方政府间关系的司法调节"，《法学研究》，第 5 期。

［3］［美］保罗·伯特尼 和 罗伯特·史蒂文斯 主编（2004）：《环境保护的公共政策》（第二版），穆贤清等译，上海三联书店、上海人民出版社。

［4］［德］托马斯·海贝勒和狄特·格鲁诺，李惠斌 主编（2012）：《中国与德国的环境治理：比较的视界》，中央编译出版社。

［5］苏明、刘军民："科学合理划分政府间环境事权与财权"，《环境经济》，2010 年 7 月总第 79 期。

［6］托克维尔（Alexis de Tocqueville）（1835）：《论美国的民主》，董果良译，商务印书馆，1997 年。

［7］楼继伟（2013）：《中国政府间财政关系再思考》，博源文库中国经济观察丛书，中国财政经济出版社。

［8］宣晓伟（2014）：《现代化转型视角下的中央与地方关系—中央集权制的过去、现在和未来》，国务院发展研究中心 2013 年研究报告。

［9］汉密尔顿（Alexander Hamilton），麦迪逊（James Madison），杰伊（John Jay）（2009）：《联邦党人文集》，中国社会科学出版社。

［10］张千帆（2011）：《美国联邦宪法》，法律出版社。

［11］Yingyi Qian, Gerard Roland, and Chenggang Xu（2006）"Coordination and Experimentation in M-Form and U-Form Organizations"，《Journal of Political Economy》，Vol. 114，No. 2（April），pp. 66 – 402。

［12］Xu, Chenggang（2011）"The Fundamental Institutions of China's Reforms and Development"，《Journal of Economic Literature》，Vol. 49 – 4，P1076 ~ 1151。

创新的产业和空间特征及其对中国
实施创新驱动战略的启示

李善同　　高春亮

一、引　　言

《中共中央关于全面深化改革若干重大问题的决定》（2013）指出，要"建立健全鼓励原始创新、集成创新、引进消化吸收再创新的体制机制，建设国家创新体系"。向创新经济转型指明了中国经济发展方向，也成为各地促进经济发展的主攻方向，省市县纷纷编制规划、出台政策，力争在向创新驱动经济转型中发挥作用。

向创新驱动型经济转型是经济发展阶段理论在中国的应用。发展经济理论揭示了发达国家经济发展历程中不同时段的经济特征，为后发地区制定产业选择和政策设计提供借鉴。若遵循发展阶段理论所展示的路径，后发地区所做的就是复制发展政策并取得发达国家曾经取得的成效。然而，这种理论应用不当也可能产生负面影响，以工业化阶段理论应用为例，若将中国视为以城市为体系的空间结构，则整体竞争力提升可通过两种路径实现：（1）每个城市均独立按照农业—轻工业—重工业产业演进，由个体最优加总为总体最优；（2）按区域分工设计产业发展路径，依据资源禀赋优势，某些城市将农业作为重点，而有些城市实现工业化，由空间结构优化和产业合理分工形成总体最优。显然，第二条路径无疑更符合资源配置效率原则。然而，如果选择第一条路径，城市普遍的工业化进程可以提升全国经济发展速度，但也会造成产能过剩、资源配置效率低下及生态恶化等一系列问题。

大国经济背景下实施创新驱动战略也要考虑区域分工明确创新活动与城市等级之间的匹配，既从整体上实现经济阶段跃升，又可避免理论应用不当形成的负面影响。基于文献研究，本章揭示创新活动的空间集聚和产业差异两个维度的特征，提出创新驱动与城市等级的匹配状况决定了创新驱动战略实施成效。包括五个部分：第二节分析发展阶段理论演进脉络；第三节总结创新的集聚特征；第四节分析创新在产业中的表现；第五节根据创新的集聚和产业维度，从城市等级体系角度提出创新驱动战略的构想。

二、发展阶段理论演进

探索经济发展变迁的动力是经济阶段理论演变的主要线索。发展阶段理论先后出现罗斯托经济成长六阶段理论、钱纳里工业化三阶段理论以及波特驱动力四阶段理论三种理论，它们具有如下共同特征：一是将发展阶段与某一经济发展的标志值相联系。如钱纳里和波特均用人均 GDP 划分发展阶段；二是总结发达国家的发展经验，一旦使用发展阶段理论确定国家和地区所处发展阶段后，发展政策也将明确，但也隐含着后发地区沿袭发达国家的发展路径；三是发展阶段理论演变机制呈现由宏观到微观的趋向，罗斯托关注经济社会整体变迁，钱纳里工业化隐含需求结构变动引起供给结构变动；波特则遵循比较优势理论，经济发展逐渐导致原有比较优势丧失，因此必须发现新的比较优势，以实现驱动力更替。

波特驱动力理论是发展经济理论的新进展。尽管创新对经济增长的贡献作用早已得到认识（熊彼特，1990），但系统揭示创新并测度创新贡献始于索洛，他开拓性地将技术进步（TFP）纳入经济学分析框架。新制度经济学兴起后，制度创新被认为是经济增长的关键，创新只是产生了收益或者改变要素相对价格。波特驱动力理论实质上包含了国家竞争优势、技术进步和制度创新三个理论来源，根据比较优势的动态变化，将经济发展阶段划分为要素、效率、创新和财富驱动四个主要阶段和三个过渡阶段。

驱动力阶段逐渐替代工业化阶段成为制定中国区域发展战略的理论参考。与工业化阶段应用相似，驱动力阶段构建了人均 GDP 与地区所处发展阶段的经验模型。但由于创新驱动内涵丰富，若忽视地方比较优势，不加区分的使用创新驱动，极易导致政策偏差和激励机制扭曲。一方面，按照人均 GDP 判断地区应向创新驱动经济转型后，地方可能拥有的劳动力成本优势、产业集群的网络优势都将被选择性忽视，不再成为政策关注的重点；另一方面，一旦政策的焦点集中在研发和商业化，各级政府均将动员所控制资源并激励企业向研发领域投资，极易造成地方资源配置扭曲。显然，国家和地方在使用驱动力阶段理论必须考虑第一条路径和第二条路径，这需要厘清创新驱动经济的内涵：明确界定创新的内涵和外延，以及阐明驱动隐含的路径选择。

创新有广义和狭义之分。综合熊彼特创新概念、索洛技术创新和诺斯制度创新的观点，可将其界定为发明、商业化以及连接两者的制度安排。这一定义的内涵丰富，涵盖了几乎所有的经济活动，以至于难以确定外延。创新概念泛化的有利之处是经济活动参与者均有实现创新的机会，不利之处是模糊了创新的焦点。狭义的创新应当考虑国家战略意图，特别要关注《中共中央关于全面深化改革若干重大问题的决定》（2013）中所涉及的领域，因此狭义的创新必须是对国民经济有着重大影响的发明、商业化以及连接两者的制度安排，例如能够关键装备、基础科学、商业组织模式关键性变革等。

表1 创新阶段

年代	作者	阶段划分				
1962	J. Schumpeter	发明	创新	扩散	获得技术	应用技术
1979	Stewart	能力培养	适应	新技术		
1981	Teitel	适应	改进	技术改革		
1984	Katz	产品工程	工程实践	产出	研发	
1985	Fransman	资本运用	适应，改进	发展	研发	
1985	Westphal, et al	资本运用	适应	产品升级	技术联系	
1991	Enos	技术迁移	吸收	适应	扩散	
1987	Lall	前期投资	项目开发	技术进步	创新	
1989	Amsden	国外技术	改进	设计能力	扩散	
1993	Dahlman	产品工程	工程实践	资本品制造	研发	
1995	Hobday	模仿	工程实践	模仿	创新能力	

资料来源：转引自 Jin w. cyhi, Technology and international production, by MPG Books Ltd. Bodmincorn Wall, 2001. P26.

就驱动而言，它表明特定经济发展阶段增长所依赖的主要因素，也表明区域发展动力选择，建立创新活动和经济发展之间的联系，也隐含着地方资源配置的制度安排。中国经济是由大城市—中小城市—县—镇城市等级体系构成，判定区域发展动力不仅要考虑比较优势也要考虑绝对优势，例如农业生产条件相对优越的国家粮食主产区和限制开发区，创新处于绝对劣势，因此，它们可能长期停留在所谓的要素驱动阶段，驱动力选择必须综合考虑城市或地区在中国整体经济体系中的定位。

创新的狭义和广义之分，为设计创新驱动型发展战略指明了方向：若将广义创新用于创新驱动战略，那么所有地域都有可能存在创新；然而，若将狭义创新用于创新驱动战略，那么仅有少数空间可能存在创新活动，而多数地区均不具备创新的基本条件。

三、创新的空间集聚特征

创新更倾向于空间集聚。美国研发活动更多集中在以加利福尼亚湾及五大湖区为中心的南加利福尼亚和东北走廊，企业投入的研发活动相比企业空间集聚更为明显（Buzard and Carlino，2013）。20 世纪 90 年代，美国 92% 的专利属于大都市，几乎所有风险投资也集中在大都市区域。欧洲的相关研究反映了类似特征，法国 6 个区域集中了 75% 的研发人员；德国 97 个行政单元中的 11 个几乎集中了所有专利，针对欧盟 262 个样本区域的研究也表明创新活动更倾向于空间集聚（Capello and Lenzi，2014）。创新空间分布很大程度上影响了经济发展，1963 ~ 2011 年间美国各州呈现俱乐部收敛的趋势，技术创新（以各州每百万居民登记的专利数来衡量）是决定高收入俱乐部的最主要和最显著的因素（Xiaobei Zhang et. al.，2005）。

创新绩效研究也表明创新产品首先被大城市所接受而后形成扩散。Peri（2005）估计了距离对知识流动的影响，当越过大都市边界时，外围专利引用的可能性下降 75%，大都市以外的区域仅能获取 20%，若越过国界则仅为 9%。

大城市人力资本集聚程度决定了创新活动的可能性与商业化进展。在美国 100 个都市区域中，1990 年拥有大学毕业生比例最高的 25 个城市，到 2000 年仍然是集聚人力资本速度最快的区域，它们吸纳大学生的速度是其他 75 个城市的 2 倍（世界银行，2009）。不仅如此，大城市更容易以较高水平变现人力资本，美国大约 33% 的都会区工人收入高出非都会区的 15% ~ 25%（Glaeser and Mare，2001）。

中国创新活动空间集聚现象也较为明显。从区域分布来看，2013 年，东、中、西及东北地区发明授权数占比分别为 67.2%、10.4%、10.1% 和 5.2%；若按人均 GDP 与创新分布来看，两者呈现明显的线性关系（参见图 1），越是发达地区创新活动越是活跃。中国高人力资本地区（即上海、北京等地）的人才对经济增长的边际作用是最大的（Xiaobei Zhang et. al.，2009）。

如果从城市角度来看，创新活动则主要集中在直辖市和部分副省级城市，深圳和广州两市创新占广东比重达到 74.9%、杭州和宁波两市创新活动占浙江比重达 64.3%、济南和青岛占比为 46%，中西部地区各省创新活动更加集中在省会城市，如武汉占比达 78.3%、成都占比达 70.0%、西安占比达 89.7%。可见，

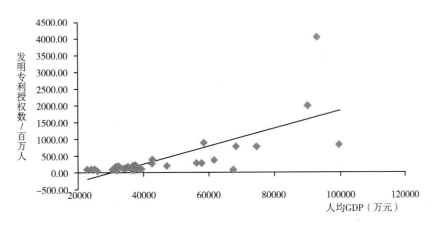

图 1 人均 GDP 与发明专利授权数

资料来源：《中国科技统计年鉴 2014》及《中国统计年鉴 2014》。

创新活动更加集中在若干大城市，中小城市即便存在创新活动，但也只能是零散的。显然，创新活动与城市需求密切相关，例如为治理拥堵而开发的各种控制系统和信号系统、为解决高楼消防而开发的特种灭火器材、为建立智慧型城市而开发的通信信息设备，等等，城市发展本身构成创新需求的重要来源。

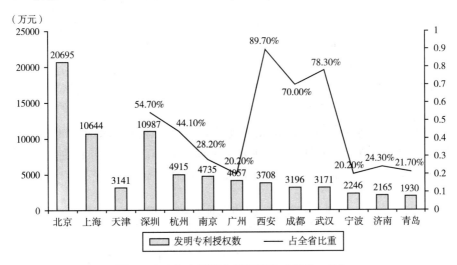

图 2 2014 年主要城市创新活动（单位：件）

资料来源：《中国科技统计年鉴 2014》计算。

理论和实证研究表明，创新活动，特别是狭义的创新活动总是在大城市发生和商业化，而后向周边扩散。当然也不能排除层级较低城市可能存在的零星创新活动。

四、创新活动的产业特征

创新活动广泛存在于各个行业。2005 年，美国一项针对 750000 个雇用 10 人以上企业为样本的调研表明，创新活动广泛存在于各种技术水平的产业之中而并非高技术产业的专利（Robertson，2009）。市场激烈竞争导致研发在各种技术水平的产业中普遍存在。即使在 OECD 国家中，除高技术产业外的部分依然占国民经济的 97%（Hirsch，et al.，2005），即便加上汽车等中高等技术行业，高中等技术行业在 OECD 国家中的比重也不过是 8.5%（OECD，2003），而丹麦、瑞士和澳大利亚等国家的经济起飞都是依靠如纺织和食品工业传统行业。

创新高度依赖于服务业体系。商业化是创新持续发展的关键，只有在大城市才具备足够的市场规模、文化活力、国际导向和盈利可以反哺那些创新活动（Carvalho，et al.，2014）。从需求和供给来看，创新对服务业有较强烈的需求，创新前端的需求发现、知识形成及发明需要商业咨询、科学研究及技术服务业支持等生产性服务业支持，而商业化则需要金融风险投资、商业咨询、市场管理、会计、律师等生产性服务业支持。由于创新及其商业化为智力密集型活动，人力资本密集程度较高，对生活品质也提出较高要求，因此只有那些生产性、生活性和公共服务业较为发达的地区能实现创新及商业化。正因为服务业发展较快，创新活动也更加频繁。李善同和李华香（2014）计算了生产性服务业集中度指数，CR_3、CR_{10} 和 CR_{20} 分别达到了 24.6%、43.9% 和 60.0%。生产性服务业中，尤其以科学研究、技术服务与地质勘查业、租赁和商务服务业的集中特征最为显著，这两个行业超过 70% 增加值仅集中在 20 个城市。在服务业区位商中，科学研究、技术服务与地质勘查业区位商最高的是北京，达到了 5.06，北京、上海、广州、深圳、天津等城市服务业发展水平远远高于一般城市，整体创新活动的产业链条较为完整，对发明及商业化有着显著支撑作用。

表 2　　　　　　　2010 年城市生产性和生活性服务业空间集中率　　　　单位：%

行　业	CR_3	CR_{10}	CR_{20}	CR_{10}城市									
				1	2	3	4	5	6	7	8	9	10
生产性服务业	24.6	43.9	60.0	北京	上海	广州	深圳	天津	苏州	杭州	重庆	成都	武汉
交通运输、仓储和邮政业	13.9	32.8	49.5	上海	广州	北京	唐山	天津	青岛	重庆	深圳	大连	武汉
信息传输、计算机服务和软件业	29.0	48.6	63.9	北京	上海	广州	深圳	成都	大连	杭州	苏州	南京	东莞

行　业	CR_3	CR_{10}	CR_{20}	CR_{10}城市									
				1	2	3	4	5	6	7	8	9	10
金融业	30.0	51.7	67.6	上海	北京	深圳	广州	杭州	天津	重庆	苏州	成都	南京
租赁和商务服务业	32.9	54.7	71.9	北京	广州	上海	东莞	深圳	苏州	天津	佛山	杭州	武汉
科学研究、技术服务与地质勘查业	37.2	59.6	74.6	北京	上海	天津	广州	成都	武汉	深圳	杭州	南京	长沙
生活性服务业	17.8	36.3	52.6	上海	北京	广州	苏州	深圳	天津	无锡	武汉	成都	杭州
批发与零售业	19.4	39.3	54.4	上海	北京	广州	苏州	天津	深圳	无锡	重庆	青岛	武汉
住宿和餐饮业	12.5	30.6	47.1	北京	广州	上海	苏州	成都	深圳	武汉	无锡	天津	东莞
房地产业	18.6	38.4	55.1	北京	上海	广州	深圳	苏州	杭州	天津	武汉	成都	佛山
居民服务和其他服务业	11.1	27.5	43.6	天津	上海	大连	广州	青岛	珠海	鞍山	深圳	北京	长沙
文化、体育与娱乐业	26.3	47.5	62.6	北京	广州	长沙	上海	深圳	成都	武汉	苏州	天津	南京

注：转引自李善同和李华香（2014）。

总体上看，创新的产业特征包括两个内容：一是几乎所有行业都存在创新活动，因此传统产业新技术应用也可实现创新驱动；二是创新是由一系列服务活动构成的产业链条，城市规模越大、专业化分工越细致、产业链条越完善，创新驱动更易于实现。

五、中国区域创新驱动战略选择

由前文可得出创新驱动的主要结论：首先，创新与城市等级密切相关，城市等级越高人力资本越密集、服务业体系越完善，创新活动更频繁且商业化易于实现；其次，创新在各种技术水平的产业中均存在，中小城市在中国向创新驱动转型升级中也可做出贡献。据此，在统筹设计创新驱动战略时，应关注以下两个原则：

一是政府审慎参与原则。所有地区都具有创新所必需的特有资产，但在创新活动选择中却应有所差别。国家和地方政府应当通过资金投入和政策扶持的方式推动狭义创新的发展，这些创新关系国家综合竞争力且投入巨大，因此整合全国科技力量，多方筹措资金确保创新顺利进行。剔除狭义创新之外的广义创新则应交给企业与科研机构协作完成，国家和地方应出台政策予以鼓励，但并不需要过多介入（参见表3）。

表 3 国家和地方创新驱动政策设计

创新	创新主要需求方	政策设计	
		国家	地方
狭义创新	国家	资金投入、政策扶持	积极参与
广义创新	国家、地方和企业	政策鼓励	政策鼓励

二是城市分工原则。中国创新驱动经济实现不仅要发挥城市的主动性，更应当考虑城市拥有创新资源的差异。根据城市体系与创新活动关系可形成最优的配置结构，更好地推动中国向创新驱动转型。创新活动的空间集聚特征决定了创新（发明或根本性创新）仅发生在少数地区。中国优质科技资源高度集聚在少数城市如北京、上海等特大城市，创新发展条件较好，而且较大的城市规模为人力资本积累和变现提供了广阔的市场，同时，庞大的消费市场为新产品商业化奠定需求基础。因此大城市必然成为中国创新的核心所在（参见表4、表5）。

表 4 城市体系与创新活动

	创新：发明、商业化及制度安排	创新：制造
高技术产业	大城市	大城市/中小城市
传统产业	大城市/中小城市	中小城市/大城市

表 5 城市体系与创新活动

创新		发明	生产	商业化
城市等级	大城市	大概率	小概率	大概率
	其他城市	小概率	大概率	小概率

总体上来看，创新驱动战略实施中还应关注以下几个方面：

首先，各城市应当明确向创新驱动经济转型中所处的位置。政府在研发投入中应慎重行事，鼓励企业通过专利转让、联合开发、委托开发均可，但不可过多干预企业活动。

其次，创新资源高度集聚的城市应责无旁贷地承担创新活动的大部分责任，例如北京、上海等特大城市应更加关注基础科学研究、重大关键技术攻关；而大城市则应针对各地产业特点，按台湾工研院模式选择具体产业的重大技术进行攻关。

第三，国家在资金扶持方面应有显著区别：（1）重点支持京沪等特大城市基础性和关键性创新以及技术扩散，以保障资金使用效率；（2）支持设立泛区域专利和创新交易平台，例如设立长三角科技创新信息平台，向企业和公众发布机构和大学研究重点领域，支持企业发布需求信息，信息平台参与提供需双方互动机制，并可考虑以风险投资形式介入。

第四是从政府管理体制来看，也不必因为实施创新驱动战略而对县市分解创新考核指标，例如研发指标考核就应区别对待，对县甚至部分小城市无须对其研发进行考核。

参考文献

［1］［美］约瑟夫·熊彼特：（1990）经济发展理论［M］，北京：商务印书馆。

［2］世界银行，2009：重塑世界经济地理［M］，北京：清华大学出版社。

［3］李善同、李华香（2014）：城市服务行业分布格局特征及演变趋势研究［J］，《载产业经济研究》，2014 年第 5 期。

［4］Buzard, K. , Carlino, G. （2013）. "The geography of research and development activity in the U. S. " In：Giarratani, F. , Hewings, G. , McCann, P. （Eds. ）, Handbook of Economic Geography and Industry Studies, Edward Elgar, London.

［5］Capello, R. , Lenzi, C. （2014）. "Spatial heterogeneity in knowledge, innovation, and economic growth nexus：conceptual reflections and empirical evidence. " Journal of Regional Science, 54（2）, 186 – 214.

［6］Feldman, M. , Audretsch, D. （1999）. "Innovation in cities：science-based diversity, specialization, and localized competition. " European Economic Review, 43, 409 – 29.

［7］Glaeser, E. L. , and J. Gottlieb. 2006. Urban resurgence and the consumer city. Urban Studies 43（8）：1275 – 1299.

［8］Hirsch-Kreinsen, H. , D. Jacobson, et al. （2005）. Low and medium technology industries in the knowledge economy：the analytical issues. Frankfurt, Peter Lang：11 – 30.

［9］Luís Carvalho, Inês Plácido Santos, Willem van Winden Expert Systems with Applications, Volume 41, Issue 12, 15 September 2014, Pages 5647 – 5655.

［10］Peri, G. , （2005）. Determinants of knowledge flows and their effect on innovation. Review of Economics and Statistics 87, 308 – 322.

［11］Neffke, F. （2009）Productive Places：The Influence of Technological Change and Relatedness on Agglomeration Externalities, Faculty of Geosciences, Utrecht University.

［12］Chi-Young Choi and Xiaojun Wang （2015）Discontinuity of output convergence within the United States：why has the course changed? Economic Inquiry, Volume 53, Issue 1, pages 49 – 71.

［13］Xiaobei Zhang, Haizheng Li, Xiaojun Wang （2009）, Human Capital and Economic Convergence：Evidence from China.

科学有序地推进就近城镇化

卓 贤

一、就近城镇化是我国城镇化的重要模式之一

　　2014 年年末我国城镇化率达 54.77%，比 2013 年年末提高了 1.04 个百分点，但却是 19 年来增速最慢的一年。同时，城镇就业和非农就业比重与城镇化率之间差异明显（见图1）。2014 年年末，我国"城镇就业比重"达到 50.88%，比 2013 年提高 1.21 个百分点，连续 4 年增长的势头趋缓，且低于城镇化率近 4 个百分点。而"非农就业比重"（涵盖在城镇和乡村从事非农产业的就业人员）高于城镇化率 14.87 个百分点（2013 年数据），且近年来的增速快于城镇化率和城镇就业比重。三个指标之间的差异表明乡村第二产业、第三产业的快速发展，反映出近年来我国农村人口"就近城镇化"的趋势。

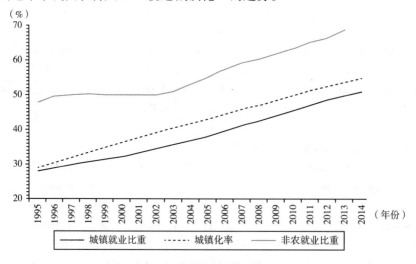

图1　衡量城镇化发展水平的三个指标

资料来源：历年《中国统计年鉴》和 2015 年《国民经济和社会发展统计公报》。

就近城镇化是城镇化的一种重要模式。城镇化既可表现为农业人口大范围迁徙到经济发达的大都市（迁移型城镇化），也可表现为农业人口在临近的乡镇就业与生活（就近城镇化）。以英国为代表的不少欧洲国家通过土地整理、乡村基础设施建设、基本公共服务均等化，把原来的乡村居民点改造为小城镇。我国在改革开放之初，也通过乡镇企业带动的就近城镇化，为大量农村剩余劳动力提供了一条"离土不离乡"的流动方式。但随着改革与开放的深入，东部沿海大城市的地理位置、基础设施、规模经济、范围经济等优势逐步显现，农业人口流动开始呈现出大范围、跨地域、候鸟式的特点，以乡镇企业为基础的就近城镇化出现了停滞。

近年来，随着各地新农村建设的开展，我国城市周边不少原本散居的村落形成了集中居住的新型农村社区，很大一部分农民转变为农业产业工人或第二产业和第三产业从业者，我国就近城镇化进入新阶段。当前的就近城镇化表现为多种形式，如新兴工业乡镇的人口集聚、以乡村农业产业化为载体的农业人口就业、以山水人文为依托的旅游文化名镇的兴起、以"撤村建居"为手段的村庄重组改造等。

新一轮就近城镇化表现出怎样的新背景和新特征？全国就近城镇化的规模有多大？对城镇化质量和经济效率会产生怎样的影响？政策如何引导就近城镇化科学发展？这是本研究的关注所在。

二、对我国就近城镇化现状的估算

新形势下就近城镇化出现了复苏的态势。如图 2 所示，自 2008 年金融危机导致的"返乡潮"之后，本地农民工（在户籍所在乡镇地域以内从业的农民工）比重从 27.71% 跃升到 36.75%，此后逐年上升，2014 年达到 38.60%。就近城镇化在我国之所以出现复苏，是因为大城市和小乡镇之间、东部与中西部之间的比较优势近年来再次发生了变化。

第一，交通基础设施特别是高铁体系的完善和网络通信技术的普及，极大加快了我国人流、物流、信息流的速度，缩短了生产、贸易和生活的时间距离，降低了生产要素集聚的成本和市场活动的交易成本，使得相对分散的小城镇和离海岸线较远的中西部地区，也能够较有效率地纳入到城市消费网络和全球产业价值链之中。

第二，大城市的"拥挤效应"产生的地价高企、交通拥堵、环境恶化等"城市病"，抵减了要素大规模集聚的收益，增加了中西部地区和中小城镇的竞

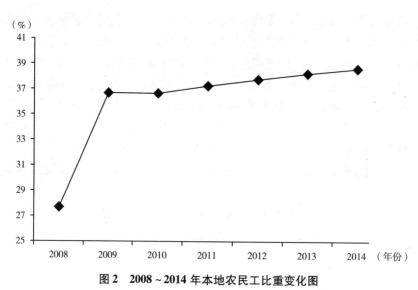

图 2　2008 ~ 2014 年本地农民工比重变化图

资料来源：2009 ~ 2014 年《全国农民工监测调查报告》和 2015 年《国民经济和社会发展统计公报》。

争优势，降低了农业人口跨区域流向大城市的意愿。

第三，大城市对流动人口提供的基本公共服务有限，而农村逐步建立起养老、医疗等社会保障制度，加上近年来政府实施了一系列惠农政策，使得不少农民更愿意选择可以"亦工亦农、亦城亦乡"的就近城镇化模式。

为估算我国就近城镇化率的现状，本章构造了一个如式（1）所示的"就近城镇化率"。在中国城市一级的统计体系中，除了 10 年一次的人口普查，每年公布的人口指标都是户籍人口，无法反映城市常住人口的变动。因此，我们将分析视角从常住人口转为每年都会更新的劳动力指标。在式（1）中，分子是"市辖区以外的非农就业人口"，反映了在县、乡、镇、村从事二三产业的就业情况；分母是"全市非农就业人口"。在市辖区以外实现二、三产业就业的人口比重越高，说明该地区的生产组织方式相对来说越分散，式（1）所定义的就近城镇化率就越高。如图 3 所示，2012 年，除了北京、上海、广东和天津之外，其他省级地区的就近城镇化率都要高于 20%，全国范围内的就近城镇化率达到 40.2%。

就近城镇化率 =（全市非农产业人口 – 市辖区非农产业人口）/全市非农产业人口

三、就近城镇化与经济效率：得与失之间

关于就近城镇化对经济效率的影响并没有定论。相比于农村的分散式生产和

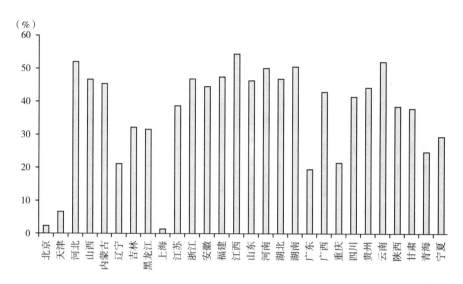

图3　2012年各省级地区辖内地级（以上）市的就近城镇化率

资料来源：《中国城市统计年鉴2013》。

注：重庆市2012年市辖区数据空缺，使用的是2011年数据。

生活方式，就近城镇化提高了公共基础设施及服务设施的使用效率，降低了基础设施的建设和运营成本（潘素梅、周立，2014），推动农业人口从传统低效的农业向现代产业化农业以及农村二、三产业的转移，有利于提高经济效率。也有不少学者通过对城市人口规模与增长、产业、就业等变量进行实证研究，认为大城市具有更好的规模收益，小城镇的基础设施和公共服务系统的人均投资和运营成本比大城市更高（王小鲁，2010），我国经济的发展不应牺牲大城市的集聚和扩散效应，城市体系应向大城市尤其是东部大城市进一步集聚（陆铭，2013）。

城市规模与经济效率并非表现为线性的关系。集聚既能通过专业劳动力的汇聚、中间产品的规模经济和地方性的技术外溢提高效率，也会产生通勤成本增加、地租上升和环境恶化等集聚不经济（Krugman，1996）。对集聚经济和集聚不经济的大量实证研究表明，随着城市规模的增大，城市经济效益发生先增长后下降的倒U型变化（O'Sullivan，2000）。下面从经济密度、产业结构、交通基础设施等视角，考察就业城镇化率①对经济效率的影响。

---

① 已有文献更多地将城市规模（以人口度量）作为研究城镇化与经济效率关系的对象。而在对中国城市规模的研究中，大部分研究都采用了《中国城市统计年鉴》的城市总人口或市辖区总人口作为城市规模的度量。需要指出的是，《中国城市统计年鉴》中的人口是户籍人口，无法反映流动人口的规模，高估了流动人口净输出城市的规模，低估了流动人口净输入城市的规模，产生了较大的计量误差。

（一）就近城镇化与城市低密度扩张有较强的关联

虽然一线大城市有交通拥堵、人均资源紧缺等"城市病"，但我国二三线城市的土地利用效率并不高。就近城镇化虽然提高了城乡结合地区的土地利用效率，但也有可能造成城市的低密度快速扩张。在部分城市，城乡建设用地增减挂钩政策异化为地方政府追求土地财政的手段。一些地方政府通过推动农村居民集中居住的就近城镇化，腾挪出低成本的城市建设用地，一手以高价差的商业用地获得预算外收入，另一手以价格低廉的工业用地招商引资，而不顾及土地的利用效率。为了考察就近城镇化与城市土地利用效率之间的关系，我们构造了如图4所示的一个二维坐标图，横轴代表各地级市的就近城镇化率，纵轴用各地级市市辖区非农产值密度（市辖区非农产值/市辖区城市建设用地面积）代表城市土地利用效率。我们发现，特大型和大型城市的就近城镇化率普遍较低，相应地，其城市土地利用效率较高；对于中小城市而言，随着就近城镇化率的提高，城市土地的利用效率出现了明显的下降趋势。

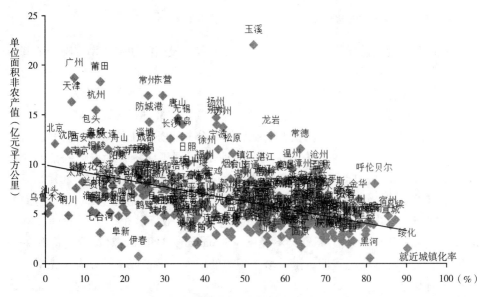

图4　2012年就近城镇化率与城市土地利用效率关系

资料来源：《中国城市统计年鉴2013》。

（二）过高的就近城镇化率不利于城市产业结构的升级

一个城市生产性服务业的发达程度，标志着这个城市在产业价值分工链中的地位，也决定了城市经济效率的高低。如果就近城镇化率过高，有可能形成过于分散、零碎的产业分工格局，不利于城市上下游关联产业集聚效应的发挥，不利于城市内部的专业化分工，降低了生产性服务业从制造业分离并推动产业升级的可能性。在 144 个就近城镇化率高于 50% 的地级市中，只有宜昌、六安和宣城这 3 个城市的生产性服务业就业比重在 20% 以上。

我们把地级市细分为东部、中部、西部三个板块来观察，发现东部和西部地区就近城镇化率与生产性服务业就业比重呈现出负向相关的关系（见图 5），而在中部地区的城市中，两者之间并无明显的相关关系。我们对这一差异的解释是：东部的城市之间已经形成了较为稳定的产业分工关系，就近城镇化率低的大城市总部经济特征明显，就近城镇化率高的中小城市更多从事制造环节的生产；西部地区的产业基础总体上相对较为薄弱，生产性服务业就业比重较高的多为货物运输业发达的资源型城市，而资源型产业所在区域并不适合实现较高的就近城镇化率；中部地区整体的制造业基础较好，但彼此之间的产业竞争激烈，尚未形成较为明显的区域性生产服务业中心城市。

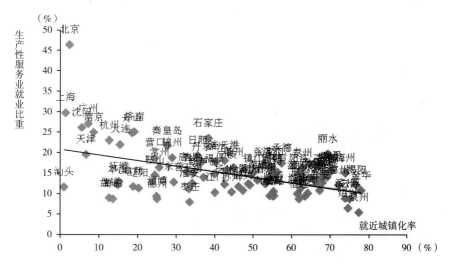

图 5　2012 年东部地区就近城镇化率与生产性服务业就业比重关系

资料来源：《中国城市统计年鉴 2013》。

（三）就近城镇化率与城市道路的利用效率正相关

在过去 10 多年快速城镇化过程中，城市交通基础设施规模实现了大幅跃升。就近城镇化率降低了城镇生产和生活的集中度，它是否也拉低了城市道路的利用效率呢？我们以城市道路面积作为衡量城市基础设施规模的一个变量。各地级市市辖区实有道路面积从 2002 年的 21.17 亿平方米增加到 2012 年的 46.37 亿平方米，增加了 1.19 倍。我们用单位道路面积的非农产值（非农产值/实有道路面积）来代表城市道路的利用效率。如图 6 所示，在就近城镇化率低于 60% 的地级市中，就近城镇化率的提高并没有导致城市道路利用效率的下降；而在就近城镇化率处于 60% ~80% 的地级市中，就近城镇化率对提高城市道路利用效率有正面作用。我们认为，就近城镇化率的提高之所以有助于城市道路利用效率的上升，得益于我国交通基础设施水平的整体提高带来的网络效应：城市道路与县城、乡镇、农村之间实现了互联互通，极大地提高了城乡间的连接性，显著降低了物流成本，一定程度上提高了就近城镇化分散式生产生活方式的效率。

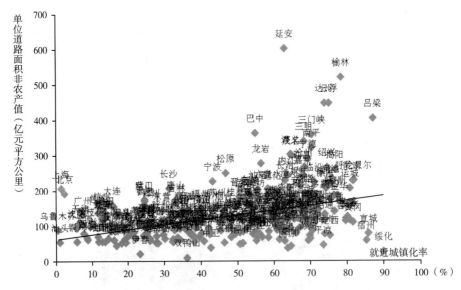

图 6　2012 年就近城镇化率与城市道路利用效率关系

资料来源：《中国城市统计年鉴 2013》。

四、科学有序推进就近城镇化

就近城镇化在我国有其发展的独特制度土壤、文化渊源和内生动力。我们不能简单地肯定或否定就近城镇化，也不能片面地认识这一模式的优与劣，而是要探索一种更优化的就近城镇化模式，扬其长、避其短，发挥其对提高经济效率的正面作用。在 2014 年《政府工作报告》、《国家新型城镇化规划（2014 ~2020

年)》、《关于进一步做好为农民工服务工作的意见》等一系列政策文件中，也都提到了"到 2020 年引导约 1 亿人在中西部地区就近城镇化"的目标。为了科学有序推进就近城镇化，我们根据研究结论提出如下几点政策建议。

第一，开展不同模式的就近城镇化，构建多元化的城镇体系。在东部沿海地区，特大城市和超大城市的集聚和辐射效应比较明显，要加强大、中、小城市之间的交通基础设施连接性，重点建立核心城市辐射周边中小城市的大都市圈。在中部地区，要适当控制中心城市的就近城镇化率，以进一步提升中心城市的集聚能力；可适当提高人口较为集中的中小城市的就近城镇化率，以提高县城和建制镇的人口吸纳和承载能力，形成连绵的城市群。在西部地区，要严格控制中小城市的就近城镇化率，促进生态脆弱地区的居民向中心城市聚集，使更多的农业人口能够参与现代经济活动、分享城镇化成果。

第二，夯实就近城镇化的产业基础，形成专业化分工布局合理的城市网络。过去 10 年，我国产业转移实现了东部、中部、西部的大范围转移。未来，产业将会在规模不经济的特大城市和尚未达到最优规模的大中城市之间重新布局。在新一轮产业布局过程中，不同类型的地区要选择具有比较优势的特色产业来实现就近城镇化，如因地制宜地走工业兴城、商贸兴城、旅游兴城、文化兴城等多元化道路，加强当地农业人口的职业培训，形成专业化分工布局合理的城市网络。

第三，完善城市管理体制，提高城市运行效率。现有城市管理体制与就近城镇化新趋势并不匹配。在城镇化快速推进中，部分乡镇迅速发展成为经济发达、人口密集的区域，但乡镇一级政府缺少有效的行政管理手段、经济审批管理权以及行政执法权，出现了"小马拉大车"的不匹配现象，降低了公共服务的供给效率，提高了区域经济活动的交易成本。因此，对于具备发展中小城市条件的经济强镇，应通过设市、转街、并区等方式赋予政府适当的权能，完善城市管理手段。

第四，调整城乡划分标准，准确反映我国城镇化发展情况。目前，对我国城镇人口的统计范围取决于统计局的城乡划分标准，而现行的城乡划分标准更注重一个地区的物质形态特征（如道路连接、建筑连片等），这使得很多生产生活方式已经城市化的居民没有纳入到城镇人口的统计范围。建议未来在城乡标准重新界定过程中，增加对地区的产业形态、居民生活方式等因素的考量，以更准确地评价我国城镇化的发展水平。

参考文献

[1] 刘世锦等，2013：《中国经济增长十年展望（2013～2022）：寻找新的动力和平衡》，

北京：中信出版社。

[2] 刘世锦等，2014：《中国经济增长十年展望（2014~2023）：在改革中形成增长新常态》，北京：中信出版社。

[3] 陆铭，2013：《空间的力量：地理、政治与城市发展》，上海：格致出版社、上海人民出版社。

[4] 潘素梅、周立，2014："推进以村镇融合为特色的就地城镇化"，《中州学刊》，第11期。

[5] 王小鲁，2010："中国城市化路径与城市规模的经济学分析"，《经济研究》，第10期。

[6] Krugman, P., 1996, "Urban Concentration：The Role of Increasing Returns and Transport Costs", International Regional Science Review, 19：5－30.

[7] O'Sullivan, A., 2000, Urban Economics, 4th edition. McGraw-Hill Press.

所有制转型、双重二元结构与劳动收入占比演变

施成杰

一、引　言

改革开放以来，尤其是 1992 年邓小平南方谈话以后，民营经济在促进增长、吸纳就业、贡献税收、技术创新中发挥的作用不断提升（魏杰，2008）。但与此同时，民营经济成长也始终遭遇深刻阻力。它表现为政策层面"玻璃门"与"弹簧门"等形式的不平等竞争；表现为法律层面的所有制歧视；但归根结底源于理论层面，人们担心，民营经济发展会拉大收入差距、违背共同富裕。

而在国民收入分配中，劳动收入所占比重衡量了各生产要素在初次分配中的比例关系，构成收入分配格局最基本的组成部分。它也被认为是影响财富分配不平等程度的主要因素（皮凯蒂，2014）。而随着所有制转型，也就是民营经济所占比重的不断提升，中国的要素分配制度发生了根本性变化，从"大锅饭"式的分配发展到越来越多地允许资本、管理、技术等生产要素按贡献参与分配。这在激励各财富创造源泉充分涌流的同时，也让一些学者疑虑，是否正是所有制的转型导致了这一时期劳动收入占比的持续下降，从而加剧社会不平等。由于所有制转型始终是中国经济体制改革的核心所在，当前全面深化改革要统一思想，就必须回应上述疑虑，阐明民营经济比重上升与劳动收入占比演变之间的相互关联。

二、理论分析

劳动收入占比通常有两种方法计算。在国民经济核算体系中，收入法国内生产总值由劳动者报酬、营业盈余、生产净税额和固定资产折旧四部分组成。第一种计算方法就是将劳动者报酬除以收入法 GDP，称 GDP 法劳动收入占比。由于生产

净税额不能衡量劳动与资本的关系，第二种计算方法就是将劳动者报酬除以扣除生产净税额后的收入法 GDP，称要素法劳动收入占比。图 1 展示了 1993 年至 2012 年两种方式计算的劳动收入占比与所有制转型程度（由城镇就业中私营经济所占比重衡量）的演变。两种方式计算的劳动收入占比趋势一致，均自 20 世纪 90 年代中期出现明显下降，并在 2008 年左右开始逐步回升。所有制转型，也就是私营经济发展程度，则从 1993 年的 1.02% 迅速上升到 2012 年的 20.37%。

　　所有制结构转变必然影响要素分配。而要厘清所有制转型与劳动收入占比的关系，需回答两个问题。一是，20 世纪 90 年代以来与所有制转型相伴的劳动收入占比下降，是因由其他要素所有者侵占劳动报酬，还是因新的激励机制增加产出所致？二是，这种变化是一种长期线性关系，还是一种存在拐点的 U 型关系？

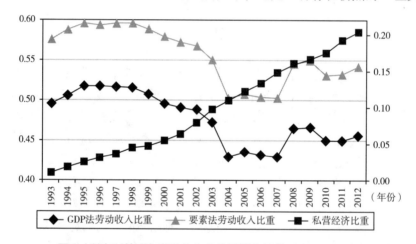

图 1　所有制转型与劳动收入占比的演变趋势（1993～2012）

资料来源：（1）劳动收入占比由国家统计局数据库的数据计算；（2）所有制转型由城镇私营经济就业比重度量，数据来自《中国统计年鉴》、《中国劳动统计年鉴》。

　　第一个问题可以利用中国经济发展的区域差异来回答。

　　中国区域间的劳动收入占比存在显著不同。图 2 显示 GDP 法劳动收入占比在东、中、西三个区域的趋势。虽然三区域的劳动收入占比都呈波浪式下降态势，但中部与西部的占比长期高于东部地区。与此同时，劳动收入占比低的地区劳动报酬绝对水平反而高。图 3 显示了三区域的劳均劳动报酬绝对水平。东部地区的劳均劳动报酬长期高于中部与西部地区。据此，我们可以判断：区域劳动收入占比的差异，并非因由东部地区的劳动报酬更低，而应当归因于其劳动生产率更高。图 4 展示了分区域的所有制结构。我们可以看到中部与西部私营经济城镇就业比重接近，而东部地区则显著高于前两者。因此，所有制转型程度不同导致的劳动收入占比差异，不是因由利润最大化的私营企业会压低劳动者收入，而是由于私营企业效率水平高于国有企业，因而在私营经济比重大的地区生产率水平会更高。

第二个问题回答的关键，在于认识到中国经济处于双重二元结构。

双重二元结构指：一方面，中国经济存在异质企业的结构转换，高效率的私营企业相较低效率的国有企业比重不断扩大。另一方面，中国经济存在城乡二元结构转换，高生产率的城市部门相较低生产率的农村部门比重不断扩大。民营经济不仅将逐步替代低效率国有经济在城镇就业所占份额，也是吸引农村劳动力进入城市从而推动城市化进程的主动力，其比重提升对劳动收入占比产生双向影响。

第一，在所有制二元结构条件下，一个地区的所有制转型将产生资源再配置效应，与该地区人均收入水平呈正比，从而对劳动收入占比产生负向影响。

当一定量的资源未能发挥出最大效率，便可认为存在资源错配。此时，这些资源向效率更高的企业转移（数量保持不变），将增加社会整体产出，这一过程称之为资源再配置。国有企业相较民营企业的低效率是导致中国存在资源错配的主要原因。Loecker 和 Konings（2006）发现，对于从计划经济向市场经济转型的国家，民营经济的进入会带来就业净增加，与之相伴而生的就业结构从国有企业向民营企业转换，构成全要素生产率提升的根源。Brandt et al.（2008）发现，中国低效率的国有企业是一种资源错配，抑制经济发展，民营企业就业比重增加对于经济增长至关重要。Song et al.（2011）建立了一个高效率的民营企业逐步挤出低效率国有企业的模型，并发现，资本与劳动力从低效率但易获贷款的企业转移到高效率而难获贷款的企业增加了中国的人均产出。因此，所有制转型会产生资源在不同效率企业间的重新分配，从而在工资水平不变的情况下提高人均收入。

第二，在城乡二元结构条件下，一个地区的所有制转型将产生城市化效应，与该地区劳动报酬的绝对水平呈正比，从而对劳动收入占比产生正向影响。

Lewis（1954、1968、1979）最先提出城乡二元结构理论。在最初的模型中，他认为发展中国家的农村存在剩余劳动力，边际产出为零，城乡工资由最低生存工资决定。由于剩余劳动力概念遭到很多批评（Schultz，1964），在模型的随后完善中，刘易斯不再强调劳动力无限供给，而将"二元结构"定义为生产方式的差异，即城市现代部门的劳动边际产出高于农村部门。Jorgenson（1967）进一步奠定了城乡二元模型的现代基础。他指出，城乡整体工资水平由农村部门边际劳动产出决定，随着农村劳动力进入城市，城乡整体的劳动收入报酬将不断增加。

1992 年以后，中国城镇就业的国有经济比重持续下降，民营经济是吸引农村劳动力进入城市的主渠道。因此，所有制转型促进了城市化进程，也提高了农村劳动边际产出，进而提升城乡整体工资水平。这也与图 3、图 4 的发现一致。

第三，在双重二元结构条件下，一个地区的所有制转型对其劳动收入占比的影响具有双向维度。所有制转型的进一步深化并不一定导致劳动收入占比的下降，我们认为其影响最终将呈现为 U 型曲线。

一方面，不同所有制企业存在效率差异。在统一的劳动力市场下，国有与民营企业工资水平接近而劳动生产率不同，故劳动报酬比重有异。所有制转型会导致劳动收入占比下降。但另一方面，城乡二元结构下的工资水平由农村部门决定，民营经济是城市化进程主动力，其对农村劳动力的吸收会提升工资水平。因此，民营经济进一步发展并不必然降低劳动收入比重，我们认为两者呈正 U 型关系。在所有制转型之初，对生产率的提升效应大于工资，劳动收入占比随之递减；当所有制转型到一定程度，对生产率的提升效应会逐步降低并小于工资，劳动收入占比上升。

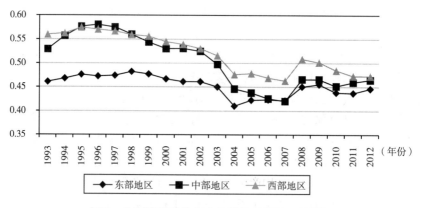

图 2　分区域劳动收入占比趋势（1993～2012）

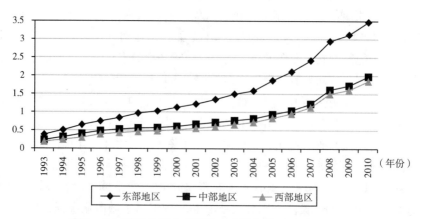

图 3　分区域劳均劳动报酬绝对水平趋势（1993～2010）

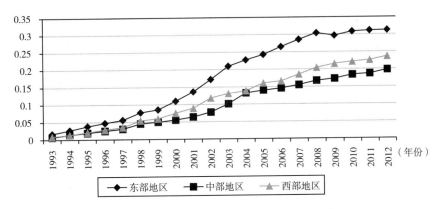

图4 分区域所有制转型趋势（1993~2012）

资料来源：（1）劳动收入占比为收入法 GDP 中劳动报酬比重，数据源自国家统计局数据库（http://data. stats. gov. cn）。（2）劳均劳动收入报酬由劳动报酬与分省就业数相除，前者取自国家统计局数据库（http://data. stats. gov. cn），后者取自《中国统计年鉴》。2006 年分省就业人数未公布，由前后两年平均而得，2010 年后未再公布。（3）所有制结构由城镇就业私营经济比重计算，数据取自《中国统计年鉴》、《劳动统计年鉴》。

三、实证检验

1. 变量选择

根据前文的分析，我们认为随着民营经济比重的增加，劳动收入占比会先下降后上升，呈正 U 型曲线。我们将按照下文的模型对这一关系进行识别检验。

$$Ls_{it} = C + \beta_1 Poe_{it} + \beta_2 Poe_{it}^2 + a_1 Gov_{it} + a_2 Openess_{it} + a_3 Fdi_{it} + a_4 Edu_{it}$$
$$+ a_5 Industry + a_6 Lnpergdp_{it} + a_7 (Lnpergdp_{it})^2 + \varepsilon$$

Poe 代表所有制转型程度，Poe^2 是所有制转型程度的平方项，为本文的核心解释变量。民营经济比重上升，一方面产生资源再配置效应，增加人均产出；另一方面会吸引农村劳动力进入城市，增加农村人均劳动产出，提升工资水平。

为控制影响劳动收入占比的其他因素，我们引入一系列的控制变量，包括政府干预、对外开放程度、外商投资比重、人力资本水平、产业结构与人均产出。

表1 变量说明

变量性质	变量名称	变量含义	具体计算方法
被解释变量	Ls1	GDP 法劳动收入占比	劳动者报酬/收入法 GDP
	Ls2	要素法劳动收入占比	劳动者报酬/(收入法 GDP − 生产净税额)
核心解释变量	Poe	所有制转型程度	城镇私营企业就业人数/城镇就业总人数
	Poe^2	所有制转型程度二次项	上式平方值
控制变量	Gov	政府干预水平	地方政府收支总额占地区 GDP 的比重
	Openess	地区开放程度	进出口总额占地区 GDP 的比重
	Fdi	外商直接投资水平	城镇外资企业就业人数/城镇就业总人数
	Edu	人力资本水平	6 岁以上教育平均年限
	Industry	产业结构	第二产业 GDP 增加值/地区 GDP
	Lnpgdp	经济发展水平	人均 GDP 的对数值
	$Lnpgdp^2$	经济发展水平二次项	人均 GDP 的对数值再平方

由于 2004 年收入法 GDP 统计方式发生改变（白重恩，2009），个体收入从计入劳动报酬转为计入资本收益，而集体林业收入又从资本收益转为劳动报酬，外生影响劳动收入占比。因此，我们引入时间虚拟变量（姜磊等，2014）。2004年前虚拟变量取为 1，2004 年后取为 0，以此控制统计口径变化的影响。

本文使用自 1993 年至 2012 年 20 年间的省级面板数据。所选省级行政单位中除去了香港、澳门、台湾、西藏。因重庆市 1996 年以前数据未单独统计，将其与四川省合并观察。数据总共有 580 个样本观察点。我们的数据来源包括，国家统计局数据库（http：//data. stats. gov. cn），历年《中国统计年鉴》、《中国人口与就业统计年鉴》、《中国劳动统计年鉴》，及《重庆统计年鉴》与《四川统计年鉴》。

2. 实证结果

我们分别采用固定效应模型和随机效应模型，对面板数据进行回归检验。其中，模型（1）和模型（4）报告全部控制变量，模型（2）和模型（5）剔除不显著的回归变量，模型（3）和模型（6）没有包含任何控制变量。在上述六个模型中，核心解释变量与控制变量的符号及显著程度大体一致，说明回归结果的可靠性。

所有制转型程度对劳动收入占比影响显著为负，其平方项对劳动收入占比的影响显著为正。因此，核心解释变量的综合影响呈 U 型曲线。私营经济就业比重的上升首先会对劳动收入占比形成下降压力，但转型至一定程度后将促其回升。

对外开放程度的影响不显著且符号不稳定，人力资本水平的影响虽为负，但数值很小。我们认为，这是由于上述两个变量对于劳动收入占比的影响具有多重途径，而不同途径的效果相反，相互抵消导致整体效果微弱。政府支出的影响显著为正，与 Harrison（2005）、Jayadev（2007）、罗长远（2009）结论一致。外商投资的影响显著为负，说明其生产率提升效应大于工资竞争效应。产业结构，即工业化程度，对劳动收入占比影响显著为负。我们认为，这是因由中国的城市化进程严重滞后于工业化，工业化对工资的提升远远小于其对效率的促进效应。人均国内生产总值的影响显著为负，而其二次项的影响显著为正，说明随着经济发展，劳动收入占比呈 U 型曲线演变，这与李稻葵（2009）的估计结果一致。

由于劳动收入比重越低，个人越可能有动机投资私营经济。为避免劳动收入占比和所有制转型程度存在内生性关联，我们将私营经济比重滞后一期。上一期的私营经济比重对于下一期的劳动收入占比会产生滞后性影响，但不会存在反向关联。我们仍然进行固定效应模型和随机效应模型的检验，得出结果与先前一致。为避免劳动收入占比的衡量指标对回归结果产生影响，我们扣除生产净税额，以要素法劳动收入占比作为被解释变量，再次进行检验。得出的结果与基本回归一致。因此，我们的结论并不受其计算方式影响。上述稳健性检验的结果，见表3。

表2   基础回归

解释变量	固定效应模型			随机效应模型		
	（1）	（2）	（3）	（4）	（5）	（6）
截距	1.399 *** （6.50）	1.417 *** （6.61）	0.529 *** （124.21）	1.404 *** （6.68）	1.428 *** （6.83）	0.529 *** （53.85）
poe	−0.241 ** （−2.57）	−0.259 *** （−2.78）	−0.342 *** （−4.96）	−0.201 ** （−2.19）	−0.190 ** （−2.07）	−0.341 *** （−4.93）
poe^2	0.533 *** （2.65）	0.553 *** （2.79）	1.007 *** （6.19）	0.485 ** （2.43）	0.437 ** （2.24）	0.959 *** （5.87）
gov	0.093 * （1.69）	0.087 （1.61）		0.098 * （1.95）	0.098 * （1.95）	
open	0.003 （0.20）			−0.013 （−1.06）		
edu	−0.005 （−1.22）			−0.007 * （−1.76）	−0.007 * （−1.83）	

续表

解释变量	固定效应模型			随机效应模型		
	(1)	(2)	(3)	(4)	(5)	(6)
fdi	-0.293*** (-2.63)	-0.296*** (-2.84)		-0.208** (-2.11)	-0.253*** (-2.86)	
industry	-0.426*** (-8.49)	-0.420*** (-8.42)		-0.404*** (-8.82)	-0.404*** (-8.84)	
lnpgdp	-0.152*** (-3.27)	-0.160*** (-3.50)		-0.148*** (-3.24)	-0.154*** (-3.39)	
$lnpgdp^2$	0.009*** (3.58)	0.009*** (3.72)		0.008*** (3.43)	0.009*** (3.62)	
R^2 (within)	0.459	0.457	0.365	0.456	0.457	0.365
观测值	580	580	580	580	580	580
组数	29	29	29	29	29	29

注：（1）括号中数字为 t 值；（2）＊、＊＊和＊＊＊分别代表10%、5%、1%的显著性水平。

表3　　　　　　　　稳健性检验

解释变量	GDP法劳动收入占比		要素法劳动收入占比		要素法劳动收入占比	
	(1)	(2)	(3)	(4)	(5)	(6)
截距	0.731*** (22.61)	0.745*** (25.44)	0.799*** (22.47)	0.823*** (26.21)	0.803*** (21.71)	0.826*** (25.48)
poe			-0.312*** (-3.40)	-0.288*** (-3.20)		
poe^2			0.922*** (4.78)	0.869*** (4.55)		
poe_{-1}	-0.278*** (-3.10)	-0.259*** (-2.95)			-0.259** (-2.53)	-0.238** (-2.39)
poe^2_{-1}	0.844*** (4.63)	0.809*** (4.47)			0.916*** (4.40)	0.863*** (4.19)
gov	0.131** (2.46)	0.116** (2.34)	0.203*** (3.45)	0.197*** (3.68)	0.198*** (3.24)	0.189*** (3.41)
open	-0.002 (-0.11)	-0.018 (-1.35)	-0.020 (-1.22)	-0.031** (-2.25)	-0.015 (-0.89)	-0.028* (-1.94)
edu	-0.006* (-1.68)	-0.008** (-2.46)	-0.007* (-1.66)	-0.010** (-2.52)	-0.010** (-2.27)	-0.012*** (-3.09)

解释变量	GDP 法劳动收入占比		要素法劳动收入占比		要素法劳动收入占比	
	（1）	（2）	（3）	（4）	（5）	（6）
fdi	−0.158 （−1.41）	−0.118 （−1.22）	0.011 （0.09）	0.013 （0.13）	−0.028 （−0.22）	−0.029 （−0.27）
industry	−0.396 *** （−7.79）	−0.385 *** （−8.59）	−0.375 *** （−6.77）	−0.385 *** （−8.05）	−0.343 *** （−5.89）	−0.355 *** （−7.13）
R^2（within）	0.450	0.448	0.382	0.380	0.388	0.386
观测值	551	551	580	580	551	551
组数	29	29	29	29	29	29
备注	FE	RE	FE	RE	FE	RE

注：（1）括号中数字为 t 值；（2） * 、** 和 *** 分别代表 10%、5%、1% 的显著性水平。

四、进一步思考

传统理论认为，雇佣私有制中的劳动者只能得到劳动力价值，公有制条件下的劳动者不仅得到劳动力价值，还能分享剩余价值。因此，我们担心，正是由于民营经济的发展，缩小了按劳分配的比例，导致国民收入中劳动收入占比的下降。而基于前文的分析，我们发现所有制转型是通过提升效率而非对工资的挤占，降低劳动收入占比，在双重二元结构条件下其对于劳动收入占比的影响呈 U型曲线。在本节，我们将进一步分析，分配方式的变化并非导致劳动收入占比演变的根源。

我们的逻辑是：如果劳动收入占比的下降确实因由分配方式改变，那么所有制转型前的分配方式应有利于劳动收入占比保持在较高水平。反之，如果该时段的劳动收入占比却被压缩，则不应将其随所有制转型的演变归结为分配方式转变。

第一，在理论上，承担不同"角色"的公有制对劳动收入占比的影响有异。

公有制至少存在两种角色。第一种是作为自由人联合体的经济基础，是生产力高度发达之后在生产资料共同占有的基础上重建的个人所有制（马克思，2004）。此时劳动者付出的社会必要劳动时间与其所获得产品的社会必要劳动时间相等。第二种是实施经济赶超、打破低水平陷阱、加快原始积累与资本积累速度的积累体制（纳克斯，1966；格申克龙，2012），是生产力水平低下之时在政府占有生产资料的基础上建立的替代资本家积累资本的所有制。它既出现于直接建立社会主义的落后国家，也出现于实施赶超发展的非社会主义发展中国家。承担积累角色的公有制，在一定发展阶段中是必要的。但这一体制建立的目标，本就是通过政府集中社会资源来提高积累比率，因而会压低劳动收入比重。格申克龙曾用马克思讥讽资本家无限积累的名言，指出苏联公有制经济通过政府权力的集中不断提高投资率所产生的矛盾（格申克龙，2012）。在承担积累角色的公有制条件下，劳动者只能享受到价值创造的很少一部分，大部分剩余又会不断地投入到积累中。

第二，在政策上，改革开放前更偏向压低劳动收入占比。

社会主义建设时期，为了在较短的时间内为中国的工业化进程打下牢固的基础，我们的再分配政策长期是压抑劳动收入占比的。刘少奇（1950）曾指出，不同于资本主义国家通过剥削、集中资本、殖民掠夺积累工业化资金，社会主义中国只能依靠节约。他由此批评要求人民生活水平提高速度超过经济发展速度的主张，称其为片面福利观。薄一波（1956）在谈消费与积累关系时，虽也强调人民绝对生活水平必须提高，但主张其速度应低于劳动生产率与积累增速。

改革开放后，党对劳动收入占比的政策也是逐步转变的。党的十二大和十三大仍然主张工资和消费水平的增长速度必须低于劳动生产率。党的十四大虽无此要求，但强调勤俭节约。直至党的十五大才开始提出增加收入水平、优化消费结构。党的十七大与十八大，则明确要求提高劳动收入占比，并与经济发展同步。

表4 改革开放后关于劳动收入占比的政策表述

时间	政策表述
党的十二大	职工平均收入增长的幅度，只能低于劳动生产率提高的幅度。不顾生产和利润的实际情况而滥发奖金和各种津贴的现象，必须制止。
党的十三大	要坚决防止消费膨胀，保证社会消费基金的增长率不超过可分配的国民收入的增长率，职工平均工资奖金的增长率不超过劳动生产率的增长率。
党的十四大	目前处在实现现代化的创业阶段，需要有更多的资金用于建设，一定要继续发扬艰苦奋斗、勤俭建国的优良传统，提倡崇尚节约的社会风气。
党的十五大	提高人民生活水平，是改革开放和发展经济的根本目的。努力增加城乡居民实际收入，拓宽消费领域，引导合理消费。
党的十六大	初次分配注重效率。再分配注重公平。要随着经济发展不断增加城乡居民收入，拓宽消费领域，优化消费结构，满足人们多样化的物质文化需求。
党的十七大	初次分配和再分配都要处理好效率和公平的关系，再分配更加注重公平。逐步提高居民收入在国民收入分配中比重，提高劳动报酬在初次分配中比重。
党的十八大	努力实现居民收入增长和经济发展同步、劳动报酬增长和劳动生产率提高同步，提高居民收入在国民收入分配中比重，提高劳动报酬在初次分配中比重。初次分配和再分配都要兼顾效率和公平，再分配更加注重公平。

资料来源：中国共产党第十二次至第十八次全国代表大会的报告。

第三，在经验上，改革开放前也长期出现劳动收入占比下降趋势。

由于 1978 年之前没有收入法 GDP 数据，无法直接测算劳动收入占比，我们利用平均消费水平增长速度与劳动生产率增长速度的关系间接测算其变化趋势。其逻辑是，由于产出水平取决于劳动生产率，而消费水平与劳动报酬水平紧密相关，当劳动生产率的增速超过消费水平增速，意味劳动收入占比下降，反之则反是。两者增速的演变见图 5。其中，劳动生产率由实际人均国内生产总值来衡量。

在 1978 年之前，劳动生产率的增速几乎持续超过消费水平，仅在 1960 ~ 1962、1967 ~ 1968 年两次经济危机时出现相反情况。我们认为，这是由于新中国成立初期实施重工业优先发展战略，通过公有化与计划体制提高积累率，降低了劳动收入占比。只有经济危机时，因产出水平下降速度快于消费水平，劳动收入占比才会提高。

改革开放之初，劳动生产率与消费水平的增速交替上升，并长期保持一致。我们认为，这是由于 80 年代初农村土地改革与 90 年代初提高农村收购价格，在提高劳动收入水平的同时，增加产出效率，从而实现生产率与消费水平同步增加。

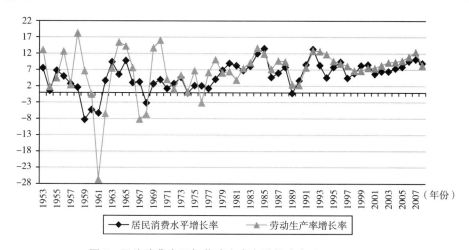

图 5　平均消费水平与劳动生产率增长速度（1953 ~ 2008）

资料来源：以上数据均按不变价格计算。（1）平均消费水平增长率取自《新中国六十年统计资料汇编》，由全国居民消费水平指数（上年 = 100）计算。（2）劳动生产率增长速度取自《新中国六十年统计资料汇编》，由人均国内生产总值指数（上年 = 100）计算而成。

而在 1993 年之后，劳动生产率的增速再次持续超过消费水平增速。我们认为这是由于初始所有制结构效率低，随着民营经济比重的上升，全要素生产率提高速度超过工资水平，导致劳动收入占比的下降。我们相信随着民营经济进一步发展，工资增长速度会加快，劳动收入占比将逐步上升。

五、结　语

本文在双重二元结构框架中，探讨所有制转型对于要素分配格局演变的影响。

20 世纪 90 年代中期始，中国的劳动收入占比之所以出现持续下降，确实受到所有制转型的影响。但其影响途径不是其他要素所有者侵占劳动报酬，而是新的激励机制提高人均产出。

随着所有制转型程度的不断加深，劳动收入占比将会转为逐步增加，形成 U 型曲线。这是因为，在双重二元结构条件下，所有制转型的影响存在双向维度。一方面，民营经济比重提升会产生资源再配置效应，增加城市人均产出。另一方面，民营经济发展又将吸引农村劳动力进入城市，产生城市化效应，提高城乡工资水平。本文利用中国的分省面板数据对其进行了经验验证。所有制转型对于劳动收入占比的影响显著为负，而其平方项对劳动收入占比的影响显著为正。

分配方式的改变不是所有制转型降低劳动收入占比的原因。在改革开放前，为了加速中国的工业化进程，公有制经济是以资本积累为目标，劳动剩余由国家获取并用于扩大投资，劳动报酬所占比重不断下降。当前，中国的所有制转型程度尚在 U 型曲线左边，因由双重二元结构中的效率提升而降低劳动收入占比，但提高劳动收入占比的根本途径恰恰是进一步加速所有制转型。

参考文献

［1］白重恩，钱震杰. 国民收入的要素分配：统计数据背后的故事. 经济研究，2009（3）：27－41。

［2］白重恩，钱震杰. 劳动收入份额决定因素：来自中国省际面板数据的证据. 世界经济，2010（12）：3－27。

［3］薄一波. 1956. 正确处理积累和消费的比例关系//建国以来重要文献选编（第 9 册），北京：中央文献出版社，1994：242－257。

［4］陈宇峰，贵斌威，陈启清. 技术偏向与中国劳动收入份额的再考察. 经济研究，2013（6）：113－125。

［5］陈宗胜，宗振利. 二元经济条件下中国劳动收入占比影响因素研究——基于中国省际面板数据的实证分析. 财经研究，2014（2）：41－53。

［6］龚刚，杨光．从功能性收入看中国收入分配的不平等．中国社会科学，2010（2）：55－68。

［7］姜磊，陈坚，郭玉清．二元经济转型与劳动收入份额：理论与实证分析．经济社会体制比较，2014（7）：46－58。

［8］李稻葵，刘霖林，王红领．GDP 中劳动份额演变的 U 型规律．经济研究，2009（1）：70－82。

［9］李稻葵，何梦杰，刘霖林．我国现阶段初次分配中劳动收入下降分析．经济理论与经济管理，2010（2）：13－19。

［10］刘瑞明．国有企业的双重效率损失与经济增长——理论和中国的经验证据．上海：三联出版社，2013。

［11］刘瑞明，石磊．中国城市化迟滞的所有制基础：理论与经验证据．经济研究，2015（4）：107－121。

［12］刘少奇．1950．国家的工业化和人民生活水平的提高//建国以来重要文献选编（第1 册），北京：中央文献出版社，1992：524－532。

［13］罗纳德·纳克斯．不发达国家的资本形成问题．北京：商务印书馆，1966。

［14］罗长远，张军．劳动收入占比下降的经济学解释——基于中国省级面板数据的分析．管理世界，2009（5）：25－35。

［15］马克思．资本论（第 1 卷）．北京：人民出版社，2004。

［16］托马斯·皮凯蒂．21 世纪资本论．北京：中信出版社，2014。

［17］魏杰．亲历改革：1978—2008 中国经济发展回顾．北京：中国发展出版社，2008。

［18］亚历山大·格申克龙．经济落后的历史透视．北京：商务印书馆，2012。

［19］周明海，肖文，姚先国．企业异质性、所有制结构与劳动收入份额．管理世界，2010（10）：24－33。

［20］Brandt L, Hsieh C T, Zhu X. Growth and structural transformation in China. China's great economic transformation. Cambridge university presss, New York, 2008：683－728.

［21］De Loecker J, Konings J. Job reallocation and productivity growth in a post-socialist economy：Evidence from Slovenian manufacturing. European Journal of Political Economy, 2006, 22（2）：388－408.

［22］Decreuse B, Maarek P. FDI and the labor share in developing countries：A theory and some evidence. Working Paper, 2008.

［23］Harrison A. Has globalization eroded labor's share? Some cross-country evidence. Working Paper, 2005.

［24］Jayadev A. Capital account openness and the labour share of income. Cambridge Journal of Economics, 2007, 31（3）：423－443.

［25］Jorgenson D W. Surplus agricultural labour and the development of a dual economy. Oxford Economic Papers, 1967：288－312.

［26］Kaldor N. Capital accumulation and economic growth. Macmillan, 1961.

［27］Lewis W A. Economic development with unlimited supplies of labour. Manchester School, 1954, 22 (2): 139 - 191.

［28］Lewis W A. Reflections on unlimited labour. Woodrow Wilson School of Public and International Affairs, 1968.

［29］Lewis W A. The dual economy revisited. Manchester School, 1979, 47 (3): 211 - 229.

［30］Schultz T W. Transforming traditional agriculture. New Haven: Yale University Press, 1964.

［31］Song Z, Storesletten K, Zilibotti F. Growing like China. American Economic Review, 2011, 101 (1): 196 - 233.

当前居民分布式光伏发电推广
面临的问题和建议

宣晓伟　　杜平贵

光伏产业是新能源产业的重要发展方向之一，光伏市场的发展对于优化我国能源结构、促进能源生产和消费革命、推动能源技术创新等方面都有重要的意义。当前光伏应用市场主要包括光伏电站和分布式光伏发电两种方式，其中分布式光伏发电是指装机规模较小（几千瓦至数兆瓦）、布置在用户附近的光伏发电系统，通常接入35千伏等级以下的电网。

居民分布式光伏发电，一般是安装在居民住宅屋顶的光伏发电项目，与大规模电量输出的光伏电站相比，居民分布式光伏发电的特点是"自发自用、余量上网"，发出的电有相当部分被用户自身消纳，由此具有靠近用户、输电成本低、对电网影响小、选址灵活、应用范围广等一系列优势，是极具发展潜力的光伏应用方式，也是我国着力推广的未来电力生产方式之一。

由于同样是安装在屋顶、同样是利用太阳能，居民分布式光伏发电常常与居民太阳能热水器进行比较。目前，我国的太阳能热水器产业主要依靠市场的力量，走出了一条不依赖政府补贴和强制安装政策的发展道路，无论是太阳能热水器的总产量，还是应用的总集热面积，多年居于世界首位。太阳能热水器从原材料加工、产品制造，到技术研发、工程设计、营销服务和推广应用，已经形成了一个大规模商业化的成熟产业。

那么，居民分布式光伏发电是否也有可能像居民太阳能热水器一样，迅速得到大规模的推广应用呢？更重要的是，这种推广应用是否最终也能走出一条主要依靠自身力量发展的市场化道路呢？本文将对当前居民分布式光伏发电发展所面临的机遇和障碍进行分析，并提出加快居民分布式光伏发电推广的政策建议。

一、当前我国居民分布式光伏发电已经具备大规模发展的潜在可能

居民分布式光伏发电与居民太阳能热水器相比，有两个根本差异，一是经济

性，即目前的居民分布式光伏发电必须得到相关的财政补贴才能保证其能够有一定的经济回报率；二是独立性，即居民分布式光伏发电不是完全独立的自发自用系统，它必须联上电网才能实现其全部的发电效益和经济收益。

事实上，"经济性差、独立性差"成为了阻碍居民分布式光伏发电大规模推广最为核心的两大因素。因此，居民分布式光伏发电要能像居民太阳能热水器那样快速发展，最重要的是解决"如何保证合适的经济回报率、如何方便地联上电网"两大问题。

从目前来看，无论是国家政策的出台、相关企业的运作还是具体用户的应用，近期在上述两个问题上有明显的突破和进展，我国居民分布式光伏发电已经具备了大规模推广的潜在条件。

在政府层面，"加快分布式光伏发电的发展"已经成为了一系列政策文件的共识。2013 年 7 月，国务院颁布了《关于促进光伏产业健康发展的若干意见》，明确提出要"大力开拓分布式光伏发电市场"，成为了近来推动国内分布式光伏发电发展的纲领性文件。2013 年 8 月，国家发改委颁布了《关于发挥价格杠杆作用、促进光伏产业健康发展的通知》，对分布式光伏发电实行按照全电量补贴的政策，确定电价补贴标准为 0.42 元/度，并规定对分布式光伏发电系统自用电量免收随电价征收的各类基金和附加以及系统备用容量费和其他相关并网服务费。这个文件的出台事实上奠定了国内分布式光伏发电大规模发展的基础。而在2014 年 9 月，国家能源局又颁布了《关于进一步落实分布式光伏发电有关政策的通知》，提出鼓励开展多种形式的分布式光伏发电应用，加强对建筑屋顶资源使用的统筹协调，完善分布式光伏发电发展模式。与此同时，国家其他部委一些相关文件的出台，例如财政部《关于光伏发电增值税政策的通知》、国家税务总局《关于国家电网公司购买分布式光伏发电项目电力产品发票开具等有关问题的公告》，也在保证投资收益率、方便卖电上网等方面有利于居民分布式光伏发电的推广应用。

此外，在中央政策的带动下，各地也开始纷纷出台本地分布式光伏发电发展的鼓励政策，例如上海市在 2014 年 4 月也颁布了《上海市可再生能源和新能源发展专项资金扶持办法》，在国家补贴的基础上，再对分布式光伏发电量给予为期 5 年、工商业用户 0.25 元/度、个人用户 0.4 元/度的奖励。可以说，当前一系列政策的出台已经构筑了居民分布式光伏发电快速发展的有利环境。

在用户层面，由于相关政策出台、光伏组件价格下降等一系列有利因素，用户投资分布式光伏发电的积极性也明显提高，各地纷纷出现了率先尝试分布式光伏发电的普通居民。从这些居民的情况来看，他们的投资多在几万元，规模几千瓦，每瓦成本 10 元左右，大约 6 ~ 8 年收回投资成本。在现行补贴政策到位的条件下，尤其是对那些当地电价较高、自身用电量较大的别墅用户，居民分布式光伏发电项目已经有了现实可行的经济回报率。

表1　　　　　　　　各地居民尝试分布式光伏发电的情况

居民用户	任凯（北京）	党纪虎（上海）	徐鹏飞（青岛）	江苏苏州
投入（元）	40000	25000	20000	45000
规模（瓦）	3000	3000	2000	4480
收回成本年限（年）	6 ~ 8	6 ~ 7	8	6

资料来源：财新网、苏州盖娅科技有限公司等。

事实上，尽管普通住宅用户的投资回报率会低于别墅用户，然而考虑到不少用户具有低碳绿色的消费取向以及对新鲜事物的尝试兴趣，他们对于投资回报率的要求其实并没有那么苛刻。所以，无论是从经济性还是以消费潮流来看，目前国内分布式光伏发电已经拥有了庞大的潜在客户群。

在企业层面，国家电网公司颁布了《关于做好分布式光伏发电并网服务工作的意见》，南方电网公司也出台《关于进一步支持光伏等新能源发展的指导意见》，着重解决分布式光伏发电的"并网难"问题，在优化并网流程、简化并网手续、提高服务效率等方面推动了居民分布式光伏发电的发展。

与此同时，分布式光伏发电整体发展环境的改善也开始催生出一批从事相应业务的专业化企业。尽管面临融资难、屋顶条件复杂、备案管理不规范、商业模式不成熟等诸多障碍，这些企业在居民分布式光伏发电的场址评估、系统设计、施工安装、并网、运营维护等各方面都做出了许多有益的尝试，正在逐步摸索出一条适合我国实际情况的居民分布式光伏发电的市场化发展之路。例如一些率先尝试分布式光伏发电的居民，不少拥有相关方面的专业知识，他们看到其中的未来商机，开始转型创业，有的为其他用户提供光伏电站的设计和建设，有的则寻求与企业合作，对分布式光伏产业进行投资；更有一些专业化的光伏公司，通过开办光伏超市、专营店、与小区合作共建低碳社区等多种方式，以寻求我国居民分布式光伏发电的可行商业模式。

二、现实中居民分布式光伏发电的推广仍面临众多困难

尽管技术水平不断提高、应用成本明显下降以及在一系列利好政策的推动下，居民分布式光伏发电已经具备了大规模发展的可能条件。然而在具体实践中，当前

我国居民分布式光伏发电的推广也还面临着一系列的障碍，尽管它们更多表现为实际操作过程中的一些细节问题，却严重阻碍着将我国居民分布式光伏发电大规模应用的"可能"转为"现实"。围绕上述"经济性差"和"独立性差"这两大核心问题，可将当前居民分布式光伏发电所遇到的突出问题分为以下几类。

1. 电网企业激励不相容，缺乏积极性，能源主管部门监管乏力，"并网难"成为最重要的制约因素之一

按照目前的政策，"对于个人利用住宅建设的分布式光伏发电项目，由电网企业直接受理并网申请后代个人向当地能源主管部门办理项目备案，并及时开展相关并网服务"。

与此同时，"电网企业根据分布式光伏项目发电量和国家确定的补贴标准，按电费结算周期及时向个人支付补贴资金"。换言之，无论是备案、并网还是拿钱，分布式光伏项目的居民都是同电网企业在打交道，是电网企业代居民向政府主管部门备案、开展并网服务、同时将相关的财政补贴和卖电收入发放到居民手中。因此，在很大程度上电网企业的态度和行为决定着目前居民分布式光伏发电能否得到快速发展。

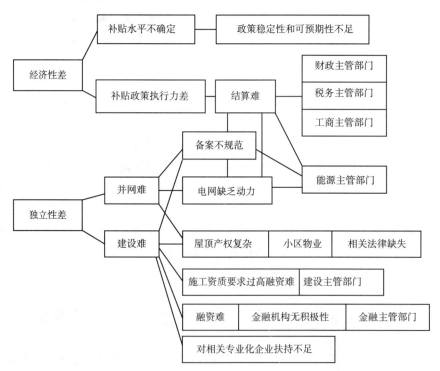

图1 当前居民分布式光伏发电推广面临的实际困难

然而在现行的制度安排下，电网企业成为了唯一一个没有任何直接好处，却要付出额外成本的主体。在居民分布式光伏推广的过程中，各级政府实现了能源结构清洁化等政策目标、光伏设备生产企业销售了产品、专业化应用企业看到了商机、具体用户拿到了补贴，但是电网企业不仅要接纳随机性、间歇性较强的光伏发电的电量，给电网运行的管理和调度增加额外的负担；还要承担并网所带来一系列成本，包括制订接入系统方案、更换电表、线路接入、并网验收和调试等费用。

尽管国务院在《关于促进光伏产业健康发展的若干意见》文件中，提出要将分布式光伏发电量作为电网企业业绩考核指标，国家能源局也强调其派出机构要加强对电网企业的监管。但是在项目具体落实的过程中，电网企业事实上具有很大空间的自由裁量权。在现有激励安排下，对这种只能给自身带来负担和麻烦的居民分布式光伏发电项目，地方电网企业多半会采取能拖则拖的方式。

现实的情况也正是如此，虽然根据相关法律和政策的要求，电网公司对于居民分布式光伏发电项目的申请应该是直接接受、不能拒绝的，国家电网公司《关于做好分布式光伏发电并网服务工作的意见》中还明确规定了办理并网流程的具体时限。然而根据实际情况，不少地方电网企业在接受申请时根本不会开具回执，没有了起始时间，就使得相关时限的严格规定成为一纸空文。此外，一些地方电网企业还以各种借口对项目申请进行推诿和拖延，例如有要求物业同意的、要求小区业委会同意的、要求城管同意的、要求住建局备案同意的，等等。尽管电网企业对于居民分布式光伏发电项目的相关并网要求具有一定的合理性，然而在现有激励扭曲的环境下，这些并网前提条件更多时候是被地方电网企业当做拖延手段在使用，它使得相当多的居民分布式光伏发电项目陷入遥遥无期的等待或进退不得的僵局。

综上所述，电网企业在当前居民分布式光伏发电推广中扮演着事实上的最重要角色，但同时它又最缺乏积极性，因此"并网难"已经成为了制约当前我国居民分布式光伏发电快速发展的最关键因素之一。

2. 建设条件限制过多，相关法律、金融等支持政策缺失，对相关企业支持不足

除了备案流程不规范、并网难的问题外，居民分布式光伏发电项目还面临着建设难的问题。首先，居民分布式光伏项目的施工单位被要求同时具有电力设施许可证、建筑施工许可证和安全生产许可证，一个企业要获得电力设施许可证通常最少要有 1000 万元的注册资金，能够同时拥有上述跨行业三证的企业并不多。

对光伏项目施工单位的三证要求，如果对于大规模的光伏电站而言具有一定的合理性，那么对于只有几千瓦规模的居民分布式光伏项目而言，就过于苛刻了。在现实的情况中，大多数居民分布式光伏项目的施工单位资质达不到这个要求，它由此也经常成为了电网企业拒绝居民分布式光伏项目的一个借口。

其次，居民住宅尤其是高层住宅的屋顶产权关系不清，相关法律的缺失导致各方（业主、物业公司、业委会等）的权责界定相当模糊。在现实的情况下，物业公司经常采取"多一事不如少一事"的消极态度，并不鼓励管辖范围内的居民兴建分布式光伏发电项目，甚至采取各种手段加以阻挠。一个典型的例子是苏州有一个非常有意愿安装分布式光伏的高层顶楼用户，但物业公司就要求其必须得到该 38 层楼每一户居民同意安装的签字，最终使得该项目不得不停止。

最后，由于居民分布式光伏发电项目规模小、条件复杂、情况各异，所以目前更多是专业化的小公司（包括一些新兴的创业型企业）在此领域开展相关的业务、探索可行的商业化模式。然而就目前出台的各种政策来看，政府对于这些专业化企业并未给予足够的关注和帮助，而这些更具创新力和活力的小企业生存处境的艰难也反过来影响了居民分布式光伏发电的有效推广。

3. 补贴政策执行难到位，政策稳定性和可预期性差

对于居民分布式光伏发电，尽管国家已有明确的补贴政策，不少地方政府也出台了各自的补贴政策，然而这些补贴政策在实际执行的过程中常常由于部门协调不畅、手续繁杂、监管不力等原因，执行难以到位。

例如居民在领取发电补贴和售电收入时，被电网企业要求必须到税务局开相应的发票；按照国家税务局的规定，只有注册公司或个体户才可以开发票；再根据工商局的规定，要想成为能够售电的公司或个体户，必须要有供电业务许可证；但是能源局又要求，供电业务许可证是不能发给居民个人的，由此从事分布式光伏发电的居民要想拿到财政补贴和售电收入，就陷入了一个事实上的死循环。

虽然上述问题最终由国家税务总局刚刚出台"居民并网卖电发票由电网代开"的规定而得到解决。然而，也仍存在光伏补贴和上网电费被扣税的问题。目前电网支付给居民的发电补贴和售电收入，均被扣除了 17% 的增值税。然而根据税务总局的《关于中央财政补贴有关问题的公告》（国税〔2013〕3 号）："纳税人取得中央财政补贴不属于增值税应税收入，不征收增值税"，以及财政部的《关于光伏发电增值税政策的通知》："对纳税人销售自产的利用太阳能生产的电力产品，实行增值税即征即退 50% 的政策"，居民分布式光伏发电所得的

补贴应该不交增值税、售电收入则交纳 8.5% 的增值税。地方电网公司对此的解释是，财政部在向电网转付补贴，已经扣除了 17% 的增值税。本来居民分布式光伏项目的经济性就比较差，相关补贴和税收政策的执行不到位更进一步打击了居民用户的积极性。

此外，一些地方或者是积极性不够，迟迟难以颁布鼓励分布式光伏发电的地方配套文件；或者是相关政策出台过于随意，政策稳定性差、选择性过强（如过于强调使用本地产品、过于注重规模或大企业），不利于当地光伏市场的健康发展。

三、加快居民分布式光伏发电推广的具体建议

1. 完善考核体系、构建合理的激励机制以有效调动电网公司的积极性；加快电力体制改革，将包括分布式光伏在内的可再生能源发电应用作为突破口之一

如前所述，目前制约我国居民分布式光伏发电迅速推广的一个根本障碍，是在其中扮演最重要角色之一的电网企业动力明显不足。因此，如何构建合理的激励机制以有效调动电网公司尤其是具体经办业务的地方电网公司的积极性，是进一步加快居民分布式光伏发电推广的首要问题。

在我国现有电力体制未发生较大变化的条件下，一个能够改变电网企业激励机制的可行举措是调整其绩效考核体系。国务院《关于促进光伏产业健康发展的若干意见》已经明确提出"要将分布式光伏发电量作为电网企业业绩考核指标"，然而如今还尚未执行到位。

目前国资委对中央企业的绩效考核采取的是基本指标和分类指标相结合的形式，基本指标对所有企业统一适用，分类指标根据企业所处行业的特点、经营管理水平、技术创新投入以及风险控制能力等因素确定。可以考虑在对电网企业的绩效考核体系中，加入"可再生能源发展"的分类指标，其中再下设"分布式光伏发电量"、"风能发电量"等子指标。有鉴于能源行业的专业性，可以由能源主管部门（能源局）来具体确定相关的各项指标并给出最终得分，从而有助于加强能源主管部门对于电网企业的监管能力。

根本上看，调整绩效考核体系对于改变电网企业的行为只是一种"治标不治本"的方法。由于在传统电力体制下，电网企业建立在传统化石能源的发电模式以及与此相对应的一系列制度安排上，而包括光伏在内的分布式发电模式的推广是对原有电力体制的一种强烈冲击，必然造成已有制度安排和利益格局的重大调整。所以，要真正破除电网企业对于包括光伏在内分布式发电的抵触，必须

要把"推进分布式发电"和"加快电力体制改革"结合起来。

一方面，可将包括分布式光伏在内的可再生能源发电市场作为电力体制改革的破口之一，在分布式光伏发电区域率先进行电力交易试点。事实上在能源局刚刚发布的《关于进一步落实分布式光伏发电有关政策的通知》中，已经明确提出了"在分布式光伏发电的示范区内，允许分布式光伏发电项目向同一变电台区的符合政策和条件的电力用户直接售电，电价由供用电双方协商，电网企业负责输电和电费结算"。应积极利用分布式光伏发电的推广机遇，加快相关区域的电力体制改革，进一步剥离电网企业的竞争性业务，实现输配电与售电的有效分离，真正将电网公司重新定位成"只负责电力传输，不参与买卖电力"的企业主体。

另一方面，电网公司可随着分布式光伏发电的推广，进行业务转型和创新，成为相应的服务商。在未来分布式发电大规模应用的情况下，电网公司仍然在很大程度上肩负着保证电力质量和电网安全的重任，因此电网公司应根据形势的变化创新自身的管理机制和服务体系，开展标准和质量监督、技术评估等一系列业务向分布式发电的供求双方提供服务，在保证电力质量和电网安全的同时，通过相关的服务获得收益，使得电网公司能够伴随分布式发电的大规模应用拥有新的发展机遇。

总而言之，要从根本上提高电网企业在推广居民分布式光伏发电中的积极性，必须加快电力体制改革，同时推动电网企业业务创新和转型，使得电网企业能够从分布式发电的推广中获得真正的激励。

2. 短期目标和长期目标并重，给予普通居民用户和专业化企业足够的重视和支持，推进分布式光伏发电的市场化发展道路

目前各级政府针对分布式光伏已经出台了不少扶持政策，能源局在9月初发布的《关于进一步落实分布式光伏发电有关政策的通知》更是吹响了大规模推广分布式光伏的号角。总体来看，当前能源主管部门更注重的是利用工业园区等载体进行"统一屋顶资源利用、统一规划建设、统一运营管理、统一保险和融资、地方政府强力介入并大力支持"的推广模式。无疑，这样的模式在分布式光伏应用规模的增长效果上是立竿见影、卓有成效的。一个项目的建设，带来的不是零敲碎打一家一户的应用，而是整片整片的推广。

然而，在肯定上述推广模式的同时，也要充分注意到这种"大干快上"模式可能带来的负面效应，在以往金太阳工程的实施过程中，就已经大量暴露出了这种"萝卜快了不洗泥"做法的恶劣效果，给光伏应用事业的发展带来了非常负面的影响。换言之，分布式光伏市场的发展有其自身的规律，政府的

干预和扶持应该符合市场的发展规律而不是扭曲甚至违背这种规律。政府的强力介入和大量补贴会必然带来市场的短期繁荣，但也可能会养成一批专以补贴为生甚至不惜弄虚作假的企业，它们的存在反而对那些踏踏实实在此领域辛苦耕耘的企业造成伤害，形成"劣币驱逐良币"的形象，从而不利于光伏市场的长期发展。

所以，政府对于分布式光伏发电的扶持，不仅应看重短期目标，更要有长远眼光，必须着眼于光伏市场的长期健康发展。居民分布式光伏发电项目，虽然单个用户规模很小，但却一点一滴地为分布式光伏发电的推广做着贡献；同样，在此领域耕耘的专业化小企业，也切切实实地在为探索一条在国内可行的分布式光伏应用的商业化模式做着贡献。居民分布式光伏项目的推广和相关小企业的发展，对于中国分布式光伏市场的长期健康发展，有着极其重要的意义。因此，政府在注重大规模项目和大企业的同时，也应该给予居民分布式光伏项目和专业化企业同样的重视和扶持。

3. 加强政策执行力度，强化部门间的沟通协调，营造公平、稳定、可预期的市场发展环境

政策执行不到位是目前阻碍居民分布式光伏发电大规模推广的重要因素。要有效解决这个问题，一方面能源主管部门要加强对地方政府执行情况、具体企业落实情况的监管，特别是对地方电网企业的监督，可将主管部门的举报投诉电话广而告之，并公布在电网企业的办理大厅中，使得欲申请分布式光伏发电项目的居民家喻户晓，有效加强对地方电网企业的约束。另一方面要加强部门间的协调，能源主管部门尤其要加强与其他部门的沟通，及时发现并解决居民分布式光伏项目申请、建设和运营中的各种政策难题。例如前述对光伏建设单位资质要求过高、不合理收取增值税等问题。

此外，能源主管部门还应会同有关部门，加快居民分布式光伏发电的相关立法工作，侧重解决屋顶产权、融资贷款等方面的问题。

总之，当前我国目前居民分布式光伏发电已经迎来了大发展的契机，但要把这可能性转化为现实，仍然需要"临门一脚"，必须切实加强已有政策的执行力度，同时加快电力体制改革进程。

参考文献

[1] 戴建军，"加快我国太阳能热水器产业升级"，国务院发展研究中心调查研究报告，第97号（总第3209号），2008年6月30日。

[2] 肖庆文、张永伟，"落实电网责任，启动光伏发电市场"，国务院发展研究中心调查

研究报告，第 75 号（总第 3384 号），2009 年 6 月 23 日。

［3］如海，"遏制中国分布式光伏市场发展的三大障碍"，财新网，2014 年 8 月 7 日。

［4］赵晓丽、张政军等，"促进可再生能源发电的关键体制机制研究"，能源基金会委托课题，2014 年 9 月。

区域经济篇

寻找中国经济新的战略性区域

卓 贤　刘云中　侯永志　邹学森

区域经济发展既是我国经济增长在空间上的表现，也是推动中国经济增长和发展模式转换的重要动力。近年来，我国区域发展格局发生较大变化，我们有必要依据市场规律识别出支撑未来中国经济增长的新战略性区域，探讨促进要素空间流动的区域政策，为区域经济科学有序发展提供参考，避免各地不切实际地发展"增长极"。

一、新战略性区域的分析框架与识别指标体系

当中国经济进入新常态，原有战略性区域进入平稳增长期，在区域空间上需要涌现出具有新的竞争优势的增长动力接续者。

战略性区域必须是处于经济结构快速变动的地区。高速工业化和城市化能推动劳动力、资金、技术等要素从生产效率低的部门大规模转向生产效率高的部门，以结构转换效应实现经济的高速增长。如果一个地区的工业化进程趋于完成，由于服务业的生产效率提高慢于二产部门，经济增长的部门转换效应将趋缓。如果一个地区的城市化进入到增速放缓阶段，经济增长的城乡转换效应也将趋弱。

战略性区域还应该是持续吸引要素集聚的地区。战略性区域必须是吸引人口迁移的目的地，而不是人口的净输出地；必须是资本汇聚之地，而不是资金外溢之地；必须是物流和客流较为集中的枢纽，而不会呈现"门前冷落车马稀"的景象；必须是寸土寸金之地，而不会使土地价值无法充分体现。

根据上述分析框架，考虑到数据可得性，我们构建了两组六个指标的评估框架（见表1），用于评价原有战略性区域、寻找潜在战略性区域。

表1　　　　　　　　　　　　战略性区域的衡量指标

结构转换类指标	要素集聚类指标
工业化率	地区就业人口
	贷款/存款比重
城镇化率	货运和客运量
	房地产开发投资额

二、我国原有战略性区域的典型化事实

本文将长三角和珠三角作为分析对象，总结出这两个战略性区域在快速增长时期的典型化事实，为寻找新的战略性区域提供参考依据。

（一）第二产业比重呈现出倒 U 型变化趋势

在 2001 年我国加入世贸组织前的 5 年，珠三角的第二产业比重停滞在 49% 左右，长三角甚至从近 55% 下降到 51% 左右；此后，在外部市场需求的驱动下，长三角和珠三角的第二产业比重逐年提高，双双在 2004 年分别达到 55% 和 53% 的峰值；2004 年之后，两个地区的第二产业比重不断下降，到 2012 年都下降到了 49% 以下。从城市的维度来看，两个地区大部分城市的第二产业比重表现出类似的轨迹，其中苏州和佛山的第二产业比重峰值超过了 65%。

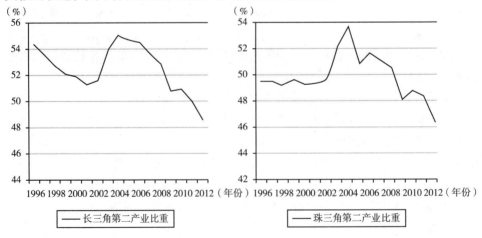

图 1　长三角和珠三角工业化率

资料来源：华通数据库。

（二） 城镇化从加速期步入增速趋缓期

Nortnam（1979）观察了 1800 年以来世界城镇人口增长和城镇化发展的总体趋势，发现城镇化过程要经历启动、加速、趋缓这三个阶段，发展趋势呈 S 形。图 2 表明，长三角和珠三角的城镇化率都已经接近或超过 65%，进入了城镇化率提升的减速阶段。

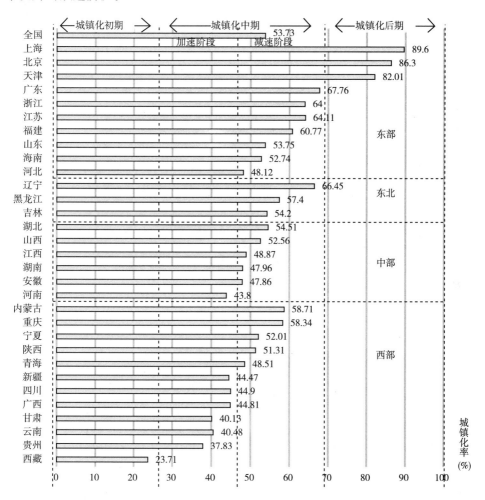

图 2　2013 年各省区城镇化率

资料来源：《中国统计年鉴》。

（三） 非农就业人员增长强劲

近 10 年来，除了金融危机前后个别时间点，长三角和珠三角的非农就业人员都表现出强劲的增长，2012 年比 2003 年分别增长了 94.30% 和 86.57%。一个有趣的现象是，珠三角非农就业人员增长率在金融危机爆发后的 2008 年降到 10 年最低点；长三角非农就业人数则在 2006 年就提前出现了罕见的负增长，金融危机期间倒是保持 8% 左右的稳定增长。这在一个侧面上反映出长三角地区更敏感地捕捉到了金融危机的气息，并率先作出调整。

图 3　长三角、珠三角非农就业人员增速

资料来源：华通数据库。

（四） 资金聚集效应呈现高位趋缓的态势

按原有监管规则，商业银行"贷款/存款"的比重必须维持在 75% 以下。在银行现实经营中，这一指标的比重上限往往在 60% ~ 75% 之间。这就意味着，贷存比低于 60% 的地区，其存款有一部分用于其他地区放贷；贷存比在 75% 的地区，其信贷资金有部分来自于外地。2003 年，长三角贷存比超过 75%，此后稳定在 73% ~ 74% 的监管红线门槛，表现出较为明显的资金集聚效应。珠三角的贷存比要比长三角低 10 个百分点，但仍维持在 62% 的水平上。近年来我国股票、债券等直接融资市场快速发展，可能是珠三角贷存比下降的原因。

（五） 交通运输量增长表现出网络化效应

随着交通基础设施的完善，长三角和珠三角的物流和人流持续增长。2012

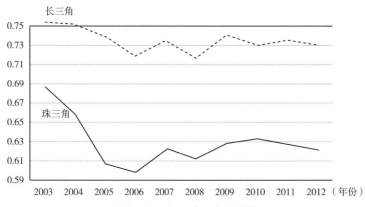

图4　长三角、珠三角贷存比

资料来源：华通数据库。

年，长三角和珠三角旅客运输量是2003年的1.9倍和4.14倍，年均增长率达到7.40%和17.10%；货物运输量分别是2003年的2.19倍和2.52倍，年均增长率达到9.11%和10.81%。

（六）房地产开发投资在波动中快速增长

我们用房地产开发投资指标反映土地价值的变化。一般而言，房地产开发投资增长越快，土地价值上升得越高。长三角、珠三角2012年房地产开发投资额，比2003年分别增长了395.31%和295.34%。但这一指标在两个地区都表现出振荡上涨的趋势，2009年的增速大幅下滑，有不少城市在2008~2010年期间出现负增长。

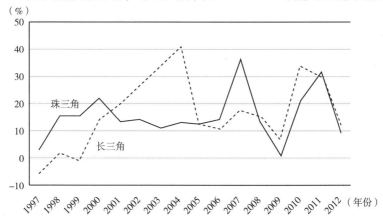

图5　长三角、珠三角房地产开发投资额增速

资料来源：华通数据库。

三、我国潜在战略性区域的识别

对原有战略性区域快速增长时期典型化事实的分析表明，未来我国新的战略性区域既需要处于工业化和城镇化较快推进期，又需要具备聚集各类要素的吸引力。我们按照工业化程度、城镇化进程、劳动力增长、资金聚集、物流汇聚、土地增值六个标准，对我国285个地级市进行六轮筛选，以期发现有潜力成为新战略性区域的竞争者。

（一）第二产业比重过高的城市不具备生产率较快提升的基础

由于服务业生产率的提升并不像工业那么明显，第二产业比重过高的地区不具备生产率较快提升的基础。如表2所示，2012年，在全国地级市中，有23个城市的第二产业比重超过65%，大部分是资源能源型城市（如克拉玛依、大庆、榆林等）。这些城市有的已经进入了资源储备下降的周期；有些虽然还有相当大的储量，但过高的第二产业比重已无进一步提高的空间。

表2   **23个城市2012年第二产业比重和近3年比重变化**

城市	2012年第二产业比重（%）	近3年比重变化	城市	2012年第二产业比重（%）	近3年比重变化
克拉玛依市	87.96	1.28	漯河市	68.49	−0.39
嘉峪关市	81.82	2.94	三门峡市	67.99	1.94
大庆市	80.88	2.2	盘锦市	67.76	6.76
攀枝花市	75.86	5.1	焦作市	67.46	0.13
金昌市	75.80	−4.14	长治市	67.36	4.58
延安市	73.55	2.71	许昌市	67.02	−0.28
乌海市	73.45	4.61	马鞍山市	66.47	−0.06
铜陵市	73.44	5.57	淮北市	66.13	4.74
吕梁市	73.23	9.54	芜湖市	65.87	3.23
榆林市	72.23	6.13	宝鸡市	65.19	4.3
东营市	70.85	−3.07	濮阳市	65.12	−0.46
鹤壁市	70.47	1.8			

资料来源：华通数据库。

（二） 城镇化速度放缓的城市难以产生快速的城乡结构转化效应

截至 2013 年年末，我国有 40 个城市的城镇化率超过 65%，进入到了城镇化率提升放缓阶段，未来由当地农业转移人口进入城镇高效率部门带来的结构转化效应不是很大。当然，除了东北地区的一些老工业城市之外，这些城市大部分是处于原有战略性区域的发达城市。后者虽然在本地域内部的城乡结构转化潜力不大，但仍可能形成"城镇化率提升趋缓、外来劳动力快速增长"的格局。因此，我们将在下一部分进一步考察就业人口增长，保留那些城镇化率虽高但就业仍然强劲增长的城市。

（三） 就业人口增长乏力的城市丧失了汇聚其他要素的吸引力

在所有要素中，"用脚投票"的劳动力是市场化程度最高的要素。从 2003 年到 2012 年，我国就业人口增幅最大的地区是成渝、浙江西部和安徽中部，西部和东北部不少城市的就业人口增长缓慢甚至出现了下降。全国共有 34 个地级市的就业人口在 10 年中出现负增长，101 个地级市的就业人口年均增长不足 1.5%。对于这 135 个城市而言，就业人口增长乏力背后是产业的衰退和城市的萧条。

（四） 资金外溢的城市难以撬动经济快速增长的金融杠杆

资本在市场机制下的逐利活动构成了各地区千差万别的金融支持图景。我们认为一个城市只要符合以下两个条件中的一个，就可被视为资金集聚的城市：（1）期末近 3 年（2009～2012 年）贷存比高于 75%；（2）期末近 3 年贷存比均值高于 50%，且比期初 3 年（2003～2005 年）高。贷存比低于 50% 的城市主要分布在中西部地区；省会城市的贷存比普遍较高，贷存比下降幅度较大的城市主要分布在东北地区。有 89 个城市不符合以上两个条件，属于资金外溢的城市。

（五） 物流网络发展较慢的城市无力支撑资源的高效配置

第二产业比重较高的城市货运量增长速度较快，服务业主导的城市客运量增长速度较快。因此，我们认为货运和客运的年均增长率同时低于 8% 的城市，属于物流发展较慢的城市，无法形成资源高效配置的网络。货运量年均增长低于 8% 的城市有 91 个，主要分布在西部和东北地区；客运量年均增长低于 8% 的城市有 129 个，主要分布在西部、东北和中部地区。两项指标都低于 8% 的城市有 50 个。

（六）土地增值较慢的城市不具备成为战略性区域的潜力

我们用房地产开发投资的增速反映土地增值的情况。房地产开发投资增速最快的城市分布得较为分散，东北、中部、西部地区都有年均增长超过 50% 的城市。相对而言，东部地区的增长显得更温和一些，这与东部地区住房商品化启动时间在样本期之前有一定关系。我们以年均增速 20% 为界，将低于这一标准的 32 个城市视为土地增值较慢的地区。

经过以上六个指标的分析，我们从 285 个地级市中筛选出了 38 个潜在战略性城市（见表 3）。这 38 个潜在城市，除了台州、舟山、嘉兴属于原有战略性区域，其余城市都属于新生力量。新的战略性区域最终表现为多个经济带、城市群或都市圈，如长江经济带、海峡西岸城市群、北部湾城市群、成渝西安都市圈、云贵都市圈等。

表 3　　　　　　　　　38 个潜在战略性城市及其资源环境状况分析

城市	人均供水能力（立方米/人/日）	市辖区工业用地比重	城市	人均供水能力（立方米/人/日）	市辖区工业用地比重
合肥市	0.51	0.23	长沙市	0.65	0.1
淮南市	0.53	0.2	连云港市	0.49	0.23
福州市	0.68	0.16	宿迁市	0.65	0.23
厦门市	0.46	0.29	南昌市	0.62	0.2
泉州市	0.51	0.16	赣州市	0.51	0.24
宁德市	0.32	0.12	营口市	0.52	0.29
龙岩市	0.53	0.2	枣庄市	0.82	0.14
莆田市	0.74	0.18	莱芜市	0.53	0.21
南宁市	0.63	0.08	潍坊市	0.55	0.22
贺州市	0.52	0.12	滨州市	0.64	0.13
钦州市	0.78	0.25	西安市	0.54	0.22
防城港市	1	0.11	成都市	0.51	0.18
六盘水市	0.32	0	天津市	0.7	0.22
贵阳市	0.57	0.19	昆明市	0.52	0.18

城市	人均供水能力 （立方米/人/日）	市辖区工业 用地比重	城市	人均供水能力 （立方米/人/日）	市辖区工业 用地比重
海口市	0.96	0.09	玉溪市	0.46	0.01
廊坊市	0.43	0.1	嘉兴市	0.73	0.32
唐山市	0.66	0.31	台州市	0.53	0.33
武汉市	0.76	0.21	舟山市	0.53	0.14
湘潭市	0.86	0.3	重庆市	0.44	0.23

资料来源：华通数据库。

四、潜在战略性区域的资源环境状况分析

除了具备经济结构快速转换的潜力以及要素集聚的能力，这些城市还必须有足够的资源来支撑经济的快速增长。土地和水是城市经济社会发展最基本的两类资源，基于数据可得性的考虑，我们采用"工业用地比重"和"人均供水能力"来考察潜在战略性城市的资源环境状况（见表3）。前者是用市辖区的工业用地面积与城市建设用地面积的比值，后者是用城市供水生产能力除以全市用水人口得出的指标[1]。

大部分潜力城市的工业用地压力可控。2011 年，全国地级市市辖区工业用地比重为18.69%，其中长三角和珠三角分别为27.36%和34.01%。对于38 个潜在战略性城市来说，大部分城市的工业用地比重低于土地压力较大的长三角和珠三角，未来仍然存在较为充裕的土地开发潜力。工业用地比重相对较高的是湘潭（30%）、唐山（31%）、嘉兴（32%）和台州（33%），这些城市需要提高工业用地的使用效率才能将增长潜力化为现实。

大部分潜力城市都具备一定的供水能力。2011 年，全国地级市人均供水能力为0.68 立方米/人/日，其中长三角和珠三角分别为0.76 立方米/人/日和0.80立方米/人/日。对于38 个潜在战略性城市来说，宁德、六盘水等城市的人均供水能力低于全国的平均水平，大部分潜力城市接近或超过全国平均水平，但普遍低于长三角和珠三角的水平，水资源的硬约束问题很突出。

---

[1] 这两项指标的最新可得数据均为 2011 年数据。

五、促进我国未来战略性区域发展的政策思路

采取有效政策措施，加快培育新的战略性区域，不仅是适应经济新常态所急需采取的应对之策，也是引领经济新常态，提升我国国际竞争力的内在需要。但由于区域发展所面临的内外环境和条件正在发生显著的变化，新战略性区域的形成路径将与以往有所不同，需要进一步改革创新有关的区域政策，为其发展创造更有利、更高效的体制环境。

第一，加快全国统一市场的建设。要按照市场规律培育新的战略性区域，只有符合效率原则，战略性区域才能自我持续成长。必须避免全国各地一哄而上培育增长极，而要通过建立统一的资源要素市场和基本公共服务的均等化，为各个地区创造平等的竞争机会和相对公平的发展机会，让劳动力、资本、技术等要素在更大范围内配置，更充分地发挥各地区的比较优势。

第二，政府应适时发挥正确的引领作用。新战略性区域的形成是各种要素在空间优化调整的一个过程。在此过程中，需要发挥市场对资源要素配置的决定性作用。但不容忽视的是，市场也具有负外部性、短期逐利等内在缺陷，一个地区的发展往往存在一种"自我强化"的机制，完全依靠市场配置资源的结果并不能实现效率的最大化，还会影响社会公平和环境的可持续性。政府要在充分认识市场规律和区域发展规律的基础上制定区域战略和政策，并依据实施过程中市场的反映，调整完善既有战略和政策，引导形成区域发展新格局。

第三，以新型城镇化战略统筹推进区域发展。结合新型城镇化发展战略，把培育新战略性区域与落实《国家新型城镇化规划》、提升城市群功能、提高城镇综合承载能力结合起来，通过提升城市群要素集聚能力，支持城市群优化发展，优化国土空间开发格局，走出一条城镇化带动新战略性区域发展的特色之路。

第四，加强潜在战略性区域的基础设施建设。要避免不顾区域经济活跃度而盲目上马基础设施项目的现象。应以潜在战略性区域的重点城市或城市群为节点，增强潜在战略性区域对内对外的物理连接性，为潜在战略性区域参与国际国内分工和形成新的战略性增长极创造条件。

第五，推动跨行政区域的分工合作。我国资源要素在空间的组织方式越来越复杂，大都市区、城市群已成为各国经济活动和参与国际竞争的主要空间组织形态。区域分工合作不能仅局限于某个行政区，要加快跨行政区合作体制机制的创新，有效克服行政分割对战略性区域形成的约束，尽可能避免以往"诸侯经济"

所造成的效率损失。

第六，加快推动规划体制改革。目前我国部门的专项规划、不同地区的规划之间缺乏有效的协调与衔接，甚至存在互相矛盾的问题，不利于战略性区域的形成。应加快推进经济社会、土地利用和环境规划之间的协调一致，构建不同地区之间的规划协调机制，推动实施更大空间尺度的规划。

参考文献

［1］刘世锦等著，2011 年：《陷阱还是高墙：中国经济面临的真实挑战与战略选择》，北京：中信出版社。

［2］李小建和苗长虹，1993：增长极理论分析及选择研究，《地理研究》第 3 期。

［3］杜俊涛等，2002：增长极理论的模型化研究，《重庆大学学报》第 4 期。

［4］Glaser（2008），Cities，Agglomeration and Spatial Equilibrium，Oxford University Press.

［5］Parr，John（1999），Growth Pole Strategies in Regional Economic Planning：A Retrospective View. Part 2Implementation and Outcome. Urban Study，Vol. 36，No. 8.

2014 年我国区域经济与"十三五"区域发展总体思路

刘 勇

在适应"新常态"和避免"中等收入陷阱"的双重要求下，2014 年我国区域经济出现了不少的热点、亮点和新的增长点，进一步发挥了我国区域经济巨大回旋余地的作用。今后，特别是"十三五"时期，我国区域发展将进入"全面建设小康"社会的关键阶段，构建区域经济发展新体系和新空间将成为十分重要的战略任务和当务之急。

一、区域经济发展协调性继续提高，多数地区增长继续呈趋缓态势

2014 年我国 GDP 增长 7.3%，继续缓慢下降，各地区增长也大多继续呈趋缓态势；全国 GDP 达 63.6138 万亿元。总体上看，区域发展继续呈现地区经济总量与水平，与地区增长呈合理相反关系，地区相对差距继续收敛，协调性继续提高（见图 1）。

从新三大地带看（见表 1）：2014 年中西部增长已连续 8 年超过东部，地带增长格局继续保持"中西部快、东部慢"态势，中部、西部和东部速度分别为 8.05%、7.75% 和 6.98%，均低于 2013 年，由于东部速度下滑比较明显，地带速度相对差也略有扩大。2014 年三大地带热点主要是中西部丝绸之路经济带铁路建设、长江流域经济带快速发展以及东部"京津冀"地区的协同发展等。2014 年地带总量格局"东部大、中西小"不变，东中西部 GDP 分别为 37.9052 万亿元、22.9269 万亿元和 2.8142 万亿元，比重分别为 59.6%、36.0% 和 4.4%，东部和西部分别比上年下降 0.3 和 0.1 个百分点，中部则上升 0.4 个百分点。

从"7＋1"综合区看：2014 年综合区速度分布特点，一是长江中游速度再次位居第一，二是东北三省速度下降明显，导致综合区之间速度相对差明显扩

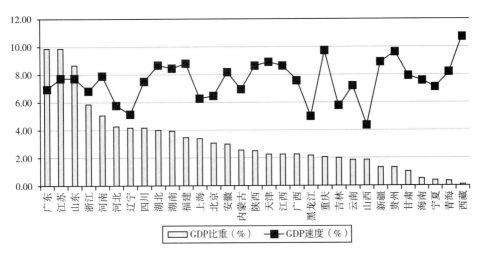

图1　2014 年我国各省区 GDP 总量与速度关系图

大。2014 年各综合区发展亮点是长江中游工业化城镇化快速发展（如武汉的城市建设、重庆引资和开放等）；问题是东北三省老工业基地再次明显降速。2014年长江中游 GDP 已连续 3 年居第一，其次是长三角、京津冀鲁（前三个综合区总量都在 10 万亿元以上），再其次是东南沿海、黄河中游和东北三省（这三个综合区总量在 10 万亿元以下、5 万亿元以上），最后是珠江中上游和远西部（总量在 5 万亿元以下），其中长江中游、东南沿海和珠江中上游经济比重上升，长三角持平，其他区下降。

表1　　　　　2014 年新三大地带和"7 +1"综合经济区发展格局及变化
（数据经平减处理）

	GDP 速度		GDP			人均 GDP	
	绝对值（%）	排序（变化）	绝对值（亿元）	比重%（变化）	排序（变化）	绝对值（元/人）	排序（变化）
全　国	7.3		636138			46531	
大中部	8.05	1（0）	229269	36.0（0.4）	2（0）		
远西部	7.75	2（0）	28142	4.4（−0.1）	3（0）		
新东部	6.98	3（0）	379052	59.6（−0.3）	1（0）		
相对差（倍）	1.10		7.76				

	GDP 速度		GDP			人均 GDP	
	绝对值（%）	排序（变化）	绝对值（亿元）	比重%（变化）	排序（变化）	绝对值（元/人）	排序（变化）
绝对差（原单位）	0.72		233940				
长江中游	8.42	1（1）	124429	19.6（0.3）	1（0）		
珠江中上游	7.95	2（-1）	35102	5.5（0.2）	7（0）		
远西部	7.75	3（0）	28142	4.4（-0.1）	8（0）		
黄河中游	7.46	4（0）	69738	11.0（-0.1）	5（0）		
东南沿海	7.44	5（1）	88687	13.9（0.1）	4（0）		
京津冀鲁	7.22	6（-1）	117105	18.4（-0.1）	3（0）		
长三角	7.16	7（0）	119804	18.8（0.0）	2（0）		
东北三省	5.27	8（0）	53455	8.4（-0.3）	6（0）		
平减系数	0.87667		0.93014				
相对差（倍）	2.01		4.38				
绝对差（原单位）	0.99		46694				

注：1. 新三大地带和"7+1"综合经济区划分：新东部包括东北三省、京津冀鲁、长三角（沪苏浙）、东南沿海（粤闽琼）4个综合经济区，含13省区；大中部包括黄河中游（陕甘宁晋豫）、长江中游（川渝湘鄂赣皖）、珠江中上游（云贵桂）3个综合经济区，含14省区；远西部包括内蒙古、新疆、青藏3大经济区，含4省区，这些省区经济规模太小，可将其视为1个综合经济区。

2. 平减系数处理方法。为解决全国统计数据与各省区合计数据不一致问题，提出如下地区数据平减处理方法：用全国GDP、全国人均GDP和全国增长速度分别除以各省区合计的GDP、人均GDP和GDP增长速度得到平减系数，再用各省区指标数值乘以相应的平减系数得出平减后的各省区调整指标数值。经平减处理后，各地区指标合计值将与全国统计值一致，同时不会改变各地区指标之间的相对关系。

3. 多地区差距一般公式。

(1) 多区域绝对差（MDa）：为各地区间所有两两组合按大值减小值计算的差值的平均值。设：xi 为 i 地区经济指标，不失一般地假设：x1≥x2≥…≥xi…≥xn。有公式：

MDa（多区域绝对差）=[∑（n+1-2i)xi]/n/(n-1)×2，(i=1…n，n≥2，下同)。

(2) 多区域相对差（MDc）：为各地区间所有两两组合按大值比小值的倍数的平均值。公式为：

MDc（多区域相对差）=[∑（∑xi)/xi]-1/n/(n-1)×2。

4. 表中（）中的数字表示位次变动（或数值变化）：0，表示未变；正值，表示位次提升；负值，表示位次下降。

从各省区看（见表2）：2014年各省区增长范围是10.68%（西藏）~4.36%（山西），相差2.46倍，比上年扩大；各省区速度相对差也有所扩大，达1.28倍，比上年扩大0.10倍。速度排序前五位的省区是西藏、重庆、贵州、天津和新疆,最后五位的省区是河北、吉林、辽宁、黑龙江和山西;速度排序变化情况主要有河南、湖北、北京和江西分别 9 位、7 位、6 位和 6 位,云南、山西、辽宁和广西分别降 16 位、8 位、5 位和 5 位。2014 年省区发展亮点是西藏增速跃居第一、河南和湖北中部省区表现突出等;问题是山西和黑龙江等老重工业增省区速度下滑严重,云南增速回落大。2014 年各省区 GDP 变化范围是 63056 亿元(广东)~857 亿元(西藏),相差 73.6 倍,比上年缩小;各省区总量相对差继续有所缩小,达 4.85 倍,比上年缩小 0.10 倍。GDP 排序前五位的省区是广东、江苏、山东、浙江和河南,最后五位的省区是甘肃、海南、宁夏、青海和西藏,与上年一样;排序变化是天津和江西升 2 位,重庆和云南升 1 位,黑龙江降 3位,广西、吉林和山西降 1 位。

表 2　　　2014 年我国各省区经济发展及变化基本情况(数据经平减处理)

	GDP 速度		GDP		人均 GDP	
	绝对值(%)	排序(变化)	绝对值(亿元)	排序(变化)	绝对值(元/人)	排序(变化)
西 藏	10.68	1 (4)	857	31 (0)		
重 庆	9.70	2 (1)	13269	21 (1)		
贵 州	9.62	3 (-1)	8605	26 (0)		
天 津	8.90	4 (-3)	14624	17 (2)		
新 疆	8.90	5 (1)	8617	25 (0)		
福 建	8.81	6 (2)	22375	11 (0)		
江 西	8.64	7 (6)	14611	18 (2)		
湖 北	8.64	8 (7)	25455	9 (0)		
陕 西	8.64	9 (-2)	16454	16 (0)		
湖 南	8.46	10 (4)	25159	10 (0)		
安 徽	8.19	11 (0)	19392	14 (0)		
青 海	8.19	12 (-3)	2140	30 (0)		
河 南	7.92	13 (9)	32498	5 (0)		
甘 肃	7.92	14 (-4)	6358	27 (0)		
江 苏	7.75	15 (5)	60541	2 (0)		
山 东	7.75	16 (3)	55275	3 (0)		
广 西	7.57	17 (-5)	14578	19 (-1)		
海 南	7.57	18 (-1)	3256	28 (0)		

续表

	GDP 速度		GDP		人均 GDP	
	绝对值（%）	排序（变化）	绝对值（亿元）	排序（变化）	绝对值（元/人）	排序（变化）
四　川	7.57	19（-3）	26543	8（0）		
云　南	7.21	20（-16）	11919	23（1）		
宁　夏	7.12	21（-3）	2560	29（0）		
内蒙古	6.94	22（-1）	16528	15（0）		
广　东	6.94	23（2）	63056	1（0）		
浙　江	6.77	24（3）	37348	4（0）		
北　京	6.50	25（6）	19841	13（0）		
上　海	6.23	26（4）	21915	12（0）		
河　北	5.79	27（1）	27366	6（0）		
吉　林	5.79	28（-2）	12839	22（-1）		
辽　宁	5.16	29（-5）	26627	7（0）		
黑龙江	4.99	30（-1）	13989	20（-3）		
山　西	4.36	31（-8）	11868	24（-1）		
多区域相对差	1.28		4.85			
多区域绝对差	1.65		16657			

注：各省区数据经过平减而得，平减公式见表1注2。

资料来源：各省区两会报告及2014年《中国统计公报》。

二、"十三五"时期我国区域经济协调发展的总体思路

新一届中央领导集体提出了许多区域经济协调发展新观点和新思路，其中重点就是众所周知的"一二三号工程"：一号工程是指京津冀协同发展（主要目的是解决城市病和雾霾污染）；二号工程长江流域经济带（主要目的是探索东西部协调发展路径和新的城乡区域增长点）；三号工程陆地海上"丝绸之路"经济带（主要目的是建立全球一体化开放体系，重振中华民族往日的辉煌）。在此基础上，2014年政府工作报告提出了构建我国区域经济协调发展的"新棋局"，2015年进一步总结为拓展区域发展的"新空间"，即统筹实施"四大板块"和"三个支撑带"战略组合："四大板块"指东北、东部、中部和西部，其作用是显示和

调控区域差距；"三个支撑带"指长三角支撑长江经济带，环渤海支撑东北、华北和西北经济带，以及泛珠三角支撑西南和中南经济带，其作用是促进区域合作和互助。

以上"一二三号工程"、"四大板块"和"三个支撑带"共同构成了我国区域发展顶层设计的"三四三"战略。当然，"三四三"战略是个大方向，需要进一步细化和具体化，才能形成我国完整的区域经济新体系。这里所谓区域经济体系是指由经济活动主体（人口、城乡和产业等）占用地表空间资源行为特点所决定的"点、线、面"布局结构和体系，其中点线结构构成经济布局的空间结构框架，面状体系构成空间分区分层系统（不同层级的区域解决不同的问题，而且各层级区域都有其自身的点线结构）。

根据"三四三"战略思路，结合我国区域经济发展的具体要求，提出如下由"四纵四横"的空间结构总体框架和"二实三虚"的空间分区分层系统组成的完整的区域经济新体系。

（一）"四纵四横"的空间结构总体框架

空间结构总体框架是指未来我国城乡区域将构建以城乡居民点为中心，以交通网络线路为连接的"四纵四横"空间结构总体框架体系，反映了经济布局的点线结构特点和我国区域发展的"四沿战略"的要求。

——四纵包括沿海纵线、京哈——京九线、二（连浩特）三（亚或沙）线和西部沿边线。

沿海纵线走向：大连、威海、青岛、连云港、上海、福州、汕头、广州、北海等；

京哈——京九线走向：京哈线、京九线（包括京广线）；

二（连浩特）三（亚或沙）线走向；二连浩特——包西线——西安、重庆线——重庆、贵阳、南宁线——南宁、湛江、海口线——海口三（亚或沙）线。

西部沿边线走向：阿尔泰——伊犁——喀什——阿里——拉萨线。

——四横包括大连——北方捷道、陇海——喀什线、沿长江线和台湾——大陆线。

大连——北方捷道线走向：大连、京津、包头、临河、哈密、乌鲁木齐、阿拉山口口岸（霍尔果斯）等；

陇海——什喀线走向；陇海线——兰西线——西格——格喀线

沿长江线走向：沪汉蓉——成都、拉萨线；

中国台湾——大陆线走向：台北、福州——福州、赣州、郴州线——桂林、河池、昆明、瑞丽线。

需要指出的是，这"四纵四横"只是我国空间经济体系的基本框架，各类具体经济要素都可以在这个基本框架下进一步增补或简化，构成各自具体的、细化的总体框架。如高铁线路可为"四纵四横"、国道可以是"八纵八横"、城市群网络可以是"三纵二横"，等等。

（二）"二实三虚"的空间分层分区系统

空间分区分层系统是指未来我国经济布局区划系统将由五个层次组成，包括具有政府管理机构的实体区域（如省区和县域）和只设协调机构的虚拟区域（包括宏观经济区、综合经济区和特色经济区等），构成"二实三虚"的五个空间分层分区系统，反映了经济布局的面状结构以及不同层次区域解决不同区域问题的客观要求。

第一层次，是宏观经济区域。

是虚设区域，有三大地带、四大板块的划分。这里提出新三大地带的划分方案（见表1注1）。其任务是揭示宏观区域经济格局（水平、速度与总量）的状态及变化趋势，构建全国城乡一体化体系，确保区域发展差距能控制在可以承受的范围之内。在此基础上，可构建全国城乡一体化体系。构建"2000座城市+2万个建制镇+40万建制村+150万家庭农庄"的城镇乡村规模体系；形成21个城市群组成的"两横三纵"的空间格局。

第二层次，是综合经济区，这也是虚设区域。

方案也很多，这里提出一个"7+1"方案，具体内容见见表1注1。主要目的是统一规划和建设大型跨区域性基础设施项目，如区际高速公路、铁路以及航运等交通线路与枢纽工程、区际通信工程、大型水利工程等等，以为区域经济一体化创造必要的硬件条件。依托这些跨地区大型基础设施构建若干城市群绵延带。

第三层次，是省区经济，是实体区域经济。

省区是我国区域经济的主要管理者和区域政策的执行者，为了减少行政层级，更好地发挥组织区域活动的作用，需要扩大省级行政区数目，并与未来城镇群有机结合。

第四层次，是特色经济区。

可由虚化后的地级行政区（地级实体城市与其管辖的县级行政区）转化而来，相当于城市圈地区（本质上是城市与其直接腹地组成的区域），应该是虚设区域。任务在于在较细的产业分类层次，甚至产品层次上，建立合理的区域分工与合作关系，以形成各具特色的区域经济体系和城市（或都市）圈。

第五层次，是基本经济区。

县域经济区，是实体经济区，是区域政策作用的对象。任务在于建立生产与生活一体化的基本区域经济空间，实现统筹城乡发展以及城乡一体化的目的，并可构建由主城区、近郊区、远郊区组成的城乡内部空间结构体系。

大都市区政府合作的国际比较及借鉴

孙志燕

随着新一代信息技术和现代交通网络体系的快速发展，区域经济空间结构和联系方式出现显著变化，大城市与周边地区日益趋于一体化，形成新的空间聚集形态——大都市区（metropolitan-region），其在20世纪后半期就已成为发达国家城市体系的主体形态，在促进各国经济社会发展乃至全球发展方面起着举足轻重的作用。我国也已形成长三角、珠三角、京津冀等大都市区。但大都市区的管理往往被分割在不同层次、不同规模的行政区域之中，如何突破行政壁垒和地方利益等各种客观性的障碍，推动大都市区政府间的有效合作，将是我国区域经济发展中亟须研究解决的重要课题之一。本文利用OECD有关大都市区的调查数据，对国际上260余个大都市区政府合作的实践进行了比较，以为我国探寻适合中国国情的大都市区政府合作机制提供借鉴和参考。

一、大都市区政府合作的主要模式

由于各个国家政治体制、政策环境、文化背景等诸多因素的不同，大都市区政府合作形式也是多种多样，即使在同一个国家也存在多种形式。本文对22个OECD国家260多个大都市区政府合作进行了比较。根据合作形式和协调机制的不同，实践中存在两种基础合作模式以及由这两种基础模式形成的若干衍生模式。

一种基础合作模式是地方政府之间完全的非正式合作。通常是针对某一领域的问题，各地方通过磋商论坛、市长联席会议等形式，基于某种共识或者共同利益形成的合作协议、合作合同等，有些合作协议甚至没有法律约束力（通常是层级比较低的合作协议），但由于在签订之前经过了各方利益主体充分的谈判磋商，在实践中还是被广泛使用。这种合作形式的组织相对松散，对合作各方的约束力较弱，谈判成本相对较高，对一些跨区域问题的协调作用也非常有限。

另一种基础模式是以大都市区为基础设立更高层级的地方政府。这种合作形式在协调能力，跨区域公共事务的治理方面都明显提高。但由于涉及行政区的合并、政府职能的调整，在实践中具有较高的操作难度，尤其是实行地方自治的联邦制国家很难推行。因此，应用该种合作模式的地区相对较少，目前法国和部分国家的首都地区采用了这种形式。

以上述两种合作模式为基础，各国基于体制、文化、法律制度等不同因素，还形成了一些交叉融合的衍生模式，如有的大都市区政府合作仅在交通、规划领域，是由超越各行政区的具有法定管辖权限的政府机构负责，其他领域的政府合作则采用地方政府之间的非正式合作模式。还有的大都市区是经各地方政府共同设立有限权力的协调机构，机构领导者由各地方政府选举而成，负责协调处理本区域的公共事务和问题。

二、首都大都市区地方合作模式的国际比较

首都大都市区作为国家特殊的区域，地方政府合作的模式也具有一定的特殊性。主要表现在：一是多数首都大都市区建立了促进地方合作的常设实体机构。在本文所比较的 22 个国家的首都大都市区中，除了美国、意大利、西班牙、智利四个国家之外，其他国家的首都大都市区均有相应的实体机构。像英国国内大都市区合作都是非正式合作模式，但伦敦大都市区属于例外，设立了大伦敦区管理局。二是首都大都市区地方政府的合作多数都建立了高级别的法律保障机制。在上述 18 个设立实体协调机构的大都市区中，除了日本、瑞士、瑞典、波兰等国家之外的 12 个首都大都市区的协调机构在法律上享有明确的管理权限，通常管理的权限和范围都要高于本国其他大都市区的治理机构（如表 1 所示）。

表 1 主要首都大都市区地方合作模式的比较

大都市区名称	治理主体	主要特征
澳大利亚堪培拉大都市区	首都区域立法议会	由联邦政府直接管理，负责首都地区的规划、区域发展、交通等多方面的协调
比利时布鲁塞尔都市区	布鲁塞尔大区	享有大都市区内的管辖权
加拿大渥太华都市区	国家首都委员会	直接由国会领导，负责本地区的全面管理和土地开发
法国巴黎大都市区	巴黎大区	属于仅次于中央政府的一级政府，但是与地方政府之间的合作多是合同形式或者政策论坛

续表

大都市区名称	治理主体	主要特征
爱尔兰都柏林大都市区	都柏林区域管理局	该管理机构的法律权限集中在规划和交通方面，同时负责政策交流论坛
日本东京大都市区	东京九县（市）长联系协商会	主要负责都市区内各地方政府之间的政策沟通、区域发展、防灾预警。规划、交通权限属于中央政府
墨西哥墨西哥城都市区	墨西哥大区	属于仅次于联邦政府的一级政府，负责该都市区的全面管理
荷兰阿姆斯特丹大都市区	阿姆斯特丹大区	经法律授权的机构，负责交通、基础设施、区域发展、土地开发、住房等方面的管理
新西兰惠灵顿都市区	惠灵顿都市区管理局	介于一、二层级政府之间的政府机构，.领导是由都市区内各市市长选取产生。没有行政职能，但是负责规划、交通等方面的管理
葡萄牙里斯本都市区	里斯本都市区管理委员会	在法律上明确该机构的职责，包括交通、空间规划、区域发展、废物处理、供水、卫生
韩国首尔大都市区	首都区域发展委员会	经过法律授权，在规划、区域发展、交通方面享有管理权和决策权
英国伦敦大都市区	大伦敦区域管理局	经英国国会批准设立，享有一定的法律权限，主要是空间规划和区域发展

资料来源：根据 OECD metropolitan governance survey 数据整理。

三、大都市区地方政府合作模式的演变趋势

由于地方政府的横向合作涉及不同的利益相关者，如何建立有效的协调机制实现政府间有效的合作，无论是对政治决策者，还是学术界至今都无定论，各国基本上都处在探索阶段。合作模式由最初传统区域主义所倡导的"集权式"，建立"大城市政府"，再到新区域主义所倡导的"网络式"多中心合作，各种形式在各国不同的都市区都有相应的案例。从演变的总体趋势上来看，需要重点关注两个方面：

（一）建立实体机构，协调地方合作已成为多数大都市区的选择

在本文所比较的 261 个大都市区中，建立实体协调机构的有 178 个，所占比重为 68%；其中有 54 个大都市区的协调机构享有一定的法律授权，主要是法国、德国、韩国、荷兰等国家。多数国家大都市区的协调机构是公共组织或者政府提供部分财政预算的准公共组织，负责本都市区内部各地方政府的利益协调、

公共问题的协商和政策的沟通，地方政府之间的合作多采用非正式的合作形式
（如图 1 所示）。

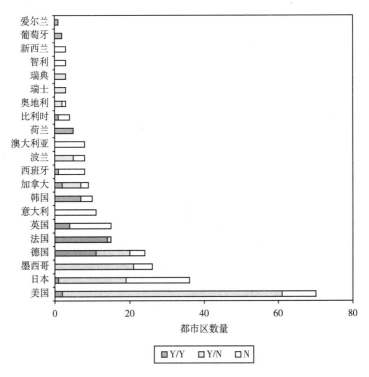

图 1　OECD 国家大都市区地方合作主体机构的比较

注：Y/Y 表示建立地方合作的实体机构，并具有法律授权

　　Y/N 表示建立地方合作的实体机构，但不具有法律权限

　　N 表示未建立地方合作的实体机构

资料来源：OECD metropolitan governance survey。

　　从各国大都市区设立协调实体机构的时间来看，主要集中在两个时期：一是
20 世纪 70 年代左右，英、美等先行工业化国家，城市化率都已接近 80%，城市
规模扩张所导致跨区域公共事务的增加。在此背景下，为了加强公共事务的管
理，更好地协调地方政府在地域和社会管理中的功能划分，以英、美等国家为主
的大都市区纷纷设立了相应的协调机构。二是 20 世纪末 21 世纪初，又出现了第
二次设立大都市区协调实体机构的高峰。主要原因还是城市规模的扩张，导致人
口膨胀、经济活动无序蔓延等，由此又产生了土地资源的低效利用、交通拥堵、
环境恶化等问题。都市区内部地方政府合作的问题越来越引起各国政府的重视。
据不完全统计，设立协调实体机构的大都市区中超过一半是在此期间设立的。

（二）区域发展、空间规划、交通是大都市区地方政府合作的三大核心领域

对比不同时期成立的大都市区地方政府合作的协调机构的职能，可以看出这些协调机构的职责范围正在不断地调整和拓宽。早期主要是不同地区之间政策性的沟通，供水、污水、废物处理等地方政府承担的主要基本公共服务方面的协调，地方政府之间的合作协议更多集中在一些市政设施的跨区域衔接。

随着城市的扩张，人口和经济活动的空间调整，地方政府之间合作的领域逐步拓宽区域发展、交通、空间规划、能源、教育、旅游等多个领域。但 OECD 有关大都市区地方政府合作领域的调查数据表明，协调机构所负责的核心领域集中在区域发展、规划和环境三个方面。

在本章所比较的 178 个设有合作协调机构的大都市区中，超过 80% 的比例拥有区域发展的职能，主要包括重大项目引进前的政策磋商（主要是环评、土地方面），对本地区特定产业的扶持、劳动力市场的结构调整、就业培训等。其次是交通和空间规划的职能，所占比例为 70% 左右（如图 2 所示）。尽管后两项职能的比例没有前一项高，但多数大都市区在法律层面将这两方面的管辖权授予了相应的协调机构，即协调机构享有对整个地区规划和交通的统一决策权和管理权。

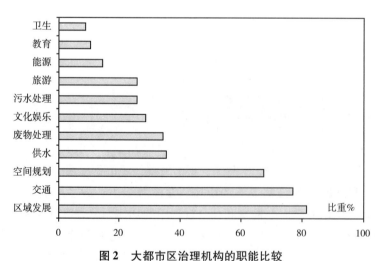

图2　大都市区治理机构的职能比较

资料来源：OECD metropolitan governance survey。

四、大都市区的结构类型是影响地方合作模式选择的重要因素

影响都市区地方合作模式选择的因素除了本国的行政体制之外，还受到多种因素的影响，如一国的规划体制、地方政府的职能、税收体制、人口规模、所包含的地方政府的数量、经济发展水平等。通过对可获得数据的180余个大都市区进行比较发现，除体制因素之外，大都市区的空间结构类型是影响地方合作模式选择的重要因素。

大都市区的空间结构一般分为单中心或者多中心两种类型。对于单中心或者是核心城市首位度较高的大都市区更倾向于选择制度性的正式合作，即建立地方合作的协调机构，并有一定的法律权限，是整个地区重要的管理者。有些地区还将其作为更高层级的地方政府，享有城市管理的职能，如法国的里昂都市区、德国的法兰克福大都市区等。相比之下，多中心、核心城市首位度不高的大都市区，尤其是所含地方政府数量较多的都市区更倾向于采用非正式的合作，通过双边或多边的合作协议实现对公共事务的治理和区域统筹发展，如德国的汉堡大都市区、日本的札幌都市区等。这些合作协议多数是受法律保护，具有一定法律约束力的。

五、对我国的启示与政策建议

（一）地方合作能否成功的关键在于形成利益共识

正如上文所述，大都市区地方政府合作模式多种多样，并不存在普遍适用的模式。每种模式都是利弊共存，既有成功的典范，也有不成功的案例。因此，地方合作的关键在于各地方政府和居民能够从合作中获得可见的利益。即使通过法律制度的强硬规划和安排，如果缺乏利益相关者的认同，地方合作也难以推进，只能停留在没有实效的合作承诺上。

（二）地方合作应首先建立平等公开透明的沟通机制

推动地方合作的目的在于实现区域内的合理分工和功能定位，既能够实现资源要素的优化配置，又能够有效解决环境、社会问题。从国际经验来看，这一目标并不容易做到，尤其是经济发展差距较大的地方政府之间的合作。因此，在合作过程中首先要建立平等、公开、透明的沟通机制，使各个地区对其在整个区域

内的功能定位能够达成共识，这样才有利于合作的深化。同时，公开透明的机制也有利于约束规范各方的行为。

（三） 地方政府合作应重视发挥协调机构的作用

从各国大都市区地方合作的演变趋势来看，设立超越地方利益、相对独立或者层级较高的协调机构已成为多数国家的优先选择。即使在那些没有设立协调机构的都市区，在一些关键领域的合作也是依托一些各地方政府都认同的非政府组织或政府部门来负责协调，如美国一些大都市区的规划都是通过联邦政府、州政府和地方政府共同认可的区域规划协会制定。建立协调机构一方面可以利用其更高的社会认同度或者更高的法律地位降低协调的成本，增强合作的执行力，也有利于形成稳定、制度性的合作机制。

（四） 地方政府合作中要把握好政府作用的边界

从上文的国际比较来看，促进区域发展是地方政府合作的重要领域，也是相关协调机构的重要职责，但是这并不意味着政府可以替代市场。国际经验表明，地方政府合作的领域更多集中在那些具有显著空间外溢性的公共事务和公共服务的供给。政府合作的目的在于从区域整体利益的角度，在各方共识的基础上，创造良好的发展环境，引领各地方的发展，形成整体的区域竞争力。同时要发挥好约束不利于实现区域整体利益行为的作用。

（五） 地方政府合作要重视发挥法律的作用

无论是采取何种合作模式，对于合作协议或者合作共识的执行一般都需要建立在相应的法律基础之上，这是国际上大都市区地方合作的普遍原则。一是通过法律制度可以确保合作的有效执行。如德国的空间规划是通过部长联席会议来协调，尽管会议机制是政府间的非正式合作，但其宪法规定如果没有达成共识，各地区就不能实施任何政策或者战略。二是通过相关的法律制度，自上而下的推动区域合作，可以使其比较规范和程序化，使得合作能够比较稳定，有效减少地方政府单方面违约的行为，有效降低合作过程中的协调成本和交易成本。如在美国所有需要合作的州，需要按照一定的法律程序，依据联邦宪法中"信任与尊重"的原则，签订具有约束力的双边或多边法律协定或行政协议，该合作协议受美国法律保护，具有法律效力。由此各州之间可以据此形成一种正式而稳定的合作机制。

综上所述，地方合作能否顺利有效地推进关键是要正确把握好三个层面的问题：一是地方合作与地方竞争的关系。二者并非非此即彼，加强地方合作的同时也不要忽视建立在公平竞争规则基础上的地方竞争。二是联邦（中央）政府的权威性与地方政府权力的独立性。地方政府合作更多是要解决跨区域的公共事务，协调的过程中要借助联邦（中央）政府的权威性，但要确保地方政府对本行政区内的独立管辖权。三是地方合作的激励和约束。多数国家在鼓励地方开展合作的同时，对地方合作的原则、权限、领域都要加以法律规范和约束，不仅要高度限制其在政治领域的联盟，也要防止形成新的区域性的经济垄断，影响整个国家的市场竞争秩序。

参考文献

［1］Rudiger Ahrend, Abel Schumann, 2014, "Approaches to Metropolitan Area Governance, A COUNTRY OVERVIEW", OECD Regional Development Working Papers.

［2］Rudiger Ahrend, Catherine Gamper, Abel Schumann, 2014, "A Quantitative Description of Governance Structuresinlargeurban agglomerations", OECD Regional Development Working Papers.

2014 年中国城市发展情况和未来趋势^①

刘 勇

2014 年我国城镇化、城镇建设和城市经济继续取得较大发展。全年城镇常住人口为 74916 万人，占总人口比重为 54.77%，城镇化水平比上年提高 1.04 百分点。截至 2014 年年底全国城市 653 个（其中直辖市 4 个、地级市 288 个和县级市 361 个）比上年减少 5 个（增加了香格里拉、昌都、霍尔果斯和日喀则等 4 个市，减少了富阳、九台、藁城、鹿尔、建阳、双城、文登、从化和增城 9 个市），城区建成区面积估计超过 5 万平方公里；建制镇 20401 个，比上年增加 284 个。2014 年全年全国国有建设用地供应总量 61 万公顷，比上年下降 16.5%（其中，工矿仓储用地 15 万公顷，下降 29.9%；房地产用地 15 万公顷，下降 25.5%；基础设施等其他用地 31 万公顷，下降 1.9%）。

鉴于 2014 年城镇建设统计数据尚未公布，这里以 2013 年有关数据加以说明。2013 年我国城市市政公用设施固定资产完成投资 16349.8 亿元，比上年增长 6.89%，占同期全社会固定资产投资总额的 3.66%（其中，道路桥梁、轨道交通、园林绿化投资分别占城市市政公用设施固定资产投资的 51.1%、15.0% 和 10.1%）；主要市政公用设施投新增生产能力（或效益）：供水日综合生产能力 748 万立方米，天然气储气能力 2361 万立方米，集中供热蒸汽能力 0.16 万吨/小时，热水能力 2.31 万兆瓦，道路长度 1.12 万公里，排水管道长度 1.95 万公里，城市污水处理厂日处理能力 1834 万立方米，城市生活垃圾无害化日处理能力 4.8 万吨。2014 年全年全国城镇保障性安居工程基本建成住房 511 万套，新开工 740 万套。

在城镇化和城镇建设继续取得较大发展的同时，城镇经济也取得了较好的发展，根据现有城市经济数据，2014 年我国 57 个主要城市 GDP 增速合计为 8.83%，GDP 合计为 35.1991 万亿元，人均 GDP 合计为 7.90 万元（如表 1 所示）；年末全国城镇就业人员 39310 万人（新增 1322 万人），占全国就业人员的

---

① 马韫璐（上海理工大学硕士）参加了有关数据整理工作。

50.88%；全国农民工总量为 27395 万人（其中，外出农民工 16821 万人、本地农民工 10574 万人）。今后，在适应"新常态"、避免"中等收入陷阱"和城镇化成为"稳增长"最大潜力的形势下，我国城镇化、城镇建设和城市经济还将继续保持较快的发展态势。

一、主要城市经济发展继续呈现趋同态势，多数城市经济增长继续放缓

2014 年我国城市经济增长速度继续快于乡镇经济，城市经济总量在全国经济总量中的比重继续提高。从现已公布的 57 个主要城市数据看，这些城市 GDP 合计总量已占到全国 GDP 的 55.3%（其中有一定的水分，但还是可以看到城市经济大体状况）。从总体看，2014 年我国城市经济继续呈现趋同态势，受全国经济总体态势的影响，多数城市经济增长也继续放缓，具体可从不同规模城市经济和不同区域城市经济发展态势看分析。

（一）不同规模城市经济继续呈现收敛发展趋势

事实上，2014 年我国整个区域经济继续呈现出地区增长与地区经济总量和水平相反关系的合理变化，地区相对差距继续收敛，协调性继续提高[①]。我国不同规模城市经济发展也继续呈现同样的收敛发展趋势（如图 1 所示）。从图 1 可以看出，2014 年城市经济规模越大、人均 GDP 水平越高，城市经济增长速度也越慢，呈现出城市经济规模和城市经济增长速度逆向相关关系，表明不同规模城市经济增长的趋同性以及城市经济规模协调性继续提高。

从各城市经济看，各城市经济增长范围是 13.90%（贵阳）～6.20%（大连），二者相差 7.70 个百分点，增速排前五位的城市分别是贵阳、扬州、淮安、重庆和盐城，最后五位的是大庆、上海、哈尔滨、长春和大连。2014 年城市发展中的主要亮点：一是武汉、成都等城市经济规模超过万亿元，全国城市 GDP 过万亿元的城市增加到 9 座，二是中小规模城市经济增长速度明显加快大和以上规模城市；出现的主要问题是，大庆、哈尔滨、长春和大连等资源型和老工业基地城市以及上海等特大城市经济速度下滑严重。2014 年城市 GDP 变化范围是 23561 亿元（上海市）～1700 亿元（信阳市），二者相差 13.8 倍，排序前五位的城市是上海、北京、广州、深圳、天津，最后五位的城市是连云港、湖州、宿

---

① 刘勇（2015）：2014 年我国区域经济发展与"十三五"区域发展总体思路。

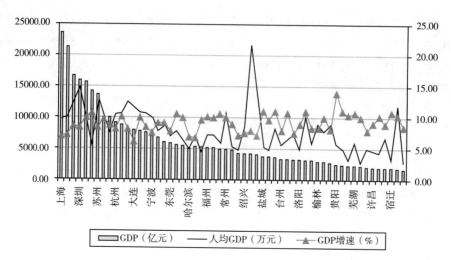

图1　2014 年中国主要城市 GDP 增速与 GDP 总量、人均 GDP 的关系

迁、珠海和信阳；各城市人均 GDP 范围是 21.72 万元（鄂尔多斯市） ~2.78 万元（信阳市），二者相差 7.8 倍，排在前 5 位的是鄂尔多斯、深圳、大庆、苏州和广州，最后 5 位的是石家庄、宿迁、茂名、湛江和信阳（如表 1 所示）。

表 1　　　　　　　　　　2014 年我国主要城市经济发展情况

城市	GDP 增速		GDP		人均 GDP	
	（%）	排名	（亿元）	排名	（万元）	排名
贵阳市	13.9	1	2497	46	5.78	40
扬州市	11.0	2	3698	36	8.29	24
淮安市	11.0	3	2455	47	5.11	44
重庆市	10.9	4	14265	6	4.8	48
盐城市	10.9	5	3836	34	5.28	43
镇江市	10.9	6	3252	41	10.46	13
泰州市	10.8	7	3371	38	6.68	35
宿迁市	10.8	8	1931	55	3.48	54
芜湖市	10.7	9	2308	49	6.01	37
南通市	10.6	10	5653	20	7.76	26
徐州市	10.6	11	4964	27	5.79	39

续表

城市	GDP 增速		GDP		人均 GDP	
	（%）	排名	（亿元）	排名	（万元）	排名
茂名市	10.4	12	2349	48	3.14	55
珠海市	10.3	13	1857	56	11.9	7
连云港市	10.2	14	1966	53	4.48	52
南京市	10.19	15	8821	11	10.77	10
福州市	10.1	16	5169	25	7.26	30
常州市	10.1	17	4902	28	10.67	11
天津市	10.0	18	15722	5	10.37	15
长沙市	10.0	19	7810	14	10.82	9
合肥市	10.0	20	5158	26	7.29	29
惠州市	10.0	21	3001	44	7.74	27
湛江市	10.0	22	2259	50	2.9	56
西安市	9.9	23	5475	21	6.4	36
武汉市	9.7	24	10060	8	9.84	18
石家庄市	9.5	25	5300	24	4.15	53
济宁市	9.5	26	3835	35	4.75	50
郑州市	9.1	27	6800	17	7.88	25
烟台市	9.1	28	6098	18	8.75	22
许昌市	9.1	29	2050	52	4.76	49
潍坊市	9.0	30	4850	29	5.34	42
洛阳市	9.0	31	3285	40	4.96	47
湖州市	9.0	32	1956	54	6.76	34
成都市	8.7	33	10057	9	7.09	32
广州市	8.6	34	16707	3	12.92	5
深圳市	8.5	35	16002	4	15.06	2
榆林市	8.5	36	3006	43	8.97	21
信阳市	8.5	37	1700	57	2.78	57

城市	GDP 增速		GDP		人均 GDP	
	（%）	排名	（亿元）	排名	（万元）	排名
佛山市	8.4	38	7603	15	10.57	12
苏州市	8.4	39	13761	7	13.15	4
金华市	8.3	40	3207	42	5.98	38
杭州市	8.2	41	9201	10	10.4	14
无锡市	8.2	42	8205	12	12.69	6
台州市	8.0	43	3388	37	5.68	41
中山市	8.0	44	2823	45	8.98	20
东莞市	7.8	45	5881	19	7.15	31
鄂尔多斯市	7.8	46	4215	32	21.72	1
江门市	7.8	47	2083	51	5.03	45
宁波市	7.6	48	7603	16	9.95	16
绍兴市	7.5	49	4266	31	8.68	23
嘉兴市	7.5	50	3353	39	7.45	28
北京市	7.3	51	21331	2	9.91	17
温州市	7.2	52	4303	30	4.72	51
大庆市	7.1	53	4113	33	14.16	3
上海市	7.0	54	23561	1	9.76	19
哈尔滨市	6.8	55	5341	22	5.02	46
长春市	6.7	56	5330	23	6.94	33
大连市	6.2	57	8001	13	11.64	8

注：根据目前能够收集到的 57 个城市经济统计数据整理。

（二）各区域城市经济发展也呈现出收敛趋势

我国区域城市经济发展也继续呈现出趋同的发展态势（如图 2 所示）。从图 2 可以看出，2014 年区域经济规模越大、人均 GDP 水平越高，其城市经济增长速度也越慢，也表现为区域经城市经济模和区域城市经济增长速度逆向相关关系，也就是说区域城市经济规模越大，其城市经济增长越低，区域城市经济协调性也在加强。

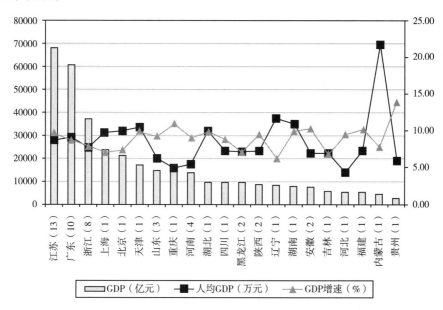

图 2　2014 年中国分省区城市 GDP 增速与 GDP 总量、人均 GDP 的关系

从新三大地带来看（见表 2）：2014 年三地带城市经济增长速度最高是中部达 9.86%，其次是东部和西部分别为 8.57% 和 7.80%；地带城市经济总量仍然为"东部大、中西小"格局，三大地带城市 GDP 分别为 2773305 亿元、74470 亿元和 4215 亿元，所占比重分别为 77.6%、21.2% 和 1.29%；三地带城市人均 GDP 最高是远西部达 21.72 万元，实际是鄂尔多斯，显然是数据有限造成的，其次是东部和中部分别为 8.30 万元和 6.52 万元。2014 年三大地带城市发展的主要热点是中西部丝绸之路经济带铁路建设、长江流域经济带快速发展以及东部"京津冀"地区的协同发展等。

从"7 + 1"综合区来看：2014 年"7 + 1"综合区城市经济增速居前两位的是珠江中上游和长江中游地区，分别为 13.90%（实为贵阳）和 9.97%，其次是黄河中游、东南沿海、长三角和京津冀鲁，最后两位的是远西部和东北三省，分别为 7.80% 和 6.62%；城市经济总量排在前两位的是长三角和东南沿海地区（均在 6 万亿元以上），其次是京津冀鲁、长江中游、东北三省和黄河中游地区（在 6 万 ~1 万亿元），最后是远西部和珠江中上游地区（均在 1 万亿元以下）；"7 + 1"综合区城市人均 GDP 居前两位的是远西部和东南沿海，分别达 21.72 万元（实际为鄂尔多斯）和 8.87 万元，其次是长三角、东北三省、京津冀鲁和长江中游（在 9 万 ~ 6 万元），最后两位是黄河中游和珠江中上游（均低于 6 万元）。2014 年各综合区城市发展的亮点是，长江中游地区工业化和城镇化进程加快（如武汉的城市建设、重庆的引资和开放等）；突出问题是东北三省老工业基地发展再次严重滞后。

表 2 　　　　2014 年新三大地带和"7 + 1"综合区 57 个城市发展态势

	GDP 增速		GDP			人均 GDP	
	（%）	排序	（亿元）	比重（%）	排序	（万元）	排序
57 个城市合计	8.83		351991			7.90	
大中部（13）	9.86	1	74470	21.2	2	6.52	3
新东部（43）	8.57	2	273306	77.6	1	8.3	2
远西部（1）	7.80	3	4215	1.2	3	21.72	1
珠江中上游（1）	13.9	1	2497	0.7	8	5.78	8
长江中游（6）	9.97	2	49658	14.1	4	6.87	6
黄河中游（6）	9.16	3	22315	6.3	6	5.94	7
东南沿海（11）	8.78	4	65734	18.7	2	8.87	2
长三角（22）	8.73	5	127650	36.3	1	8.31	3
京津冀鲁（6）	8.73	6	57136	16.2	3	7.76	5
远西部（1）	7.80	7	4215	1.2	7	21.72	1
东北三省（4）	6.62	8	22785	6.5	5	8.11	4

注：新三大地带和"7 + 1"综合经济区划分：新东部包括东北三省、京津冀鲁、长三角（沪苏浙）、东南沿海（粤闽琼）4 个综合经济区，含 13 省区；大中部包括黄河中游（陕甘宁晋豫）、长江中游（川渝湘鄂赣皖）、珠江中上游（云贵桂）3 个综合经济区，含 14 省区；远西部包括内蒙古、新疆、青藏等 3 大经济区，含 4 省区，这些省区经济规模太小，可将其视为 1 个综合经济区。

（）：括号内数字表示统计的城市数目，共计 57 个城市，下同。

从各省区看：2014 年各省区城市经济增速在 13.90%（贵州，实为贵阳）6.20%（辽宁，实为大连）之间，居前三位的省区是贵州、重庆和安徽（均在 10.0% 以上），居后三位的省区是黑龙江、吉林和辽宁（均在 7.0% 以下）；各省区城市经济总量在 68236 亿元（江苏）~2497 亿元（贵州），居前三位的省区是江苏、广东和浙江（均在 3 万亿元以上），居后三位的省区是福建、内蒙古和贵州（均在 6000 亿元以下）；各省区城市人均 GDP 范围在 21.72 万元（内蒙古，实为鄂尔多斯）~4.15 万元（河北），居前三位的省区是内蒙古、辽宁和湖南

（均在 10 万元以上），居后三位的省区是河南、重庆和河北（均在 6 万元以下）。2014 各省区城市发展的亮点是，贵阳、重庆等一些中西部城市经济增长速度明显加快，东部中小城市经济增长速度也明显加快；出现的主要问题是，大庆、哈尔滨、长春和大连等东北地区城市和上海市经济速度下滑严重。

表 3　　　　　2014 年若干省区主要城市经济发展基本情况（57 个城市）

省区	GDP 增速		GDP		人均 GDP	
	（％）	排序	（亿元）	排序	（万元）	排序
贵州（1）	13.9	1	2497	21	5.78	18
重庆（1）	10.9	2	14265	8	4.8	20
安徽（2）	10.22	3	7466	16	6.84	16
福建（1）	10.1	4	5169	19	7.26	11
天津（1）	10.0	6	15722	6	10.37	4
湖南（1）	10.0	5	7810	15	10.82	3
湖北（1）	9.7	7	10060	10	9.84	6
江苏（13）	9.69	8	68236	1	8.62	9
河北（1）	9.5	9	5300	18	4.15	21
陕西（2）	9.4	10	8481	13	7.12	12
山东（3）	9.17	11	14783	7	6.13	17
河南（4）	9.0	12	13835	9	5.39	19
四川（1）	8.7	13	10057	11	7.09	13
广东（10）	8.67	14	60565	2	9.04	8
浙江（8）	7.85	15	37275	3	7.57	10
内蒙古（1）	7.8	16	4215	20	21.72	1
北京（1）	7.3	17	21331	5	9.91	5
上海（1）	7.0	18	23561	4	9.76	7
黑龙江（2）	6.93	19	9454	12	6.98	14
吉林（1）	6.7	20	5330	17	6.94	15
辽宁（1）	6.2	21	8001	14	11.64	2

二、未来我国城市发展基本趋势

在适应"新常态"和避免"中等收入陷阱"的背景下，大力推进城镇化进程，加快城镇建设步伐是"稳增长"的最大举措，是解决城乡差距的根本途径，也是最大的内需所在。从城镇化发展阶段看，未来我国仍处于城镇化工业化快速发展时期，全面建成小康目标，在很大程度上还有赖于城镇化工业化的快速发展。因此，未来我国城镇化和城镇建设仍然将处于快速发展时期，是今后相当长一段时期经济发展的主要动力。

（一）借鉴发达国家经验，搞好我国城镇体系的顶层设计

发达国家以美国与我国国情比较相似。美国与中国城镇化最大的不同在农村，美国城镇化后农村变成了 250 多万个家庭农场组成的土地集约规模化机械化的现代商业化农庄；而中国目前仍然是由 250 多万个行政村和自然村组成的小块土地非集约并还带有自给特点的农业村落。2015 年 2 月美国人口大约为 3.20 亿人，城镇化水平已达 90%；城乡居民点，除了前述 250 万个家庭农场外（大约 1000 万直接农民和农业就业者），还有城镇（集镇或村，名字叫村，但实为家庭农场提供服务的农村集镇）3.52 万个。其中，1 万人口以下集镇（或村）1.57 万个（人口大约 2200 万人），1 万人口以上的城市有 1.95 万个，3 万人口以上的城市有 1100 个，10 万到 20 万人口的城市有 131 个，20 万以上人口的城市有 78 个，300 万以上人口的城市有纽约、洛杉矶、芝加哥、华盛顿、旧金山、费城、波士顿、底特律、达拉斯、休斯敦、迈阿密、亚特兰大和西雅图等 13 个[①]。此外，美国 3.52 万个城镇（集镇、村）很有规律和层次地分布于 967 个都市统计区（包括 388 大都市统计区（占美国总人口的 80%）、541 小都市统计区（占美国总人口的 9%）和 38 个新英格兰大小城镇统计区）、175 个联合都市统计区（其中包括 6 个新英格兰联合城镇统计区）以及 6 大城镇绵延带（即波士顿—纽约—华盛顿城镇绵延带、五大湖南部城镇绵延带、西部沿大西洋城镇绵延带、东南沿海城镇群绵延带、南部沿海城镇群绵延带和中部沿密西西比河—密苏里河沿岸城镇群绵延带）。这就是目前美国城乡居民点和城镇体系。未来中国也将逐步形成类似的居民点和城镇体系，具体设计可能分以下几个层次。

——城乡一体化的居民点体系。中国城乡居民点体系将由目前的"653 座城

[①] 庄社明（2001）：《关于美国城镇化的考察报告》，《宏观经济研究》，2011 年第 6 期。

市 +20000 个建制镇 +20000 个集镇 +300 万个建制村和自然村"的居民点体系，逐步演变为"2000 座城市 +30000 个建制镇（或集镇）+ 400 个万家庭农场（或集体或企业农庄）"的城乡一体化的居民点体系。

——大中小和小城镇协调发展的城镇体系。中国城镇体系将由目前的"4 个直辖市 +27 个省会城市 +620 个地县城市 +20000 个建制镇"，在取消地级市和增加省区行政区划单位的条件下，逐步演变为"8 ~ 10 个直辖市 +50 ~ 60 个省会城市 +2000 个县城（市）+20000 个建制镇"。

——若干城镇群和众多的城镇圈。将构建"两横三纵"的总体城镇空间布局体系，做到"大分散、小集中"，空间均衡发展；优先发展 21 个城镇群，落实大中小和小城镇协调发展方针，宜大则大、宜小则小。城镇圈为取消地级市行政区划后，在市场机制的作用下形成的以一个或若干个中心城市为核心的城乡一体化的都市圈体系。未来我国城镇圈将达 300 个左右。

——城镇内部空间布局。构建合理的城镇内部"四圈层分布"：中心城区核心区高层高密度、中心城区边缘地区高层低密度、近郊区低层高密度、远郊区低层低密度，并逐步过渡到农村地区。

（二）完善城镇化体制机制，全面改革和调整城镇化有关政策

完善城镇化体制机制主要是：正确处理好政府主导城镇规划和市场主导城市建设的关系；正确处理好政府主导城镇规划与市民参与问题；正确处理好政府主导城镇规划和民间（和外资）参与城镇建设的关系；等等。

关于全面改革和调整城镇化有关政策主要是推进人口管理制度改革；深化土地管理制度改革；创新城镇化资金保障机制；合理规范区域政府与城市政府的设置；进一步完善设市标准（如按中心城区人口规模建立城市规模体系）和设市程序；改革城镇规划、建立科学管理体系；健全城镇住房制度；强化生态环境保护制度；等等。

美国（2050）区域发展新战略及其启示

孙志燕

20₀₆ 年，美国为应对新技术革命、气候变化、人口结构变化以及国内区域发展差距扩大等多方面的挑战，由联邦政府提议，启动了美国（2050）区域发展新战略的规划研究。并组织多个政府部门、区域规划机构、企业、大学等共同组建了"美国（2050）国家委员会"，负责该研究项目。目前已完成了战略框架的总体设计、高速铁路远景规划、基础设施远景规划等专项研究。本文将在其已有研究成果的基础上，对其战略框架的设计、战略目标的选择以及相关政策的调整进行分析，为我国进一步完善区域政策、制定中长期区域战略规划提供借鉴。

一、美国（2050）区域发展新战略概述

（一）美国制定（2050）区域发展新战略的背景

从美国区域规划的历史来看，基本上是以州、市层面的地方规划为主。联邦政府推动实施的规划多数是针对特定的问题区域，并涉及跨州的专项规划，如田纳西流域开发法案、阿巴拉契亚区域整治规划，"棕色地带"再开发计划等。基于整个国土空间范围制定国家层面的区域发展总体战略尚属首次。究其原因，除了与全球贸易格局的变化、能源环境压力加大、新技术革命等外部因素相关外，更主要的原因是源自美国国内区域经济的变化。

一是美国人口规模及结构的变化。根据美国普查局的人口预测，到 2050 年，美国人口总规模将超过 4 亿人，比 2012 年增长约 23%。更重要的是人口结构出现显著变化，美国移民人口和有色种族人口在 2050 年将成为多数人口，比重将达到 54% 左右。[①] 这些人口不仅是美国未来 30～40 年内流动人口的主体，还会以其血缘、宗教、文化或者经济利益为纽带，形成规模更大的聚集区。同时，美

---

① 资料来源：美国普查局。

国 65 岁以上人口的比重在 2050 年将达到 21% 左右，比 2010 年上升约 8 个百分点。[①] 人口规模和结构的变化会对不同地区的就业、教育、住房、交通等基本公共服务的需求产生显著变化，需要政府及时调整政策，基于国家层面优化区域布局，适应新的社会需求。

二是美国国内区域经济发展不平衡趋势的加强。美国经济活动在空间布局上呈现显著的集聚特征，全国 GDP 经济总量的 35% 集中在排名前 5 位的州。各州人均 GDP 的差距也在不断扩大。1996 年，最高与最低州的比值为 4.1 倍，目前已扩大到 5.6 倍。[②] 各地区经济增长也存在显著差距，有些州年增长率超过 10%，有些州却是负增长，增长的差距导致了不同地区的就业状况也严重不平衡，部分地区的就业连续 5 年下降。区域差距的扩大不仅导致各地区居民收入水平的扩大，也进一步扩大了地方政府（州以下政府）财政收入的差距，部分地方政府难以有效履行其职能，社会矛盾增加。

三是大都市区的快速发展引发了一系列新的区域问题。2012 年，美国大都市区的人口和 GDP 占全美国的比重均超过 85%，前 10 位大都市区已经聚集了全美国 1/3 左右的人口和经济活动。伴随着大都市区的发展，城市蔓延，城市与城市之间，城市与郊区之间的人流、物流快速增加，交通、环境承载力接近饱和。中心城市的制造业、零售业、人口外迁趋势日益加强，中心城市衰退加剧，税源流失，成为新的贫困人口聚集区域，底特律市就是最典型的案例。这一系列问题的解决又涉及跨行政区的协调，需要联邦政府及时采取应对措施。

基于上述背景，美国联邦政府启动了 2050 区域发展新战略的研究，旨在规划美国未来 40~50 年区域经济发展蓝图，发展具有国际竞争力的大都市区；制定与美国未来经济增长格局相适应的联邦财政投资规划和政策安排；制定促进经济发展相对滞后地区的发展战略，为全社会提供平等的发展机会。

（二）美国（2050）区域发展新战略的主要内容

美国（2050）区域发展新战略作为本国区域发展的顶层设计，对整个国家区域发展所要实现的战略目标、基本原则、发展路径以及需要政策重点关注的区域和配套政策措施都进行了全面规划，在整个战略框架下又围绕战略目标的实现提出了能源、交通、人才等若干专项战略（如图 1 所示）。最值得关注的主要有以下四个方面：

---

① 资料来源：美国普查局人口预测。
② 资料来源：美国经济运行局（BEA）。

　　一是战略目标的选择。作为国家层面的区域发展总体战略，在战略目标的选择上，不仅包括了"促进全国经济增长和欠发达地区发展"一般性的战略目标，还明确提出了"发展若干具有全球竞争力的大都市区"战略目标，并将其定位为引领美国未来经济增长和提升美国全球竞争力的重要区域。这反映了在全球化发展的新阶段，美国经济增长重心在空间上的转移，即大都市区将成为经济活动在空间聚集的新形态，其经济发展将成为国家经济发展的重要驱动力，也将成为其参与国际竞争的重要空间单元。

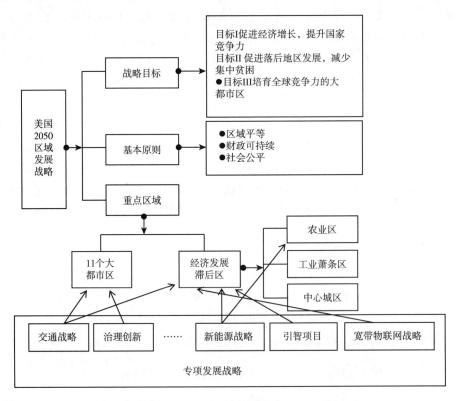

图1　美国（2050）区域发展新战略的总体框架

　　二是该战略突出强调了"平等、包容"的基本原则。在美国（2050）区域发展新战略中，明确提出了区域发展应坚持的三项基本原则：（1）区域平等原则，即各个地区均拥有平等的发展机会，鼓励各地区通过开发未被充分利用的人力资源和自然资源，增强自身经济发展能力，提高居民生活质量。（2）社会公平原则，强调该战略的制定应以"人"为中心，而不是以"地理区位"为中心，要超越阶层、种族、民族的界限，要有利于构建更加开放包容的社会。（3）财政的可持续原则。强调了两个层面的含义：一是要确保"财政公平"，即优先保障各地区基本公共服务的财政支出。二是在此基础上可通过政府债券、产业基金等多种方式，发挥杠杆作用，支持地区经济发展。

三是依据统一标准，识别需国家政策重点扶持的问题区域。美国（2050）区域发展新战略在县（市）级层面，建立了对经济发展相对滞后地区（作为国家政策重点扶持的地区）的统一识别标准。具体包括四类指标：人口变化（1970~2006）、就业变化（1970~2006）、工资变化（1970~2006，扣除通货膨胀因素）、工资平均水平（2006年）。对于城市地区，则用人均收入替代工资，基年调整为1980~2007年。单项指标排名在全国后1/3，或者比全国平均水平低33%，至少要同时满足上述三个指标标准才能成为此类地区，并根据各地区发展情况保持动态调整。

按照此标准，美国共有640个县（占所有县的比重为20%，多数是偏远的农村地区），126个市（占所有市的比重为18.7%）被划分为经济发展滞后区。在此分类基础上，该战略再根据各地区不同的地理区位、经济特征、人口特征、生态特征等因素，进一步将经济发展滞后地区细分为若干类别——偏远农村落后地区、工业萧条区、衰退的中心城市、自然景观保护区等。由此可见，美国在问题区域的判别上采用了两个层次的划分标准，这一划分方法既体现了该战略所提出的以"人"为中心的公平原则，又有利于兼顾到不同区域所面临的问题特殊性，为制定有针对性的区域政策奠定了基础。

四是针对不同的区域采取不同的政策组合。美国（2050）区域发展新战略对两类区域进行了重点关注：一类是经济较为发达的大都市区，另一类就是经济发展相对落后的问题区域。对于前一类地区重点是推进大都市区治理创新，改进其与经济发展滞后地区的基础设施连接，增强其对腹地经济的辐射带动力。后一类地区则按照不同的区域类别制定了更具有区域针对性的政策措施。如针对偏远的农村落后地区，继续实施农业补贴政策，重点支持小型农场和高附加值农产品。将发展农村生物燃料，包括玉米乙醇等新能源项目纳入国家新能源战略之中。实施宽带战略，促进高等教育体系的分散化。为小企业和到上述地区创业者提供补贴贷款，吸引更多的受过良好教育的年轻人创业，推动本地区的创新发展，增强经济发展活力。改进农村地区与大都市区的交通连接。针对工业萧条区的政策重点则是如何有效帮助其转型，包括实施引智项目，改善教育和医疗机构水平，为聚集创新人才构建信息平台，利用政府资金的引导作用，吸引风险投资，创新城市规划，并将其纳入国家制造业复兴计划等。

通过以上对美国（2050）区域发展新战略的分析，可以看出在美国区域规划和区域政策领域出现了三个层面的变化趋势：一是更加重视区域经济发展的顶层设计，改变了传统以"问题"为导向，以单个区域为目标的区域规划模式，更强调国家层面总体的战略布局和综合性的战略规划；二是打破了传统区域经济发展战略追求平衡发展的范式，遵循区域经济活动空间聚集的基本规律和效率原则，客观认识区域之间经济发展水平的差距，积极培育发展大都市区，带动整个国家的经济增长。三是针对问题区域的支持性政策由传统的重视物质资本的投入，转向以"人"为中心的间接政策工具，如劳动力培训、帮助其建立与世界资源之间的联系、技术援助、促进劳动力跨区域流动等。

此外，在美国（2050）区域发展新战略中，还特别强调了地方发展规划或其他专项规划应纳入该总体战略的框架之下，要与该战略的基本原则和发展导向相一致，要有利于国家发展的可持续和国家整体竞争力的提升。同时，强调要加强联邦政府在土地利用中的控制性作用。

二、若干启示及政策建议

尽管美国经济社会的发展阶段、面临的区域问题与我国不尽相同，但是美国（2050）区域发展总体战略所体现的区域发展思路和理念，以及对问题区域的判别，扶持经济相对落后地区发展方面的政策选择都对我国具有重要的借鉴意义。具体如下：

（一）加强我国区域发展的顶层设计，构建统一的区域政策框架

从上述对美国（2050）区域发展新战略制定的背景和主要内容来看，该战略在更大程度上是为了缓解地方政府自治所带来的地方政府各自为政、环境、土地利用低效等问题，为地方政府的发展与合作提供一个综合决策的战略框架。同样，我国也面临着一些类似的区域问题，如地方利益冲突所导致的恶性竞争、环境恶化、资源利用效率较低等。需要借鉴国际经验，在国家层面，针对未来影响区域发展的重大问题和演变趋势，基于国家整体利益之上提出我国区域发展的总体思路和战略框架，为规范各地区的发展规划，构建更加统一有效的区域政策提供依据，引导和约束地方政府的发展目标能够遵循国家总体战略目标。

（二）建议以"人均收入"为核心指标，构建对区域政策重点支持区域的统一判别标准，以增强我国区域政策的统一性和公平性

各国在制定实施区域政策的过程中，都首先要对需要政策重点支持的地区进

行科学识别，这直接影响到区域政策的有效性。但由于我国缺乏统一的判断标准，在实施过程中既有按照区块划分的（如东、中、西地区），也有以人口特征为标准的划分（少数民族聚集地区、革命老区、牧区等），还有以流域、资源环境状况、贫困水平等作为区域政策选择的标准。各种标准相互交叉重叠，即使是经济较为发达的地区也可能成为区域政策支持的地区，造成各地区为了争取国家的政策支持，设立各种名目去竞争博弈，陷入了中央与地方"讨价还价"的纷争之中。这不仅违背了区际公平的基本原则，也降低了有限的财政资金利用效率和区域政策的效用。建议借鉴美国经验，以人均收入为核心指标，结合财政、就业、人均GDP等方面的指标，适当缩小区分的地域单元，至少在地级市层面建立国家对政策重点支持地区的统一判断标准。在此基础上再进一步根据不同地区面临的问题和矛盾，细化区域类型，选择有针对性的政策工具，以提高区域政策的精准性，逐步建立完整统一的区域政策体系。

（三）强化"公平"原则，进一步优化区域政策体系

如上文所述，美国在经济发展的不同阶段，促进本国区域经济发展的区域政策重点也有所不同。为更好地适应世界市场和生产体系快速一体化的趋势，以及新型产业业态和商业模式的发展，我国应充分借鉴其经验，加快调整优化相关区域政策：一是由以往强调缩小地区之间经济水平的差距，转向"公平优先"，注重缩小区域之间基本公共服务方面的差距。二是由重视物质资本投入，转向加强人力资本投入，加强教育、就业培训等方面的政策支持，切实有效地提高欠发达地区劳动力技能和受教育水平，促进技术、人口跨区域的流动；三是加强欠发达地区先进基础设施的建设，重点是高速交通网络和信息通信网络的建设，改进欠发达地区与经济发达地区的连接性，使其尽快融入全球商品、信息传输、生产配送体系之中。

（四）适应大都市区发展的趋势，加快推进跨区域治理模式的创新

大都市区的治理模式创新作为美国（2050）区域发展新战略中的重要专项战略提出，对我国区域发展具有重要的借鉴意义。我国目前已形成了长三角、珠三角、京津冀等大都市区，未来伴随着国家区域发展战略的实施，还将形成若干大都市区。大都市区的健康发展直接关系到国家经济社会的可持续性。因此，应在借鉴国际经验和教训的基础上，做好前期政策研究，尽快建立起适合我国国情的大都市区治理和协作机制，同时要加强国家层面对大都市区未来发展的整体规划和引导，避免城市边界的无序扩张，确保国土空间资源的科学合理利用。

参考文献

［1］ Edward Feser, Geoffrey Hewings, 2007, U. S. Regional Economic Fragmentation & Integration: Selected Empirical Evidence and Implications, The Healdsburg Research Seminar on Megaregions.

［2］ Mark Pisano, Dan Mazmanian, 2008, America 2050: Toward A National Strategic Investment Framework, The National Committee for America 2050.

［3］ America 2050: New Strategies for Regional Economic Development, 2009, The National Committee for America 2050

［4］ Regional Plan Association, "America 2050: A Prospectus," New York: September 2006.

［5］ Armando Carbonell, Robert D. Yard, American Spatial Development and the New Megalopolis, 2005, Lincoln Institute of Land Policy.

深入实施西部大开发战略评估及政策建议[①]

魏后凯　赵　勇

一、深入实施西部大开发战略的进展及效果

自 2010 年 6 月国务院发布《关于深入实施西部大开发战略的若干意见》以来，西部大开发工作取得了明显的成效。西部地区综合经济实力明显增强，基础设施更加完善，特色产业加快发展，公共服务能力不断提升，生态建设和环境保护有序推进，对外开放程度稳步提高。

（一）西部开发政策不断细化落实，经济保持平稳快速发展态势

按照国务院《关于深入实施西部大开发战略的若干意见》的总体目标和部署，有关部门制定出台了相关扶持政策、配套办法和实施细则，加大了中央财政对西部地区的转移支付以及各类专项资金的支持力度，使近年来西部地区经济保持了平稳快速发展态势。

第一，经济平稳快速增长且占比不断提高。西部地区生产总值由 2009 年的66973.5 亿元增加到 2012 年的 113914.6 亿元，占全国各地区总额的比重由18.3% 提高到 19.8%。2010 ~ 2012 年，西部地区生产总值年均增长率达到14.0%，分别比全国平均水平、东部地区、东北地区和中部地区高 2.2、3.4、1.6、1.3 个百分点（见表 1）。与 2007 ~ 2009 年相比，2010 ~ 2012 年西部地区生产总值年均增长率提高了 0.2 个百分点，其他区域年均增长率均呈现出下降趋势。

---

① 本文作者单位为中国社会科学院城市发展与环境研究所。本文系第二作者赵勇在国务院发展研究中心发展战略和区域经济研究部交流期间的成果，已发表于《开发研究》2014 年第 1 期。

表1 中国各地区生产总值增长率的变化 单位:%

年份	全国	东部地区	东北地区	中部地区	西部地区
2007~2009	12.9	12.5	13.5	12.9	13.8
2010~2012	11.8	10.6	12.4	12.7	14.0
2005	13.3	13.7	12.2	12.8	13.3
2006	13.9	14.3	13.7	13.2	13.5
2007	14.8	15.0	14.3	14.6	14.9
2008	12.1	11.5	13.5	12.4	13.1
2009	11.7	10.9	12.7	11.8	13.5
2010	13.1	12.3	13.6	13.8	14.2
2011	12.0	10.2	13.5	13.4	15.2
2012	10.3	9.3	10.2	10.9	12.5

注：地区生产总值（GRP）增长率根据各省区市 GRP 及其增长率实际数推算。计算方法为：首先根据各地区当年的 GRP 及其指数，推算各地区上年按可比价计算的 GRP 数值，然后将两个年份各地区 GRP 数值汇总，由此推算出各地区加总的 GRP 平均增长速度。

资料来源：根据《中国统计年鉴》（各年度）和《中国统计摘要》（2013）计算。

第二，主要经济指标快速增长且占比稳步提高。从 2009 年到 2012 年，西部地区全社会固定资产投资由 49686.3 亿元增加到 88748.8 亿元，占全国的比重由 22.7% 提高到 24.0%；社会消费品零售总额由 23038.7 亿元增加到 37359.1 亿元，占全国的比重由 17.4% 提高到 17.8%；货物进出口总额由 916.7 亿美元增加到 2363.8 亿美元，占全国的比重由 4.2% 提高到 6.1%（如图1所示）。

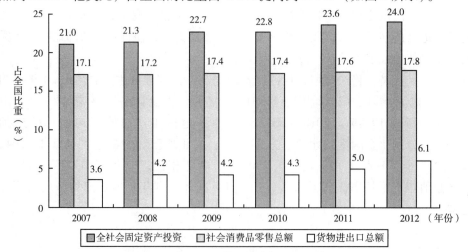

图1 西部地区主要经济指标占全国的比重

资料来源：根据《中国统计年鉴》（2008~2012）和《中国统计摘要》（2013）绘制。

（二）特色优势产业加快发展，经济结构调整初见成效

为推进实施以市场为导向的优势资源转化战略，国务院于 2010 年 8 月颁布实施了《关于中西部地区承接产业转移的指导意见》，2013 年 5 月国家发展改革委和商务部又联合发布了《中西部地区外商投资优势产业目录（2013 年修订）》，逐步落实差别化的产业政策。在国家政策的引导下，西部地区产业规模不断扩大，产业转移承接速度加快，产业结构得到不断优化。

第一，地区产业结构不断优化。近年来，西部地区工业化进程明显加快。从 2009 年到 2012 年，西部地区工业增加产值占地区生产总值的比重由 39.7% 提高到 42.7%，工业增加值占全国的比重由 16.9% 提高到 19.3%，分别增加了 3.0 和 2.4 个百分点；西部地区三次产业增加值构成由 13.7：47.5：38.8 调整为 12.6：50.8：36.6，其中第二产业增加值比重呈现上升态势。西部地区高新技术产业总产值占全国的比重则由 2009 年的 6.5% 提高到 2011 年的 8.1%。

第二，承接产业转移取得了重要进展。目前，西部地区承接东部产业转移呈现出规模显著扩大、层次明显提升、方式不断创新的态势。从 2009 年到 2012 年，重庆实际利用内资由 733.1 亿元提高到 5914.6 亿元，四川省由 4063.7 亿元提高到约 8700 亿元。西部承接的产业开始由以纺织、服装为主的低层次劳动密集型产业向以机械、电子信息为主的资本密集型和技术密集型产业转变。2012 年，重庆制造业实现引资 2042.43 亿元，占全部引资总量的 1/3；四川省制造业到位资金 2264.61 亿元，居各行业到位资金首位。同时，西部承接产业转移的方式也从自发的、零星的、分散的、小规模的承接转变为产业链式、产业集群式、园区共建式的承接。譬如，随着富士康、广达、英业达等巨头先后进驻重庆，目前重庆笔记本电脑产业已经形成链式发展的集群化趋势。

（三）基础设施建设全面加快，发展保障能力稳步提升

2010 年以来，有关部门将交通、水利等基础设施建设放在优先地位，编制实施了《西部大开发水利发展"十二五"规划》等专项规划，陆续新开工了一批重点工程建设项目，基础设施建设全面推进，发展保障能力稳步提升。

第一，综合交通网建设进程加快。铁路、公路、民航、水运重点工程建设加快，路网规模进一步扩大，"五横"、"四纵"、"四出境"国际通道建设取得积极进展。2011 年和 2012 年国家新开工西部大开发重点工程各 22 项，投资总规模分别达到 2079 亿元、5778 亿元，2012 年较 2011 年同比增长 178%。

第二，水利基础设施投资倾斜力度进一步加大。2011 年，西部地区水利建

设完成投资 989.2 亿元，占全国总投资额的 32.0%。2012 年，中央水利投资继续向西部地区倾斜，累计安排西部地区中央水利投资 682 亿元，占全国中央水利投资总规模的 43%。

第三，能源供应设施重点工程建设加快。2009～2012 年，新开工建设了包括成品油原油管道、中、俄等国际油气管道、西电东送输电通道和联网工程、远距离输电等在内的能源供应设施重点工程。

（四）特色农业加快发展，城乡统筹成效显著

在国家政策的支持下，西部农村基础设施与农业基本生产条件不断改善，特色农业加快发展，农民收入进一步提高，城乡统筹工作取得显著成效。

第一，农村基础设施建设加快。水、电、路、气、房和优美环境"六到农家"工程、饮水安全与农田水利建设工程加快实施。2012 年，国家安排农村饮水安全中央投资 116 亿元，解决西部地区 2400 多万农村居民和 350 多万农村学校师生的饮水安全问题；同时安排农田水利中央投资 120.8 亿元，重点用于规划内 94 处大型灌区续建配套与节水改造、47 处大型灌溉排水泵站更新改造、449 个小型农田水利重点县等项目建设。

第二，特色农业得到大力发展。西部地区农业增长速度加快，农产品加工业实现平稳发展。从 2009～2012 年，西部地区农业增加值由 9198.3 亿元增加到 14330.1 亿元，占全国比重由 26.1% 上升到 27.4%；西部地区粮食产量由 14245.4 万吨增加到 15494.7 万吨，增长了 8.8%。

第三，农民收入水平进一步提高。西部地区农村居民人均纯收入由 2009 年的 3816 元提高到 2012 年的 6008 元，3 年的增速分别为 15.8%、18.8% 和 14.5%，高于城镇居民人均可支配收入的增速，西部城乡居民收入比由 3.72 缩小到 3.31（如图 2 所示）。

（五）基本公共服务投入加大，社会事业薄弱环节得到加强

中央不断加大财政转移支付力度，加快西部地区社会事业发展步伐，使西部基本公共服务均等化程度以及社会保障水平显著提高。

第一，教育经费投入进一步加大。西部基础教育经费投入大幅增加，义务教育从全面普及到巩固提高，基础教育均等化取得突破性进展。从 2009～2011 年，西部地区公共财政预算教育经费由 3058.13 亿元提高到 4313.78 亿元，小学、初中、普通高中生均公共财政预算公用经费分别由 3647.94、4567.96、4006.18 元提高到 5603.21、6812.54、6755.81 元，小学、初中、普通高中生师比分别由

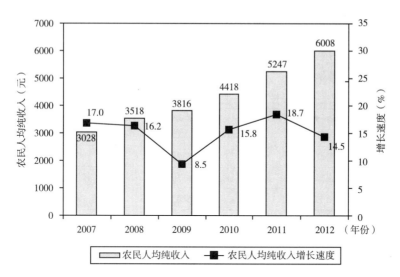

图2　2007~2011年西部地区农民人均纯收入变动趋势

注：农民人均纯收入增长速度按当年价格计算。

资料来源：根据《中国统计年鉴》（各年度）绘制。

18.07、16.37、16.77人下降到17.14、15.27、16.30人。

第二，医疗卫生服务能力逐步增强。一是医疗卫生基础设施建设取得成效。从2009~2011年，西部地区每千人口医疗卫生机构床位数由3.26张提高到3.94张。二是医疗服务人员不断增加，每千人口卫生技术人员和卫生人员数分别由3.26、5.33人提高到3.94、6.11人（如表2所示）。三是通过国家临床重点专科建设、城市医院医师支援农村、东部三级医院支援西部县级医院等工作，使西部地区医疗卫生资源进一步优化，医疗卫生服务能力进一步提高。

表2　　　　　　　　2009~2011年西部地区医疗机构和卫生人员数

年份	每千人口卫生技术人员（人）	每千人口医疗卫生机构床位数（张）	每千人口卫生人员数（人）
2009	3.86	3.26	5.33
2010	3.99	3.62	5.75
2011	4.24	3.94	6.11

资料来源：根据《中国统计年鉴》（2010~2012）计算。

第三，西部地区社会保障水平不断提高。一是养老保险覆盖面不断扩大。从2009~2011年，西部地区养老保险参保人数占总人口比重由15.56%提高到

38.73%。二是失业保险全面实施，工伤保险逐渐完善，劳动保护日益健全，失业保险参保人数占总人口比重由 6.28% 上升到 6.95%。三是医疗保险参保人数占总人口比重由 22.31% 上升到 27.19%（如表 3 所示）。

表3　　　　　　　　　　2009～2011 西部地区社会保障水平　　　　　　单位:%

年份	养老保险参保人数占总人口比重	失业保险参保人数占总人口比重	医疗保险参保人数占总人口比重
2009	15.56	6.28	22.31
2010	23.38	6.56	24.49
2011	38.73	6.95	27.19

资料来源：根据《中国统计年鉴》（2010～2012）计算。

（六）援助力度进一步加大，区域发展协调性不断提高

按照分类推进的原则，国务院批复了成渝经济区等区域规划、武陵山片区等区域发展和扶贫攻坚规划以及《陕甘宁革命老区振兴规划》，出台了支持内蒙古、贵州等民族地区加快发展的意见，国务院办公厅还同意印发了《深入推进毕节试验区改革发展规划》，不同类型区域特色和优势得到发挥，区域协调发展取得较大进展。

第一，重点经济区率先发展取得显著成效。一是成渝、关中—天水、北部湾等经济区已经成为引领西部经济发展的重要高地。从 2009～2012 年，关中—天水经济区实现生产总值由 5636 亿元增加到 9816 亿元，北部湾经济区则由 3481 亿元增加到 4316 亿元。二是两江新区、西咸新区等初步成为具有全国影响的经济增长极。2012 年，两江新区实现生产总值 1476.22 亿元，主要经济指标是 2009 年成立时的近 2 倍。三是呼包银、新疆天山北坡、兰西格、陕甘宁等经济区快速发展，成为西部地区新的经济增长带。四是滇中、黔中、西江上游、宁夏沿黄、西藏"一江三河"等经济区，逐步发展成为省域经济增长极，对周边地区辐射带动作用不断增强。

第二，贫困地区扶贫工程实施加快。一是六盘山片区、秦巴山片区、武陵山片区、乌蒙山片区、滇桂黔石漠化片区、滇西边境片区等区域发展和扶贫攻坚工程加快实施，产业扶贫、整村推进、异地扶贫搬迁等专项扶贫开始落实。二是加大对特定区域扶贫投入和对口帮扶力度。2012 年东西扶贫协作政府和社会援助投入 10.32 亿元，企业协议合作投资 4556 亿元，分别比上年增长 9.1% 和 73.2%，共安排陕西、甘肃、青海、宁夏省区中央财政扶贫资金 60 余亿元，比 2011 年增加 10 多亿元，增幅达 20.5%。

第三，民族地区对口支援积极推进。一是中央支持和对口支援、对口帮扶新疆项目建设加快。各对口援疆省市安排的 1292 个援疆项目，到 2013 年新开工项目 779 个，开工率达到 84.5%。二是支持贵州、青海工作取得了积极进展，截至 2012 年年底，中央补助贵州省资金达 1691 亿元，同比增加 223 亿元。2010~2012 年，交通运输部对青海省共安排车购税补助资金 234.56 亿元，支持建设了共和至玉树公路、西宁南绕城、茶卡至格尔木等一批重点公路项目。

（七）对内对外开放水平不断提升，内陆型开放经济稳步推进

为充分发挥内陆及沿边优势，有关部门启动了沿边地区开发开放规划编制工作，制定实施了《宁夏内陆开放型经济试验区规划》，积极推动两江新区、兰州新区、贵安新区，喀什、霍尔果斯经济开发区以及东兴、瑞丽、满洲里等重点开发开放试验区建设，沿边地区开发开放进程加快，内陆型开放经济得到大力发展。

第一，进出口贸易增长迅速且贸易结构不断优化。西部地区进出口总额由 2009 年的 916.7 亿美元增加到 2012 年的 2363.6 亿美元，占全国的比重由 4.2% 增加到 6.1%。2011 年，西部地区机电产品、高新技术产品进出口额分别达到 772 亿美元、415.1 亿美元，对外技术贸易进口 1145 份，其中合同金额为 50.27 亿美元，占全国总金额的 15.6%，同比增长 62.4%。

第二，利用外资的质量和水平不断提高。西部地区实际使用外资金额由 2009 年的 71.1 亿美元提高到 2011 年的 115.7 亿美元，占全国总额的比重由 7.9% 增加到 10%。但是，受国际经济环境的影响，2012 年西部地区实际使用外资回落到 99.2 亿美元，占全国总额的比重为 8.9%。西部地区外商投资企业货物进出口总额占全国的比重由 2009 年的 1.7% 增加到 2012 年的 3.9%。同时，外商投资结构不断优化，世界 500 强在西部地区投资企业累计已超过 200 家。

第三，对外投资与承包工程规模逐步扩大。西部地区境内投资者对外非金融类直接投资由 2009 年的 11.47 亿美元增加到 2011 年的 30.6 亿美元。截至 2011 年年底，西部地区企业累计实现非金融类对外直接投资 288 亿美元。对外承包工程营业额由 2009 年的 66.14 亿美元增加到 2011 年的 101.98 亿美元，占全国的比重由 8.5% 提高到 9.9%。

二、深入实施西部大开发战略中存在的问题

三年来，西部地区尽管在基础设施、生态环境建设、特色产业发展、科技教育等方面取得了显著成效，但由于自然环境、传统观念和体制、现有发展基础、

资金和人才等方面的制约，目前西部与东部地区的发展差距仍然较大，发展中存在的问题依然比较突出。

第一，同步小康难度较大。目前，西部一些落后地区小康实现程度仍然较低。如贵州全面建设小康社会实现程度虽由 2010 年的 60% 迅速提高到 2012 年的 69%，但仅相当于全国 2006 年（69.9%）、东部 2002 年（69.0%）和西部 2009 年（68.9%）的水平[1]。这表明，目前贵州全面小康实现程度要比全国平均进程落后6 年，比东部落后 10 年，比西部落后 3 年。按照国家统计局颁布的全国小康标准，到 2020 年西部落后地区与全国同步全面建成小康社会难度较大。更重要的是，国家统计局颁布的全国小康标准包含了人均 GDP、工业化等诸多经济指标，并不完全适合于地区层面，尤其是那些承担较多生态功能的西部落后地区。

第二，贫困问题仍然突出。一是连片特困地区脱贫压力较大。在 2010 年全国 1.28 亿农村贫困人口①中，大约有 7000 万集中在西部地区，14 个连片特困地区有 9 个分布在西部地区。二是贫困人口返贫现象严重。据研究，西部部分地区贫困人口返贫现象比较严重，返贫率高，平均返贫率在 15% ~ 25%，个别地方高达 30% ~ 50%，有些地方甚至出现了返贫人口超过脱贫人口的现象，贫困地区自我发展能力不足。

第三，城乡收入差距较大。西部地区城乡统筹工作虽然取得了较大进展，但由于过去城乡二元结构十分典型，导致目前城乡收入差距仍然较大。2012 年西部地区城镇居民人均可支配收入、农村居民人均纯收入分别为 19890 元、6008 元，分别只有东部地区的 67.2%、49.8%，城乡收入比在全国四大区域中最高（如表 4 所示）。东西部地区间农民家庭人均纯收入差距由 2009 年的 3340 元扩大到 2012 年的 6017 元，城镇居民人均可支配收入差距则由 6740 元扩大到 9710 元。

表4　　　　　　　　　　2009 ~ 2012 年中国地区城乡收入差距

	全国		东部地区		东北地区		中部地区		西部地区	
	2009	2012	2009	2012	2009	2012	2009	2012	2009	2012
城镇居民可支配收入（元）	17174	24564	20953	29600	14324	20396	14367	20649	14213	19890
农村居民人均纯收入（元）	5153	7916	7156	12025	5457	8862	4793	7402	3816	6008
城乡收入比（%）	3.33	3.10	2.93	2.46	2.62	2.30	3.00	2.79	3.72	3.31

资料来源：根据《中国统计年鉴》（2010）和《中国统计摘要》（2013）计算。

---

① 2012 年年末全国农村贫困人口已经下降到 9899 万人。

第四，城镇化水平和质量较低。近年来，尽管西部地区城镇化速度较快，但与东部地区的差距仍然较大。2009 年，西部地区城镇化率仅为 39.4%，2011 年迅速提高到 43.0%，年均提高 1.8 个百分点，但其水平仍然比全国平均水平、中部地区、东部地区分别低 8.3、4、18 个百分点。西部地区城镇化质量指数也远低于东部地区。尤其是，由于经济发展水平较低，贵州、云南和甘肃三省城镇化率不到 40%，分别仅有 34.96%、36.80% 和 37.15%，西藏则只有 22.71%。

第五，公共服务均等化推进缓慢。西部城乡区域基本公共服务均等化进程与 2020 年实现基本公共服务均等化目标还有较大差距。一是公共服务水平与保障能力较均等化目标存在较大差距。2011 年，西部地区每千人口医院和卫生院床位数分别只有全国和东部地区的 94.1% 和 83.97%。二是公共服务水平与能力城乡差距较大。2011 年，西部地区城乡每千人口医疗机构床位数之比达 1.9：1，城乡每千人口拥有卫生技术人员数之比达 2.2：1。

第六，资源和能源消耗强度过高。西部地区仍处于重化工业加快发展阶段，以资源型产业和重化工业为主的产业结构造成资源和能源消耗强度过高，利用效率较低。2012 年，西部地区万元生产总值能耗为 1.27 吨标准煤，分别是东部地区、东北地区和中部地区的 1.81、1.25、1.30 倍，在四大区域中最高（如表 5 所示）。三年来，西部地区万元生产总值能耗虽然明显下降，下降了 25.3%，但相比较而言，目前西部能耗强度仍然过高。

表 5 　　　　　　　　　　　2009～2012 年各地区单位生产总值能耗　　　　　　单位：吨标准煤/万元

	2009 年	2010 年	2011 年	2012 年
全国	1.36	1.29	1.04	1.04
东部地区	0.87	0.84	0.70	0.70
东北地区	1.29	1.23	1.08	1.02
中部地区	1.31	1.25	0.98	0.98
西部地区	1.70	1.59	1.27	1.27

资料来源：根据《中国统计年鉴》（各年度）和《中国统计摘要》（2013）计算。

第七，生态补偿机制有待完善。资源价格没有充分反映资源的稀缺性以及资源开采的生态环境损害成本，价格形成机制不合理；资源无偿或低价调出现象仍较严重，西部地方政府和居民分享资源开发的程度较低，而对西部地区因资源开发导致的生态环境破坏缺乏应有的补偿。同时，尽管国家颁布实施了主体功能区规划，但在地方政府绩效考核中并没有体现主体功能定位差异，区域生态补偿和资源开发补偿的财政转移支付制度仍然没有形成，要实现"不开发的发展"、

"不开发的富裕"、"不开发的繁荣"依然难度很大。

三、深入实施西部大开发战略的政策建议

针对当前西部大开发中存在的问题以及未来新的发展环境和国内外形势，进一步深入实施西部大开发战略，需要采取多方面的综合措施，建立完善西部大开发支持政策体系。

第一，实行分类管理的区域支持政策体系。为提高国家区域政策的实施效果，增加公平性和透明度，当前亟须按照"区别对待、分类指导"的原则，改变过去那种按四大区域和省区市"普惠"援助的做法，以主体功能区和关键问题区为地域单元①，实行分类管理的差别化区域调控和援助政策体系[4]。就西部地区而言，"十二五"西部大开发规划已经体现了"分类指导"的思想，确定了六类重点区域，包括重点经济区、农产品主产区、重点生态区、资源富集区、沿边开放区、特殊困难地区，但至今仍缺乏可操作性的政策措施。为此，建议在完善区域类型划分的基础上，合理确定各类区域的战略定位和发展方向，制定出台具有可操作性的政策措施。对西部特殊困难地区，要针对各地面临的实际困难进行细分，并采取有针对性的支持政策措施，切实提高政策的有效性。

第二，进一步完善西部大开发政策实施细则和办法。为了更有效地落实和深入实施西部大开发战略，需要进一步完善相关政策的实施细则和办法。一是需要进一步统筹西部地区的倾斜性财政转移支付、金融服务和生态补偿政策，适当归并整合一些专项转移支付存量资金，不断提高转移支付资金的效率。二是需要根据各地区实际情况，详细测算基础设施项目投资补助标准、资本金注入比例和国家级公益林森林生态效益补偿标准，制定符合各地实际的补助标准和额度。三是需要在国家投资、产业、土地和生态环境政策等方面进一步明确如何体现区域支持政策的差别化。譬如，在碳减排方面，由于发展阶段的不同，东部发达地区应该实行强制减排，而中西部落后地区则是发展减排。国家赋予贵州的低丘缓坡土地利用政策要进一步细化，并逐步扩大试点范围。

第三，加快推进西部特色新型城镇化进程。西部地区推进城镇化，不能照搬珠三角、长三角等沿海地区的办法，必须探索具有西部特色的新型城镇化之路。

---

① 魏后凯（2011）按照区域问题的性质和严重性，将关键问题区域划分为七种类型：经济发展落后的贫困地区、处于相对衰退中的老工业基地、财政包袱沉重的粮食主产区、结构单一的资源枯竭城市、各种矛盾交融的边境地区、自然灾害突发区和过度膨胀的大都市区。

首先，要支持西部各地从区情出发，探索各具特色的新型城镇化模式，如贵州提出的"山地城镇化"模式，禁止搞"削山造城"和人为造城，真正把西部民族文化特色有机融合到城镇化建设的全过程和各个领域，走特色城镇化之路。其次，积极培育不同层次的城市群。重点是加大力度将成渝城市群、关中——天水城市群、兰州——西宁城市群、北部湾城市群培育成国家级城市群，将呼包鄂城市群、黔中城市群、滇中城市群、宁夏——沿黄城市群、天山北坡城市群等培育成区域级城市群，使之成为推进西部城镇化的主体形态和吸纳农业转移人口的主要载体。同时，要继续加快两江新区、兰州新区、贵安新区、西咸新区和天府新区建设。第三，充分挖掘民族文化资源和价值，在西部尤其是民族地区选择一批有条件的城市和小城镇，开展民族特色生态城镇的试点工作，以改变"千城一面"的局面。

第四，积极推进基本公共服务均等化。按照 2020 年实现基本公共服务均等化的要求，加大对西部地区尤其是特殊困难地区的财政转移支付力度，加强教育、医疗卫生、社会保障、环境治理等公共服务设施建设，切实提高西部落后地区的公共服务水平和能力。对于西部民族地区和边境地区，考虑到其地广人稀，行政服务成本高，加上民族文化、宗教、双语教学、维护稳定等方面的特殊需要，应扩大其基本公共服务所涵盖的范围和内容，进一步提高其均等化的标准。例如，对于目前国家确定的教育经费投入占 GDP 的 4% 的规定，要根据各地区实际情况实行差别化的调整。由于财力有限，西部落后地区教育支出占 GDP 比重需要更高的水平才能满足当地需要，建议超出部分由中央财政补足。同时，中央财政需要加大对西部农业转移人口职业培训的支持力度，加快建设一批职业培训示范学校和示范基地。

第五，建立健全资源开发和生态补偿机制。一是建立和完善资源开发补偿机制。通过深化资源性产品价格改革，建立健全能够灵活反映市场供求关系、资源稀缺程度和环境损害成本的资源性产品价格形成机制。同时，完善资源开发补偿的长效机制，大幅度提高油气、煤炭等矿产资源的补偿标准，适当提高矿产资源补偿费当中的地方分成比例。对于西部民族落后地区，可以比照延安等地区的矿产资源开发政策，将矿产资源的产权及其产生的收益更多地赋予地方政府和当地居民。二是进一步完善生态补偿机制。尽快组织有关部门和研究力量，开展对西部重要生态功能区的生态价值进行全面的科学测算和评估，以此作为生态补偿的重要依据。在此基础上，根据政府财力分期分批开展重要生态功能区的生态补偿试点工作。要将冰川纳入生态补偿的范围。在珠江、长江、黄河等流域，可考虑开展横向的跨省市生态补偿试点。三是加快建立耕地保护补偿机制。优先考虑在西部地区加快推进耕地保护补偿试点工作，进一步完善耕地保护补偿机制，以保障国家粮食安全。

第六，进一步加大沿边开发开放力度。尽快颁布实施沿边地区开发开放规划，启动开展新一轮的兴边富民行动计划，加快沿边开发开放步伐，统筹沿边地区加快发展与维护稳定工作。要在总结经验的基础上，把重点开发开放试验区范围逐步扩大到二连浩特等地，探索建立西藏阿里等国际旅游特区，逐步放宽印度等国际旅客、香客的准入条件。加大边境城镇口岸设施和市政基础设施建设力度，进一步完善边民补贴政策，维护边境地区稳定。根据毗邻国家和沿边地区不同特点，将边境经济合作区从以边贸带动为主的单一发展模式转变为以贸易、投资、加工制造、旅游等协调带动的综合发展模式，赋予贸易中心、加工中心、物流中心、信息交流中心、转运仓储中心、展示交易中心等综合功能。依托"中国—东盟国家自由贸易区"、"上海合作组织"、"澜沧江—湄公河次区域经济合作开发"、"图们江经济合作开发"等区域性经济合作平台建设，赋予西部边境省区参与区域合作一些新的权力，通过更大范围的贸易与经济技术合作，促进边境地区的繁荣发展，使边疆地区成为次区域经济合作的先导。在现有取消连片特困地区县级配套资金的基础上，进一步取消沿边民族落后地区的地级资金配套要求。

参考文献

［1］潘璠. 中国全面建设小康社会监测报告（2011）［M］. 北京：社会科学文献出版社，2011.

［2］姚慧琴，徐璋勇. 中国西部发展报告（2012）［M］. 北京：社会科学文献出版社，2013.

［3］中国社会科学院《城镇化质量评估与提升路径研究》创新项目组. 中国城镇化质量综合评价报告［J］. 经济研究参考，2013（31）：3－32.

［4］魏后凯. 中国区域政策：评价与展望［M］. 北京：经济管理出版社，2011.

［5］魏后凯，高春亮. 中国区域协调发展态势与政策调整思路［J］. 河南社会科学，2012（1）：73－81.

多山地区新型城镇化道路的探索与思考

——贵州省城镇化建设实践调查

龙海波

贵州省作为多山地区的西南内陆省份，既面临可利用土地资源十分有限、工程性缺水较为严重、区域生态环境比较脆弱等外在严峻形势，也面临经济发展相对滞后、历史欠账较多、自身财力不足的内在压力，在这样一个地区探索新型城镇化道路具有典型示范意义。近年来，贵州省始终将城镇化带动战略作为当前和今后一段时期经济社会发展的两大主导战略之一，把加快城镇化发展作为"加速发展、加快转型、推动跨越"的重要载体和支撑，推进城镇化与工业化、信息化和农业现代化同步发展，在探索多山地区城镇化健康发展中积累了许多有益经验，如城乡规划编制、产城良性互动、城乡统筹推进、生态文明建设等方面，但也存在一些值得关注的问题和方向。

一、城乡规划编制的"贵州特色"

城乡规划在城镇化建设中具有重要引领作用，能够体现一个地区城镇化发展的总体思路。贵州立足自身省情，坚持走有特色、集约型、多样化的山区绿色城镇化道路。"十二五"期间，先后组织编制《贵州省城镇体系规划纲要（2011～2030年)》、《黔中经济区核心区空间发展战略规划》等重大规划项目，更加注重山地资源的特殊性和区域空间的异质性。着力优化城镇化区域发展布局，积极培育构建以贵阳中心城市、贵安新区为核心的黔中城市群，逐步拓展以区域中心城市为依托、中小城市为重点、小城镇为基础的城镇综合发展体系。"贵州特色"主要体现在：

一是突出"山地"特色。多山地区的地理属性和欠发达的经济约束决定了贵州不能沿用"摊大饼"的发展模式，而是依托山水自然阻隔，探索"蒸小笼包"的新路子。特别是在平原耕地稀缺的情况下，充分利用低丘缓坡，向山要地，实行"城镇上山"和"工业上山"。此外，在城市建筑风貌上主张"道法自然"，打造融合山水风光、民族风情、时代风貌的特色小镇，例如，黔东南州发挥山形水系的地貌特点，苗寨依山而建、侗寨邻水而修，规划建设山地新型城镇，将山水、田园、村落、都市融为一体。

二是彰显民族文化。贵州将民族文化传承和非物质文化遗产保护作为城乡规划编制的重要内容，不同地州都突出当地民族的文化特色，将建筑学与美学有机结合，不断提炼、运用民族建筑的成熟元素和符号，进一步提升城乡居民对传统文化的认同感。例如，黔东南州按地域和民族分布情况，在城乡规划编制中专门划定苗族、侗族、苗侗建筑结合的建筑风貌控制区和徽派或清水江木商文化建筑风貌控制区，以及多元建筑文化并存的建筑风貌控制区。

三是强化生态人文。作为两江上游的重要生态屏障，贵州始终坚持重视生态治理和环境保护，实行环保规划、城镇总体规划和土地利用规划同步编制，加大城市绿地系统的营建力度。与此同时，还重视历史文脉的传承与保护，在城镇化建设中注重城市品位培育和文化软实力打造。例如，铜仁市专门针对旧城区改造提出"两增、两减、两保"的规划原则，即增加公共空间和城市绿地、减少建筑物总量和城区人口总量、保护历史文脉和山水河道。

二、产城良性互动的主要载体

产业发展与城市建设是一个相互协调、相互作用的过程，注重产城互动、强化产业引领是城镇化健康发展的重要内涵。贵州在推进新型城镇化过程中，坚持城市与工业园区互动发展、产业布局与城镇体系布局有机结合，主动培育和发展支柱产业，逐步吸引人口向非农产业聚集。在具体工作中，贵州以"五个100工程"① 为主要载体，其中，与城镇化建设紧密相关的是重点打造 100 个产业园区、100 个特色示范小城镇和 100 个城市综合体。此外，贵州还通过完善城市基础设施、优化城市交通路网，加强城市综合承载力和辐射带动力。主要表现在：

一是重点打造 100 个产业园区。从产业园区规划建设入手，将产业园区纳入城镇总体规划范围实施统一管理，推进以路、水、电、气、治污、环保、通信、

---

① "五个 100 工程"是贵州实现后发赶超、同步小康的战略支撑点和发展增长点，是推动发展的大平台、政府工作的大擂台。其具体内容包括：重点打造 100 个产业园区、100 个高效农业示范园区、100 个特色旅游景区、100 个特色示范小城镇、100 个城市综合体。

网络为主的基础设施建设和标准厂房建设，配套必要的生活服务和文化娱乐设施，如学校、医院、物流、餐饮、零售等机构，避免产业园区的城市功能弱化。积极发展园区主导产业、特色产业和高新技术产业，大力培育龙头企业和高新技术企业，促进关联企业集聚发展。加强职业技能培训和职业技术教育，积极推广"产业园区＋标准厂房＋职业教育"模式，引导中职学生、本地农民和外出务工人员就近就业。目前，贵州已规划建设 111 个园区，有新型工业化产业示范基地 20 个。2013 年上半年，已有产业园区完成规模以上工业增加值 701.6 亿元，占全省规模以上工业增加值的 53.6%，新增就业 7.9 万人，占全省城镇新增就业人数的 31.4%。非农产业的集聚效应逐步显现。

二是重点打造 100 个特色示范小城镇。按照"小而精、小而美、小而富、小而特"的要求和"六型"小城镇（交通枢纽型、旅游景观型、绿色产业型、工矿园区型、商贸集散型、移民安置型）的特点，遴选 100 个示范小城镇作为重点培育发展对象，进一步提升小城镇层级档次、增强小城镇发展能力，带动城乡协调发展。具体举措包括：提升优化 100 个示范小城镇总体规划，完成 100 个示范小城镇详细规划；实施"八个一工程"，即建设或完善一个路网、一个标准卫生院、一个社区服务中心、一个农贸市场、一个市民广场或公园、启动一个污水处理设施或垃圾处理设施项目、建设一个敬老院、建设一项城镇保障性安居工程；加大省级财政投入力度，设立小城镇建设专项资金，采取公开竞争性资金分配机制。目前，贵州已遴选出 30 个省级示范小城镇和 70 个市（州）级示范小城镇。

三是重点打造 100 个城市综合体。以现代服务业为主导，集合三种或三种以上功能（例如，商业、办公、酒店、餐饮、文娱、居住等），依托大中城市枢纽位置，进行重点打造设计若干互为价值链、各类业态高度集聚的建筑或建筑街区。按照体现山区城市特点、民族文化特色和生态文明特征的要求，探索具有贵州风格城市综合体建设新路子。在具体推进过程中，贵州相关部门坚持分类指导，从商贸、居住、会展、旅游、文化等方面进行功能区分，每个城市综合体在规划设计中至少应用 3 个以上山地自然资源景观元素、历史民族文化元素和建筑符号，增强城市的可阅读性和可识别性，以期实现城市综合体错位发展。目前，贵州已遴选出 129 个项目纳入 100 个城市综合体建设，基本实现了 88 个县级全覆盖，对进一步完善城镇综合功能、扩大城镇、农村居民消费起到较好作用。

四是加大城市综合承载力建设。重点推进形成以贵阳—安顺为核心，遵义、毕节、都匀、凯里等中心城市为支撑，快速交通通道为主轴的"一核三带多中心"黔中城市群。各中心城市推进城市骨干路网和区域城际主干道工程建设，逐步实现旧城区、产业园区和城市新区有机衔接，例如，铜仁市提出"规划先行、拉开路网、建设新区、提升老区"的思路。依托主要交通干线，立足资源禀赋和产业基础，打造贵阳—遵义、贵阳—都匀凯里、贵阳—毕节经济带和新型重化产业发展带、现代服务业及先进制造业发展带、特色产业发展带，切实增强城镇就业吸纳能力和城市人口聚集能力。

三、城乡统筹推进的主要做法

促进基本公共服务均等化是城乡统筹推进中的重要内涵所在，实现人的城镇化，更多地要解决教育、住房、医疗、养老等方面资源优化配置。贵州在经济加速发展的同时，也十分注重补齐民生短板，近年来，不断加大社会保障和民生改善投入力度，在健全社会保障体系、优化公共资源配置、推进土地户籍制度改革方面积累了一些好的做法，正在加快兴义市、金沙县、花溪区等 11 个县（市、区）统筹城乡综合配套改革试点工作。

逐步夯实公共服务平台基础。将就业服务、职业技能培训、社保经办、劳动关系协调等服务职能延伸至基层平台。目前，贵州省各乡镇、街道均建立劳动保障工作机构，"金保工程业务专网"已覆盖绝大部分乡镇、街道、社区，初步构建"服务向下延伸、数据向上集中"的工作体系。

深入推进社会保障体系建设。以体现公平性、适应流动性、保证可持续性为导向，深入推进新农保、城镇居民养老保险和城镇居民医疗保险工作，进一步完善不同群体社会保险关系转移接续办法，为城乡劳动者无障碍自由流动提供政策支持。探索城乡医保制度整合，将困难企业退休人员全部纳入企业职工医疗保险，开展城乡居民大病保险政策试点，正在推动省内异地就医即时结算工作。出台《贵州省工伤保险条例》，率先在全国实现工伤保险省级统筹。

不断优化各类教育资源配置。针对"深山老林"的恶劣自然环境，贵州省确定了"小学到乡镇、中学到县城、相对集中办学"的思路，逐步改变办学条件简陋、师资力量薄弱、教学点分散的现状。例如，丹寨县近年采取"搬动儿子来搬动老子，促进城镇化发展"的举措，先后撤并村级小学 8 所、教学点 15 个，建成 8 所农村寄宿制小学，初步形成了城镇办学为主体、乡村校点为补充的教育发展新格局。启动教育"9＋3"计划，提出巩固提高九年义务教育，实施三年免费中职教育，加快中职学校基础能力建设，逐步扩大中职学生规模，培养适应产业发展需求的技能型人才。目前，正在推进清镇职教城建设，有条件的部分市州也在产业园区周边规划建设职教园区。

切实加大乡镇医疗机构投入力度。针对乡镇医疗卫生条件长期滞后的局面，贵州省专门组织编制《贵州省中心乡镇卫生院建设规划（2013~2015）》，每年省级财政专项投资2亿元用于中心乡镇卫生院达标改造，其规模分类、服务内容采取"先按服务人口定床位规模，后按床位规模定建设规模"，真正满足乡镇人口的基本医疗需求。与此同时，还加大对乡镇医疗机构的技术指导，组建基本公共卫生服务技术指导中心，切实发挥疾控、妇幼保健等专业卫生机构作用。

积极开展土地户籍制度改革探索。解决不同户籍人口的城乡自由流动及身份待遇，是当前打破城乡二元结构、统筹城乡发展的关键症结。目前，黔东南州已在探索逐步开放县级市市区、县人民政府驻地镇和其他建制镇的落户限制，农村人口进城务工可凭居住证享受城镇户籍待遇，鼓励进城农民将土地承包经营权、宅基地采取转包、租赁、互换、转让、股权等方式进行流转；对农村居民整户转为城市居民的，允许其在一定时期内继续保留承包地、宅基地及农房的收益权或使用权，允许其每年自愿选择城市社保或农村社保。

此外，榕江县以扶贫生态移民工程为基础，用城镇保障房安置农村生态移民，积极探索"2+5"农民进城模式，即保留农村产权（自有住房、土地）和计划生育两项农民待遇，增加就业、就医、入学、住房、社保五项市民待遇，切实解决农民进城的后顾之忧。

四、生态文明建设的有效举措

把生态文明理念和原则融入城镇化全过程，是新型城镇化道路的题中要义。通过生态文明建设，优化空间格局、调整产业结构、转变消费方式，促进城镇化健康发展。近年来，贵州省将生态文明理念贯穿于城镇化建设始终，加大城镇生态环境建设力度，在环境保护、节能减排和石漠化治理等方面出台了一系列政策措施，努力营造绿色、优美、宜居、宜业的生态环境，在生态文明城市建设试点中取得新进展。

加大城镇环境治理力度。以花溪国家湿地公园、小车河湿地公园等城镇景观休闲工程建设为抓手，不断扩大城市绿地面积，逐步提高城镇绿化覆盖率。以"魅力乡村"建设为平台，加大各类村庄整治和农村危房改造力度，全省101个示范村整治取得明显成效。制定全国首部关于绿色小城镇建设和评价的地方标准，并将具体落实情况作为100个示范小城镇建设考核的重要指标。遵循"节能、节地、节材、节水"的技术设计，严格按照绿色建筑标准打造100个城市综合体。

探索高效利用土地新模式。积极开展低丘缓坡开发试点工作，紧凑规划、最大限度提高土地使用效率，目前已平整土地 2199 公顷，其中 2068 公顷土地已提交项目单位建设使用。实施土地综合整治，与石漠化和坡耕地治理、城乡建设用地增减挂钩相结合，进一步优化城乡用地布局，土地石漠化和水土流失得到遏制。例如，毕节试验区近年来采取的"十大重点生态工程"建设取得了很好成效，综合治理石漠化 361 平方公里、水土流失 789 平方公里。

开展生态文明城市建设试点。自 2007 年贵阳市提出建设生态文明城市以来，逐步确立了"生态环境良好、生态产业发达、文化特色鲜明、生态观念浓厚、市民和谐幸福、政府廉洁高效"的总体目标，并制定生态文明城市建设"三步走"路线图，在许多方面进行了有益探索。特别是在管理体制创新方面，例如，组建"两湖一库"（红枫湖、百花湖、阿哈水库）管理局，成立全国首家环保法庭和审判庭，整合有关职能部门、划转相关部门职责，组建生态文明建设委员会。通过理顺部门职责、强化环保力度，形成生态环境协同治理的强大合力。此外，连续 6 年举办"生态文明贵阳国际会议"，搭建起传播生态文明理念和对外合作交流的重要平台。2012 年年底，《贵阳建设全国生态文明示范城市规划》正式获国家发展改革委批复，贵阳市建设全国首个生态文明城市试点工作正在积极稳步推进。

五、贵州城镇化探索的几点思考

2013 年，贵州城镇化水平达到 38.2%，进入了城镇化加速发展的新阶段，但与全国和西部地区平均水平相比，仍有 15.5 个百分点和 7 个百分点的差距。除了实际数据的差距，其内在还涉及许多深层次问题和矛盾，主要表现在：一是城镇分布与生态、扶贫需求之间的空间错位仍在持续。生态承载力较强的贵阳、遵义等中部地区城镇化带动的辐射范围逐步扩大，农民脱贫致富效果明显；生态脆弱的西部地区城镇化发展较快，但对农村发展带动不足，生态修复压力依然很大；作为贵州农业主产区和旅游经济带的东北、东南地区，城镇综合承载力较低，农民收入提高相对缓慢。二是产业结构调整对城镇化的推动效应呈叠加、分散态势。资源依附型、资本密集型产业对就业增长带动趋于常态，传统优势有所回落；而技术主导型、战略新兴产业的后发优势尚未显现，已规划建设的 111 个产业园区产业同质化现象在部分地区较为突出。三是人口转移与城市承载的矛盾仍然存在，特别是在一些大中城市压力更加突出。除"生活垃圾处理率"、"生活垃圾无害化处理率"等指标外，多项市政基础设施指标均低于全国平均水平，这主要受制于市政公用事业市场化改革的滞后。中小城镇的规模效应、集聚效应相对较弱，虽然在户籍、土地制度方面进行创新尝试，但人口转移的总体方向仍然偏向省会中心城市，贵阳、遵义等城区的人口密度明显高于其他地区。

推进新型城镇化，不是一味追求城镇化率，而是重视城镇化质量。贵州城镇化建设好的实践做法值得推广，存在的一些问题也不可回避，有些是具有潜在风险的，必须引起高度重视。

第一，要对人口集聚过程中市场与政府的定位进行有效界定。坚持非农产业发展与人口流动规模的统筹推进，对于偏远贫困地区、生态极度脆弱区域的农村人口，政府要做好整体搬迁和就业安置，加强对人口有序转移的分类指导；对于中心城市周边和次区域地区的农村人口，政府要做好公共产品和公共服务的有效供给，用市场的手段解决人口集聚和自由流动，探索政府灵活购买服务的新路子。

第二，要对主要载体背后风险流动进行科学评估。在适宜时机应开展对"5个100工程"在各区县的分布情况及其内在协同作用的评估，特别是对在市场竞争中已经出现严重同质化、产能过剩的产业或园区、机械追求建筑标准统一性而割裂原生态文化的城市综合体或小城镇，要做好风险预警和化解各项准备。特别是在"100个产业园区"打造过程中，要警惕"急于求成"的主观思维，防范比邻区域项目招商出现产业雷同现象，避免政府主导产业发展的传统模式。

第三，要对不同类型的城市资源配置采取差异化手段。土地供给方面，在保证区域耕地占补平衡前提下，用地规划管控采取土地差别化供应政策，支持鼓励贵州开展低丘缓坡开发试点。环境保护方面，一些生态脆弱地区要禁止开发或限制开发，对城镇分布与生态、扶贫需求的空间错位区域要建立城市生态补偿机制。基础设施建设方面，切实发挥政策导向和财政杠杆作用，探索区域政府合作、市场政府联动方式共建共享公共基础设施资源。

深化陇海兰新区域合作，加快推进丝绸之路经济带建设

王　辉

20 13 年秋天，习近平总书记提出共建"一带一路"的战略构想以来，有关省市积极贯彻落实，加紧制定实施本地区推进"一带一路"的意见规划，已取得了明显成效。其中，依托新亚欧大陆桥形成的陇海兰新经济带，与古代丝绸之路有着深厚的历史渊源，也是我国"两横三纵"区域总体格局中重要的一轴，在推进丝绸之路经济带建设中的战略地位举足轻重，应在国家战略实施中给予更多的关注和支持。

一、陇海兰新经济带发展对于丝绸之路经济带建设意义重大

丝绸之路经济带，是当前我国统筹向东向西开放、深化与沿线国家经贸、人文、科教、生态等多领域合作的形象概括，是对 2100 多年来崇尚和平、合作、互鉴、共赢的丝绸之路精神的传承和发扬。

我国已是全球第二大经济体、第一制造业大国、第一货物贸易大国和第三大对外投资国，与全球经济的融合度日益加深。推进丝绸之路经济带建设，不仅有利于我国立足周边、发展周边，营造安全、和谐、稳定的外部环境，更是新时期提高全球化资源配置能力、提升高在全球经济治理格局中位势的战略举措，对于促进东中西部协调发展、加快构建内陆开放型经济新体制也具有重要意义。

陇海兰新经济带依托陆桥，东起连云港，西至霍尔果斯，绵延 4000 多公里，涉及 11 个省区、360 万平方公里和 5 亿多人口，是我国覆盖面积最大、人口最多的经济带之一。在历史上，陇海兰新经济带是华夏文明的核心区域，长期位居政治、经济、文化中心，历史底蕴丰厚、经济高度发达。汉唐以来，以长安、洛阳为起点的丝绸之路，成为东西方经济、文化、科技、艺术交流的战略通道，影

响极为深远。随着海洋时代的到来，以及我国经济重心的南移，古老的丝绸之路开始衰落，陇海兰新经济带在我国区域发展格局中的地位也不断下降。然而，在20世纪以来的现代化进程中，陇海兰新铁路的通车重新确立了这一古老地区的独特区位优势，特别是新亚欧大陆桥的全线贯通，更使陇海兰新地区重新成为极具战略价值的国际运输大通道。

陇海兰新经济带发展对于丝绸之路经济带建设具有重要支撑作用，甚至关系着"一带一路"战略的成败。首先，陇海兰新经济带既是丝绸之路的发祥地，又是目前中国北方唯一横贯东西的经济带，具有良好的产业和城市发展基础，已成为集铁路、公路、高速公路、高铁、航空、通信、油气管道等为一体的综合性交通运输通道，战略地位突出，是丝绸之路经济带建设必须依赖的空间载体。

其次，陇海兰新经济带依托的新亚欧大陆桥，不但是我国内陆省份东出西联的战略通道，也是中亚、中东欧国家联系日韩、融入亚太的最佳路径。通过陇海兰新经济带的加快发展、扩大开放，不仅能够促进东西双向开放，打造内陆开放型经济，释放内陆地区巨大的发展潜力，也能够在联结陆海丝绸之路、联系丝绸之路经济带合作与亚太经济合作中发挥重要的桥梁和纽带作用。

二、陇海兰新经济带发展依然面临诸多问题

虽然陇海兰新经济带的战略地位十分重要，发展潜力可观，但从现实来看，还存在诸多问题。特别是，与战略价值相近的长江经济带相比，差距依然十分明显。

首先，从战略地位看，陇海兰新经济带和长江经济带都是我国横贯东西的重要经济区域，都涉及11个省份、5亿多人口，覆盖面积巨大，经济总量相近，如表1所示。但长江经济带已在2014年正式上升为国家战略，目前有关部门正在编制发展规划，有望成为新时期我国区域协调发展和对内对外开放相结合、推动发展向中高端水平迈进的重大战略举措，对于促进由沿海向内地梯度发展，打造新的经济支撑带和具有全球影响力的开放合作新平台，具有重要意义。而目前陇海兰新经济带仍处于主要依靠地市级政府自发推动、横向合作的初级阶段，在诸多重大战略问题上尚未形成明确共识，务实合作的领域较少，各地市政府观望情绪浓厚，参与的积极性不高，这与长江经济带形成了鲜明反差。

表 1　　　　　　　　**2013 年陇海兰新经济带与长江经济带基本情况比较**

	陇海兰新经济带	长江经济带
地域范围	江苏、山东、安徽、河南、陕西、山西、四川、甘肃、宁夏、青海、新疆 11 个省市，360 万平方公里	上海、重庆、江苏、浙江、湖北、四川、云南、湖南、江西、安徽、贵州 11 个省市，200 万平方公里
人口总量	5.47 亿人	5.82 亿人
经济规模	23.9 亿，占 38.0%	26 万亿元，占 41.2%
人均 GDP	43692 元（全国 41908）	44673 元
主要城市	西安、郑州、太原、兰州、乌鲁木齐	上海、重庆、南京、武汉、成都
主要产业	资源能源型产业、装备制造业、劳动密集型加工业	高技术产业、现代服务业、技术密集型加工业

资料来源：根据有关信息综合整理。

其次，从经济发展看，长江经济带的发展基础更好，经济总量占全国 GDP 的比重长期高于陇海兰新经济带 5 个百分点左右。21 世纪以来，随着西部大开发的深入实施，陇海兰新经济带的发展明显提速，两者之间的差距不断缩小，到 2008 年仅有 2.2 个百分点。国际金融危机以后，我国经济进入了新一轮调整期，长江经济带腹地发展的潜力得以充分释放，经济比重提升了 1.3 个百分点，而陇海兰新经济带只增加了 0.3 个百分点，使得差距又扩大至 3.2 个百分点，如表 2 所示。而且，随着长江经济带各项政策措施的落实，其快速发展的趋势仍将延续，陇海兰新经济带的差距可能会进一步扩大。

在人均 GDP 方面，2013 年陇海兰新经济带约为 43692 元，高于 41908 元的全国平均水平，略低于长江经济带 44673 元的水平。但如果考虑两个经济带重合的江苏、安徽、四川三省内部存在的南北区域差距，实际上陇海兰新经济带的人均水平更低一些。

表 2　　　　　　　　**陇海兰新经济带和长江经济带经济总量比较**

年份	陇海兰新经济带		长江经济带		比重差值（%）
	GDP 总量	占比（%）	GDP 总量	占比（%）	
2013	239243.4	38.0	259525.1	41.2	3.2
2012	218712.5	37.9	235915	40.9	3.0
2011	196883.4	37.8	212563.1	40.8	3.0
2010	165155.2	37.8	177067.3	40.5	2.7
2009	137675.8	37.7	146996.6	40.2	2.5

年份	陇海兰新经济带		长江经济带		比重差值（%）
	GDP 总量	占比（%）	GDP 总量	占比（%）	
2008	125589.2	37.7	132869.7	39.9	2.2
2007	104456.5	37.3	112095.5	40.1	2.8
2006	87127.0	37.4	93196.52	40.0	2.6
2005	74146.6	37.2	80178.22	40.2	3.0
2004	61365.9	36.5	68390.23	40.7	4.2
2003	50209.6	36.0	56861.3	40.7	4.7
2002	43303.2	35.8	49200.2	40.7	4.9
2001	39019.8	35.9	44242.1	40.7	4.8
2000	35399.3	35.9	40228.2	40.8	4.9

· 资料来源：国家统计局网站。

第三，从社会民生看，陇海兰新经济带的发展水平相当于中部地区的平均水平，与长江经济带存在着相当差距。国家统计局公布的 2012 年各地区发展与民生指数显示，陇海兰新经济带各省区的平均值为 59.6，明显低于长江经济带的 65.4，社会发展和生态建设水平甚至低于西部水平，在生态建设和科技创新方面，两者之间的差距尤其明显，如表 3 所示。

表3　　　　陇海兰新经济带和长江经济带民生社会发展状况比较

	发展与民生指数	经济发展指数	民生改善指数	社会发展指数	生态建设指数	科技创新指数
东部地区	71.57	81.77	75.71	69.75	72.82	47.20
中部地区	60.35	65.74	66.04	68.16	65.83	19.64
西部地区	58.22	66.73	61.81	66.45	62.07	18.02
陇海兰新经济带	59.60	67.93	64.91	65.91	60.72	23.11
长江经济带	65.41	72.94	69.18	69.18	68.73	33.69
两者差值	5.81	5.01	4.27	3.27	8.01	10.57

资料来源：国家统计局《2012 年地区发展与民生指数（DLI）统计监测结果》。

第四，从城市发展看，陇海兰新经济带自东向西主要有徐州、郑州、西安、兰州、乌鲁木齐等中心城市，形成了淮海城市群、中原城市群、关中城市群、兰州—西宁城市群、乌昌石城市群等，发展基础较好。但长江经济带是我国重点城市和城市群高度密集的区域，依托长江黄金水道自东向西分布着上海、南京、武汉、重庆、成都等国家中心城市，有长三角城市群、长江中游城市群和成渝城市群等重点城市群，无论是中心城市的规模实力，还是城市群的发育程度和影响力，都在国内处于前列，两者差距很大。

第五，从一体化进程看，长江经济带已有较好的一体化发展基础，长三角地区、武汉都市圈、长株潭地区、成渝地区在交通、物流、产业、人员流动等方面都取得了重要进展。在成为国家战略之后，长江经济带进一步加快了跨区域交通、基础设施的一体化进程。国务院已就长江经济带建设综合立体交通走廊作出部署，海关总署也在长三角地区实施了海关区域通关一体化改革，这些将对长江经济带发展起到重要推动作用。而陇海兰新经济带目前还没有形成涵盖整个经济带的一体化制度安排。

导致陇海兰新经济带发展相对滞后的主要原因是：一方面，长江经济带依托黄金水道发展经济、集聚产业，具有成本低、运量大、衔接便利的天然优势。据统计，我国内河水运单位吨公里的平均运输成本约为铁路的 1/2、公路的 1/5；2013 年长江干线货运量达到 19.2 亿吨，创世界内河航运新纪录，2012 年陇海兰新线的货运总量则只有 1.2 亿吨左右，这一差距是客观的。

另一方面，陇海兰新经济带主要位于中西部地区，目前相关省区多处于工业化中期和重化工业化加速发展阶段，受资源禀赋影响，资源能源型产业密集，产业特色不够鲜明，产业同构性较高，不同地区之间的竞争大于合作，缺乏具有引领带动整个经济带发展的中心城市。同时，由于地处北方内陆地区，思想观念相对保守，开放合作意识还不够强，开放型经济水平不高，也影响了区域合作的深化。

三、加快推进陇海兰新经济带建设的几点建议

丝绸之路经济带战略的提出，为陇海兰新经济带实现跨越式发展提供了难得的战略机遇。加快陇海兰新经济带发展，必须立足于国家区域总体战略、主体功能区规划和"一带一路"战略要求，以切实深化区域合作为导向，以交通物流基础设施建设为先导，以构建要素自由流动和优化配置的体制机制为核心，以重点城市和城市群为依托，加强统筹协调、深化务实合作，着力打造丝绸之路经济带的核心功能载体、中国经济新的战略性支撑带。

一是积极配合"一带一路"规划的实施，加快提升交通物流基础设施水平。紧抓"一带一路"建设推进基础设施互联互通的战略机遇，加快实施重要交通、

通信、能源等基础设施的升级改造和项目建设，打造快速大能力的铁路通道、高等级广覆盖的公路网和航空网络。加强区内场站、空港、口岸等物流基础设施和物流服务的跨区域衔接和资源整合，构建集铁路、公路、高铁、航空等为一体的综合交通运输体系，大力发展海铁联运、干支线直达、空铁等多式联运，打造若干具有国际影响力的综合性交通枢纽。

二是深化跨区域协调合作，促进区内要素合理自由流动和优化配置，努力打破行政区经济。从战略全局出发，借鉴长江经济带区域合作经验，努力打破行政壁垒，消除人才、资金、产业、劳动力和创新要素跨区域流动的限制。先期，可以具备良好合作条件的关中—天水经济区、黄河金三角经济区、兰州—西宁经济区、淮海经济区等为突破口，构建若干跨区域合作示范区。在渝新欧、郑新欧等国际班列运行的基础上，探讨更加国际化、制度化、规范化的跨国铁路运输制度安排，实现陇海兰新沿线区域通关一体化，加快形成高效快捷的国际运输物流通道。

三是依托重点城市和城市群，加快提升产业层次，完善服务功能，为区域合作提供战略支点和活力源泉。突出沿线主要城市和城市群的战略支撑功能，使其在承接国内外产业转移、集聚高端产业和人才、促进交流交往、发展服务经济等方面发挥更大作用。发挥连云港东向出海门户和东中西部合作平台的作用，提升为内陆省份和中亚国家的运输、贸易服务功能。加强郑州综合性交通枢纽和中原城市群核心城市的战略地位，提升对整个经济带的物流服务和综合产业支撑功能。强化西安国际化大都市和人文、科教、交通中心的地位，打造经济带首位城市和国际交流平台。突出兰州西北开放门户和重要产业基地的作用，提升向西开放的战略平台和产业基地的功能。发挥乌鲁木齐丝绸之路经济带核心区的关键节点作用，提升联系亚欧、东联西出、人文交流的平台和枢纽作用。

四是加强统筹协调，推动陇海兰新经济带上升为国家战略。在现有陇海兰新经济带合作框架基础上，建议就沿线城市共同关注、亟待解决的重大现实问题开展深入调研和课题研究，找准各地利益契合点，推动重大领域合作尽快取得进展，如物流服务管理的跨区域合作、区域通关一体化、旅游合作机制等。同时，建议适时提升合作层次，就经济带长远发展、战略定位、功能协调和改革创新等重大问题，加强各省区政府之间的协调沟通和力量整合，推动陇海兰新经济带尽快成为国家战略。

加快推进云南沿边开放的思路与建议

龙海波

云南省作为西南地区的沿边省份，边境线长 4060 公里，分别与老挝、越南、缅甸接壤，是中国联结东南亚、南亚的重要大通道，具有"贯通两个大洋、连接三大市场"[①] 的综合区位优势，也承担着推动构建和谐周边的重任。因此，云南在全国对外开放总体格局中占有特殊而重要的位置。在新时期、新形势下，以云南省为代表的沿边地区扩大开放机遇与挑战并存。加快推进云南沿边开放步伐，是建设面向西南开放重要桥头堡的内容所在。

一、云南沿边开放取得积极进展

近年来，云南省按照"立足周边、拓展东盟、开拓南亚、面向世界"的总体思路，不断深化区域合作和互利交往，目前已初步形成一个以云南为门户、周边为基础，大湄公河次区域合作和孟中印缅经济走廊建设为重点、涵盖东南亚和南亚的多层次宽领域区域性国际合作新格局。沿边开放取得积极进展，主要体现在区域大通道建设、边（跨）境经济合作区建设和边境口岸贸易三个方面。

国际大通道建设稳步推进。"七出省四出境"公路网、"八出省四出境"铁路网、"两出省三出境"水运通道建设取得显著成效。中缅伊洛瓦底江陆水联运通道建设项目取得积极进展，木姐—皎漂铁路建设合作机制和推进路线图等前期工作也已完成。云南连接缅甸、老挝的中缅、中老光缆传输系统建成使用。与越南、缅甸、老挝、泰国等大湄公河次区域国家的电力联网、电力贸易等积极推进。中缅油气管道建成通气。口岸配套设施不断完善，与周边国家共开通了 17 个公路口岸，开通国际道路客货运输线路 24 条。

开放合作平台进一步拓展。建立起与东南亚、南亚国家较为完善的区域合作

---

① "两个大洋"指的是太平洋和印度洋，"三大市场"指的是中国、东南亚和南亚。

沟通机制，经贸合作、文化交流等各类平台建设积极推进。例如，成功举办首届南博会①暨21届昆交会、国际旅游交易会等一批大型国际节会活动和高端专业展会。省内七个边境州、市（除怒江州）每年与对方国家共同举办边境交易会，部分边境交易会年成交额已突破亿元、境外客商参展人数超过6000人。云南已成为东南亚、南亚学生的重要留学目的地和越南、老挝党政干部的重要培训基地。

开放型园区建设取得新突破。在瑞丽、畹町、河口三个国家级边境经济合作区基础上，批准设立临沧国家级边境经济合作区②。与此同时，加快推进猴桥、磨憨等5个省级边境经济合作区的升级工作。边境经济合作区已基本形成集物流、仓储、特色产业为一体的开放型产业链，成为推动沿边开放的重要载体。在国家有关部委和地方政府的积极推动下，中国瑞丽—缅甸木姐、中国磨憨—老挝磨丁、中国河口—越南老街3个跨境经济合作区和缅甸皎漂、密支那、老挝万象3个境外经济合作区建设全面推进。红河综合保税区③于2013年年底正式获批，成为云南省首个综合保税区。泛亚金融产业中心园区建设扎实推进，沿边金融综合改革试验区建设启动。

口岸边境贸易及服务能力显著提升。边境贸易成为增长最为显著的一种贸易方式。2013年，边境贸易完成33.3亿美元，同比增长55.1%，占全省贸易总额的12.9%。2014年上半年继续保持强劲增长势头，边境贸易完成20.7亿美元，同比增长44.9%。口岸对沿边地区经济发展带动作用逐步增强。2014年上半年，云南省口岸进出口额达83.5亿美元，同比增长100.8%，已接近2013年的进出口总额。边民互市贸易进口数量不断增加，商品种类呈现多元化。

二、云南沿边扩大开放的新机遇

当前，加快沿边扩大开放的有利条件在增多，沿边各省区参与开放也更加主动，在服务国家全方位对外开放战略和总体外交战略大局中发挥着重要作用。我国沿边地区开放型经济发展面临难得的历史机遇，但各地在抢抓机遇过程中应找准目标和方向，不要盲目跟进、重复建设，正确把握发展机遇期，同时也要积极

① 2012年10月，国务院批准南亚国家商品展升格为中国—南亚博览会，从2013年起每年在中国昆明举办一届。

② 1992年国务院批准设立瑞丽、畹町、河口三个国家级边境经济合作区，2013年国务院批准设立临沧国家级边境经济合作区。

③ 2013年12月17日，国务院批准成立红河综合保税区。

防范机遇背后可能出现的风险。

（一）国家层面：互利合作迎来新时期

一是周边国家经济发展普遍较快。2003～2013 年，与我国陆地接壤的 12 个国家（朝鲜、不丹数据缺失）平均经济增长率约是世界经济增长率的 2 倍，占全球经济总量的份额由 3.2% 上升为 6.4%。[①]

二是与周边国家的贸易联系也更加密切。2013 年，中国与中亚五国贸易额突破 500 亿美元，分别是哈萨克斯坦、土库曼斯坦的第一大贸易伙伴；与东盟贸易额达到 4436.1 亿美元、相互累计投资超过 1000 亿美元，分别为 10 年前的 5 倍、3 倍，是东盟最大的贸易伙伴。

三是深入开展合作交流的愿望更加强烈。特别是我国提出"一带一路"的战略构想，引起中亚、东南亚、南亚等许多周边国家的强烈共鸣，也为在创新合作机制和开放政策上寻求突破创造了条件。

（二）区域层面：主动开放拓展新平台

一方面，云南与东南亚、南亚国家在产业和产品上各具特色，具有很强的互补性，具备了开展双边、多边合作开发共同市场的广阔潜力，进出口产品主要涉及机电、农产品、磷化工、金属矿砂等。2013 年，云南省贸易总额达 258.3 亿美元，同比增长 22.9%，高于全国 15.3 个百分点，在六个沿边省区中位居第一位，其中，云南省与东盟贸易额首次突破百亿美元，同比增长 61%，占全省贸易总额的 42.2%；与老挝、越南、缅甸三国贸易额为 65.5 亿美元，占全省贸易总额的 25.4%[②]；与南亚八国贸易额为 7.8 亿美元，占全省贸易总额的 3% 左右。

另一方面，云南也在积极融入国家"一带一路"建设和长江经济带建设，已组织专门力量完成有关前期研究报告，提出要在加快推进云南桥头堡建设、打造大湄公河次区域合作升级版、推进孟中印缅经济合作、着力提升沿边开放步伐等方面各自发挥"一带一路"建设的重要门户、区域合作高地、经济走廊和先行先试区作用。与此同时，还积极与国家相关部委沟通、会商，国家层面已相继出台了一系列方案和专项规划。省级层面也配套出台涉及综合交通、电价改革、项目落地等方面的 40 多个文件，调整、取消和下放 282 项行政审批事项，推行

---

① 罗雨泽："加强周边合作平台建设，引导制造业就近转移"，《调查研究报告择要》，2014 年第 101 号（总第 2298 号），第 3 页。

② 滇缅贸易占全国对缅贸易的 30% 以上，是中缅贸易重要的内陆沿边省份。

投资项目并联并行审批制度，不断优化投资软环境。现有的边境经济合作区、跨境经济合作区在新一轮沿边开放中继续保持活力。例如，2013 年，瑞丽口岸进出口贸易额达 29.4 亿美元、人流量 1449 万人次、车流量 304 万辆次，三项指标位居全省第一。

（三）认知层面：在重大机遇中选准切入点

上半年，我们前往新疆、甘肃、广西、云南、湖北等省区进行了实地调研。各地对参与"一带一路"建设和长江经济带建设积极性很高，都相继制定了有关战略规划并进行前期研究论证，有些地方已经开展有关项目合作对接。但在调研中也发现了一哄而上的苗头性倾向，一些省级层面以下的地方政府在制定战略规划时脱离地方实际，试图通过把规划盘子做大来获取更多优惠政策，缺乏对区位现状、产业布局、资金支持等统筹考虑。当前，沿边地区开放的积极性同样高涨，区域间竞争也较为激烈，加之各地采取的政策不规范、不统一、不合理，出现了争夺企业资源的现象。因此，必须在认知层面正确把握对内与对外两个大局、处理好中央战略与地方发展的关系，在抢抓机遇过程中选准切入点。

总体来看，云南面临的机遇在于区位优势更加显著，尤其在推进海上大通道建设中战略意义重大。特别是近期提出将云南作为"一带一路"建设中连接交汇战略支点，体现了较为清晰的战略定位。打通陆上连接印度洋的战略通道，推进孟中印缅、中老泰、中越等国际运输通道建设，有利于减轻对马六甲海峡通道的过度依赖，增强国家战略主动性和抗风险能力。依托大湄公河次区域经济合作、孟中印缅经济走廊、长江经济带等国家重大开放战略平台，结合云南的资源禀赋和特色产业，加大投资贸易、产业发展、能源合作和人文交流，推动云南沿边开放迈上新台阶。但是，也要积极统筹协调省内各方资源，防止省内各地州市之间在新一轮开放中的同质化、低水平竞争和基础设施重复建设，防范因行业产能过剩、政府性融资平台等可能引发的风险。

三、当前沿边开放存在的问题与困难

在抢抓沿边开放历史机遇的同时，也要充分关注新形势和新变化。云南作为西南地区沿边开放的重要省份，地缘政治特殊、区位优势重要。近些年来，美、欧、日等加大对我国周边国家的政治干预和经济援助，不断侵蚀我国在周边利益。特别是随着美国"重返亚太"步伐加快，以其为首的西方国际社会对缅甸、越南、老挝等国的影响日益加强。受自然条件、周边环境、自身发展基础的影响，云南区域发展不平衡，投入总体不足，经贸规模总量偏小、便利化程度亟须进一步提升，整体开放水平仍处于初级阶段，还存在一些突出问题和困难。

（一）"互联互通"建设进展缓慢

从自身发展基础看，基础设施建设仍很薄弱，交通通达能力较差。铁路发展严重滞后，云南铁路网密度和人均铁路里程综合排名位居全国倒数第 2 位。全省16 个州市中，临沧等 3 个州市还没有高速公路，有 6 个县不通高等级公路。多年来，国家对云南交通基础设施建设支持力度不断加大，但由于受建设成本高、资本筹集难、融资贵的影响，项目建设进度推进较慢。

从合作沟通机制看，尚未形成常态化的有效对接机制，在具体项目环节中沟通不畅。国家层面上，缺乏较为健全的国际大通道建设领导协调机制，双边、多边协同推进互联互通工作难度较大，使得一些具体项目进展缓慢。例如，瑞丽—皎漂铁路项目没有进入中缅合作议程。部委层面上，协调沟通不畅问题仍然存在，单靠一个部门牵头协调多个部委难度较大、很难形成统一意见。又如，中老铁路磨丁至万象段是我国目前境外互联互通工程中条件最成熟的路段，但由于整体协同推进力度不够，目前方案仍处在征求意见阶段。

此外，周边国家交通基础设施普遍比较落后，技术水平低下、建设资金不足，部分地区政局不稳，这些因素也不利于互联互通大通道建设。我国还没有与部分周边国家签订跨境运输协定，国际大通道通而不畅的问题也较为突出。

（二）经济合作区建设制约因素较多

一是部分沿边开放政策已不适应新形势发展的需要。已有的沿边开放政策大多延续沿海开放政策，新一轮政策普惠性较强，而现行的边境经济合作区扶持政策还缺乏相应的具体实施细则。在投资贸易、土地、财税、外事等体制机制上突破难度较大，部分边境管理政策已不适应边境地区开放发展需要。相比之下，周边国家出台的沿边地区开发开放优惠政策力度较大。有些国家还针对合作区采取特殊管理。例如，越南采取免交土地租用费、企业所得税增值税返还、关税留在沿边地区等优惠政策；缅甸将木姐海关后撤 15 公里，设立了 300 平方公里的"木姐特殊经济贸易区"。

二是合作区建设的经济基础和产业发展能力相对薄弱。云南省内 8 个边境地州市普遍经济欠发达，边（跨）境经济合作区所在地方政府在基础设施建设、规划编制经费等方面给予支持的财力有限，赋予本级层面的政策空间权限较小。合作园区内的产业发展支撑条件不足，不能吸引企业尤其是省外、境外企业入区发展，产业聚集效应不强，尚未真正形成带动区域经济发展的产业集群。对于跨境经济合作区而言，还容易受到周边国家优惠政策影响，有的地方还出现从跨境经济合作区我方（云南省）境内引入，而后转移至接壤国境内。此外，基础设施不完善、中转环节较多、技术创新能力不强等因素也制约了合作区建设的推进。

三是资源优势尚未转化为经济优势。经济合作区建设在资源转化、产业融合方面的区域功能定位还不够明确。经济合作区没有成为产业承接转移的中心，在具体规划对接、产业对接和政策对接上，还没有实现真正意义上的合作，这对于跨境经济合作区来说更为明显。加之受审批规则、外事协调、援外资金等因素影响，已有市场潜力和资源转化能力尚未有效发挥。

（三）边境贸易限制性政策影响较大

一是有关产品进口配额较低。主要包括热带经济作物、粮食作物两类产品。其一，甘蔗、橡胶、坚果等替代项下农产品返销进口配额较少，而此类基本不在东盟自贸区农产品零关税目录，使得配额之外的农产品进口成本增加。以甘蔗为例，2013～2014 年榨季替代作物中需返销的甘蔗达 150 万吨左右，而云南省甘蔗返销进口配额仅 93 万吨，配额之外的近 60 万吨甘蔗进口涉及 20% 的关税和 13% 的增值税，加上收购成本和运费，远远大于国内甘蔗成本。其二，大米、玉米等粮食进口配额不能满足省内粮食缺口，每年需要调进粮食约 200 万～300 万吨，而周边国家多属农业国家且供给比较充裕，由此形成了一定的约束限制。此外，钾肥等产品进口资质和配额限制，对云南扩大边贸进口也形成制约。

二是边民互市商品限额标准有待提高。随着互市进口数量的增加、品种的扩大，现行的有关限额政策已经不太适应边境发展需要。调研中当地普遍反映，目前执行的 8000 元商品限额是 2008 年出台的标准，其中涉及大米、玉米等粮食类商品仍执行 50 公斤/人·天的限额，没有与边境地区经济社会发展水平保持同步，与人民生活水平的提高不相匹配。

（四）口岸通关便利化有待改善

通关便利化是提升沿边开放水平的重要手段，但当前的便利化程度不高，仍有许多地方需要不断改善。在瑞丽口岸、清水河口岸、南伞口岸调研中，当地有关部门主要反映了口岸开放不对等、通关能力受限、出入境手续繁杂等方面的问题。其一，由于双方口岸在管理上不对等开放，容易造成人员、货物、车辆的出入境不便。以清水河口岸为例，缅方口岸不能对持有效护照及签证的双方公民、持有效护照及签证或有效国际旅行证件的第三公民及货物开放。其二，随着边民互市进一步繁荣、口岸过货量的快速增加，人、车混合通行口岸的通关能力受到许多限制，例如，查验设施落后、信息化水平较低，已经不能满足发展需求。其三，现行的出入境管理有关规定已不能满足不断增加的派出劳务人员需求①。办理相关手续较为烦琐、耗时较长，很难确保按时派出，对项目施工进度带来较大影响。

四、加快云南沿边开放的有关建议

加快云南沿边开放，要以推进中国连接东南亚、南亚国际大通道建设为前提，依托边境、跨境和境外三类经济合作区，谋划重大产业布局和外向型特色优势产业，深化对内对外区域合作，加大口岸对沿边地区经济发展的带动作用，进一步提升边境贸易水平。

一是建立健全常态化、多层级的沟通对接机制。充分利用中国—东盟自由贸易区、大湄公河次区域合作、中国—南盟等区域性合作对话平台，在国家层面建立以双边、多边合作为重点的国际大通道建设领导协调机制，搭建与各国相关部委、地方政府之间的常设性议事机构。在涉及前期研究论证、具体项目对接等工作时保持与周边国家各层级政府的政策沟通协调。与此同时，还要健全国家部委与地方政府间的沟通对接机制，加快建设面向西南开放重要桥头堡部际联席会议制度，有序推进中老、中缅铁路等重点工程项目和孟中印缅经济走廊互联互通项目取得实质性进展。

二是研究完善有关边贸扶持和边境管理政策。要从过去单纯依靠中央财政转移支付转变为创造有利于自身发展的环境，包括研究制定相关边境贸易的扶持政策。例如，结合云南省的发展实际，建议对边贸进口金属矿、木材、橡胶等满足国家需要的资源性短缺商品给予相应的政策支持。建议对现行的边境经济合作区扶持政策进一步细化，对于涉及投资贸易、产业发展有关的政策条款应有所区分，部分条件成熟地区可以采取试点积极推进。建议适时开展对边民互市贸易商品限额标准、农产品返销进口配额的广泛调研，充分考虑经济社会发展需要，及时完善修订现行的有关限额标准。此外，还应加强与"一关两检"等口岸管理部门的沟通协作，完善出入境便利化政策和措施。

---

① 按照现行边境出入境规定，出入境人员需回原籍办理护照出境务工手续。随着省内企业在周边国家执行的境外投资、承包工程、替代种植项目越来越多，每年派出的劳务人员已达到1万多人次。

　　三是加大对边境地区的资金投入力度。中央财政资金应加大对边境地区交通基础设施建设的投入，特别是对于边境经济欠发达的地州市，建议减少有关配套资金的硬性要求。与此同时，建议参照国家对贵州的有关政策标准，将云南省国家高速公路网项目的资本金补助比例提高至建安工程费的50%，降低项目资本金配套率和银行贷款利率。对规定用于支持边境贸易发展和边境小额贸易企业能力建设的转移支付资金安排上，建议80%的转移支付资金用于支持纳税企业、20%用于边境贸易发展管理和服务。此外，还要积极拓宽融资渠道，建议参照中国—东盟基金的模式，建立沿边开放基金或大通道建设基金。

　　四是探索开展沿边开放的先行先试工作。充分发挥云南在国家"一带一路"建设中的连接交汇战略支点作用，积极探索沿边地区省级政府与周边国家建立各层面的互访、定期会晤机制。加大对云南沿边金融综合改革试验区建设，在人民币跨境结算、加强跨境金融监管协调、信息共享等方面给予一定先行先试政策。在沿边发展相对较好的城市进行试点，给予批准放开边境旅游及相关政策支持。在发展相对成熟、出入境人流物流集中的边境重点口岸，探索"一口岸多通道"建设模式，不断提升口岸通关便利化。

推进青海融入丝绸之路经济带建设的
战略思考与建议

杜平贵　王　辉

20₁₃ 年秋天，习近平总书记提出共建"一带一路"的战略构想，这是国家统筹向东向西开放、协调沿海内陆发展的重大战略举措，将有力地促进沿线西部省份承接东部沿海地区产业转移，推动西部地区对外开放交流和自身改革发展，为西部地区实现跨越式发展提供新的动力。

青海是丝绸之路经济带的重要组成部分，拥有鲜明的历史、地理、资源、环境与产业特点。但是，作为西部欠发达地区，与东部地区的经济联系不够紧密，内陆开放型经济水平不高。推动青海融入丝绸之路经济带建设，不仅有助于国家战略的深入实施，也将对青海的工业化、现代化和对外开放产生重要促进作用。

一、推进青海融入丝绸之路经济带建设的战略意义

建设丝绸之路经济带，不仅是单一的经济战略，还涉及经济、社会、文化、生态等多领域合作，需要站位全局、统筹各地的区位、人文、经济等优势，有效调动各地积极性，合理有序参与融入。沿线地区融入这条前景广阔、驱动力强的国际经济大动脉，一方面将深化欠发达内陆地区开放、促进区域跨越发展；另一方面，能够充分发挥沿线地区各自的独特优势，对国家整体的经济社会发展做出特有的重要贡献。对于青海，由于其交通枢纽、生态屏障、资源优势和历史人文基础等特有的综合因素，使其具备了承载国家战略功能的有利条件，融入丝绸之路经济带建设将对国家资源、社会、经济和生态安全产生重要作用。

（一）将有助于构建完善的国家交通资源网络，增强经济带的战略支撑

青海地处青藏高原，与川、藏、新、甘为邻，是丝绸之路经济带的十字要

冲。经过多年建设，目前已形成了较为完备的公路网，在建或即将完成的兰新铁路第二双线、格尔木至库尔勒等重点铁路工程和"一主八辅"机场格局，使铁路和空中交通也趋于成熟；地下输气输油管道、光缆及空中输电线路向不同方向延伸，正在形成丝绸之路经济带上承东启西、联通南北的"资源网"。通过融入丝绸之路经济带，进一步推动交通和资源网络的构建及有效利用，不仅将为青海大发展注入新动力，还将进一步完善目前在西部地区尚属薄弱的交通资源网络，有力支撑沿线地区的繁荣发展，为内陆地区协调统筹发展做出贡献。

（二）将有助于构建绿色生态屏障，保障国家生态安全

青海省尤其是三江源地区是我国极为重要的江河源头地区和生态安全屏障。青海是长江、黄河、澜沧江的发源地，也孕育了黑河等众多河流，每年出产六百亿立方米左右的水量，其中97%向下游输出，不仅是中国的"江河源"和"中华水塔"，还是北半球最重要的水源涵养地。青藏高原一方面阻挡着北极南下的寒流，另一方面阻挡西北部沙漠的扩张和南方温暖潮湿的空气北进，是全国乃至东南亚生态安全屏障。融入丝绸之路经济带，通过强化其生态保障功能，将进一步改善国家的生态安全，是实现美丽中国梦的重要生态支撑。

（三）将有助于建设重要资源接续地，保障国家资源供给

青海资源储量可观，已探明的129种矿产资源中，9种居全国首位，23种居全国前三位，资源储量潜在估值占全国保有储量潜在价值的19.2%，是今后国家重要的资源接续地区之一。同时，青海水电、太阳能、盐湖锂、风能等清洁资源得天独厚、多元丰富，是全国乃至世界上不可多见的清洁能源基地。青海融入丝绸之路经济带，将进一步加快与周边省区和中亚国家的产业合作，加强青海为国家经济发展的资源输出供给功能。

（四）将有助于加强民族团结，保障国家安全稳定

青海是内地通往西藏和新疆的重要战略节点，少数民族人口占全省总人口的47%，民族自治区域面积占98%，境内多宗教聚集，藏传佛教和伊斯兰教影响深远。青海既处在反分裂前沿，也是国家稳藏固疆的战略后方。推进青海融入丝绸之路经济带建设，有利于加强各民族、各地区、各宗教之间的交流沟通，促进沿线地区和国家安全和谐社会环境的建设。

（五）将有助于发挥历史文化优势，促进西向经贸文化交流

青海是古时丝绸之路南线，史称"青海道"，曾盛极一时，很久以来就与中亚国家和阿拉伯世界形成了深厚绵长的人脉情缘和文化纽带。省内的回族、撒拉族几乎全民信仰伊斯兰教，与中亚国家有较强的共通性，且有长期的经贸往来，这是推进青海融入丝绸之路经济带建设的重要文化基础。

二、推进青海融入丝绸之路经济带建设的主要思路和建议

丝绸之路经济带建设是一项长期的系统工程。"融入"的实质，就是在基础设施建设、工业化、新型城镇化、生态环境保护、开放型经济发展等方面消除地理分割、打破体制机制壁垒，实现对内紧密衔接、对外深度合作，让市场机制在资源配置中发挥决定性作用，同时更好发挥政府作用。应重点关注四个方面的"融入"：

——理念融入：丝绸之路经济带建设作为国家战略，涉及多个地区，涵盖方方面面，必须秉持开放合作的理念，服务国家大局，为国家战略的理论和实践做贡献。既需要结合自身优势，找准在"丝路"建设中战略定位、战略重点和战略任务，实现错位发展，也需要着眼于用足用好国家区域发展优惠政策，从整体上统筹产业对接、市场开拓、道路建设等基础工作。当前，青海最大的价值、最大的贡献和最大的责任都在生态。应积极把握生态保护这个青海实现跨越发展的重大机遇，始终把保护生态作为第一要务，这也是推进青海融入丝绸之路经济带建设的关键点。

——规划融入：加强市场导向，政府推动，科学制定发展规划。把握"一路一带"建设推进基础设施互联互通和"兰西经济一体化"、新型城镇化的机遇，加快实施重要基础设施的升级改造和项目建设。加强物流基础设施和物流服务的跨区域衔接和资源整合，完善多元的综合交通运输体系，努力把青海打造成联通东西、辐射南北的物流、资金流、技术流、信息流的重要节点。

——机制融入：积极探索完善资源配置、利益分配、服务共享、制度保障等合作新机制，强化体制机制创新，充分放大相关重大区域规划和政策叠加效应，坚持综合施策、突出重点，解决区域合作发展中的主要问题，努力破解制约区域合作的体制障碍，创造一个竞争、开放、统一、有序的市场环境，推动区域经济和谐发展。

——产业融入：加强与沿线地区和中亚国家在新能源、新材料、特色农牧产

品、生物医药等领域的合作，促进循环经济技术与相关产业的交流，进一步推动绿色产业发展壮大。鼓励外商投资传统产业的技术改造和升级，提高传统产品的质量、档次，培育具有潜在竞争优势的高科技产业，提高传统产业的国际竞争力。

三、制约青海融入丝绸之路经济带建设的现实条件

青海集民族地区、内陆地区、高原地区和欠发达地区等特点于一身，在推进融入丝绸之路经济建设中也存在明显制约。

一是产业承载能力有限。由于地处"三江源头"，青海90%多的地区是禁止开发区和限制开发区，纳入国家生态建设重点保护的区域占全省的39%，生态环境保护压力大，产业承载能力有限，特别是在矿产资源开发、工业制造业、基础设施的建设等方面影响较大，门槛比较高。

二是本地资源优势转化难。青海人口总量不大，但因生态脆弱，承载能力已趋极限，经济发展与人口资源环境矛盾日益突出。从资源总量上来讲，青海位居全国前列，但由于高海拔、高开发运输成本以及产业链受技术制约难以延伸等因素制约，资源优势难以转换为经济优势，存在"富庶的贫困"现象。

三是传统增长模式转型难。就其经济增长模式看，产业层次低、链条短，产业结构单一，"重的重，轻的轻"，以低资源成本、低劳动力成本、高环境成本为主的发展模式，面临更强的资源环境约束和更大的发展压力。长期以来，由于地理环境等因素限制，青海外向型经济始终难有大的作为，进出口贸易一直是其"短板"，金融、信息、市场中介等服务体系不健全，影响和制约着外向型经济的发展。总体上，产业升级、经济转型的需求迫切，但驱动力不足。

四是改善民生任务重。青海经济总量很小，2013年GDP占全国的0.36%，财政收入占全国的0.28%，其区域经济价值远小于生态价值和社会价值。由于自身财力弱，发展资金不足，民生领域欠账多，"小马拉大车"局面短期内改变难，改善民生、促进基本公共服务均等化面临巨大压力。

四、政 策 建 议

像青海这样一个内陆欠发达地区，要加快开放发展，同全国同步进入小康，不仅需要自身不懈努力，不断挖掘优势，服从服务国家大局，借力丝绸之路经济带建设战略机遇，加快产业转型升级，推进新型城镇化，全面构建内陆开放型经

济新高地，探索内陆生态脆弱地区绿色发展的新路径，同时也需要从国家层面予以重点关注与支持。建议如下：

（一） 加快重大基础设施建设

基础设施落后仍然是制约青海发展的重要瓶颈，尤其是干线铁路、城市交通、地下管网设施和骨干水利工程建设明显滞后。如铁路建设方面，目前青海只有一条青藏铁路在运营，铁路密度仅为全国的1/4，瓶颈制约尤为突出。再如青海70%的人口生活在西宁、海东两市，但两市的城镇基础设施和公共设施建设却非常滞后，建成区人均道路面积、排水管道密度、污水处理率，分别只有全国80%、54%和44%的水平。建议国家重点支持青海抓紧推进一批干线铁路、城市基础设施、支线机场、高等级公路、重大水利和重点能源项目，帮助构建结构合理、功能完备的交通、市政设施、水利和重点能源项目。

（二） 加大环境保护支持力度

保护生态已成为青海可持续发展的竞争优势、比较优势所在。生态产品作为青海最大的公共产品，由于目前缺少科学客观的评价体系，生态补偿还未形成稳定持久的长效机制，巩固和提升生态建设成果的任务非常艰巨。国家层面应抓紧探索建立能够体现生态价值的资源有偿使用制度，保障为保护生态而牺牲发展机会的地区和群众的利益，统筹解决好发展、生态与生计问题。

（三） 引导现代产业健康发展

支持青海立足资源禀赋、环境条件和产业基础，调整宏观调控指标，实行差别化产业政策。例如，青海矿产资源富集、水电丰富且价格相对低廉，光照条件优越，非农牧业用地广阔，发展高载能产业和光伏产业具有独特优势，并已形成一定规模，装备技术水平领先。建议国家在深化投资体制改革、健全防范和化解过剩产能长效机制中，支持青海发挥比较优势，强化差别化政策，支持发展有市场需求和竞争优势的特色产业，鼓励东中部地区相关产业向青海转移，推动产业布局调整。

（四） 着力建设能源战略基地

充分利用周边国家丰富的能源资源，支持青海尽快形成比较优势明显的能源密集型产业转移聚集区和进口资源加工区，建成全国重要的能源储备基地，保障国家战略能源资源安全。支持青海打造电力丝绸之路，建设完善特高压直流输电通道网络。加速太阳能、风能发展，支持青海格尔木建设国家太阳能发电基地。

（五）积极打造对外开放合作平台

深化区域经济合作，支持青海东部城市群建设，加快推动"兰西经济一体化"。探索推进向西开放的青新藏经济圈，打造丝绸之路经济带重要增长极。支持将"青洽会"和"藏毯展"升格为国家级展会。支持青海高等院校语言类留学生计划，帮助搭建专业人才交流培训平台。支持青海民族大学建立中亚学院，为青海融入丝绸之路经济带，促进与中亚、西亚各国的合作与交流提供人才支持。

参考文献

［1］ 王辉，2014："深化陇海兰新区域合作"，《中国经济时报》。

［2］ 杨自沿，2014："青海在丝绸之路经济带中的定位"，《青海日报》。

［3］ 王志强，2014："青海发展战略地位：打造世界生态公园"，《青海日报》。

［4］ 胡维忠、杨浩然，2014："生态保护是青海发展的重点机遇"，《青海日报》。

［5］ 罗永红，2014："以绿色循环低碳发展推进生态海西建设"，《柴达木研究》，第4期。